FRANÇAIS
EXTENSION DU VOCABULAIRE

DELF B

フランス語 単語大全 | 久松 健一
HISAMATSU Ken'ichi

[50のminiエッセイから3545語を展望する]

DELF B1, B2レベル対応

MOTS CLÉS

SURUGADAI-SHUPPANSHA

はじめに

執筆依頼をいただいて, いの一番に600語ほどの DELF- B1, B2 レベルの必須単語を過去の出題文や予想練習問題から選びだしました. そこに今後の出題を見越して新聞や雑誌などから数百語を追記. ついで, その単語の一覧を眺めながら, 必須語を散りばめた短い文章を考え, 100を超えるエッセイを書きました. その例文を, 私が最もその実力を信頼している Julien Richard-木口さん (後天的学習ながら, 仏語と英語を自在に操る本物のバイリンガル. 知識の幅も深みも驚嘆のレベル. 彼にお会いするまでは, 日本語と英語をよどみなく操る短期大学の教員を一人知るだけでした)にチェックしていただき, 書籍の厚みも勘案し, 都合50のエッセイに絞り込みました.

キーワードありきですから, いささか力技で語句を扱った箇所もないではないですが, 当初の予定通り500以上の必須語(関連語, 類義語や反義語もできるだけ拾っています)を配した 1章ができあがりました. そこから漏れたいくつもの語句と, さらに必要だと判断した語彙をプラスした 1章対照ジャンル別「単語帳」が2章です.

今回は, 高度なフランス語力を持つ日本人にも, 別途, 読者目線での校正をお願いしました(もちろん, 版元の編集者もきちんと目を通してくれています). 仏検1級合格の際に「最優秀賞」を手にし, DALF-Cレベルもクリアーなさって, 現在, 通訳・翻訳で活躍中の国津洋子さんです. 2024年春, 京都大学で開かれた学会(＊)で短いプレゼンを行なった小生が降壇後, 笑顔でお声がけいただいたのが縁です.

　＊「あとがきにかえて」をご覧ください.

本来ならこのレベルにフランス語を母語としない者が参画するのは異筋かもしれません. ただ, ネイティヴスピーカーが「単語力育成」のツボを心得ているとは限りません. 自らもがきながら身につけた外国語であるからこそ, その姿がくっきりと見定められ, それを学習用教材として形にできると信じて本書を作成いたしました.

姉妹編 DALF-A1, A2対応レベル同様, あなたの単語力育成の一助としていただけたら幸いです.

著者

iii

目次

1章 ＊（　）内の数字はエッセイの文中から拾った単語の見出し語数を意味します．

01 辞書（3）............................ p.002	**26** ダイヤモンド（7）............... p.090
02 言語 langue（4）................... p.005	**27** ドローン輸送（7）............... p.094
03 フランス語（3）................. p.011	**28** 映画の善と悪（7）............... p.098
04 英国と植民地（4）............. p.014	**29** 読書の危険性（7）............... p.101
05 環境保護（4）..................... p.017	**30** 銀（7）.............................. p.104
06 エコバッグ（5）................. p.020	**31** 仮想通貨（8）..................... p.108
07 法律と道徳（5）................. p.022	**32** グローバル化（8）............... p.113
08 経済的安定（5）................. p.025	**33** 映画の意味（8）................. p.119
09 伝統（5）.......................... p.029	**34** シャンボール城（8）........... p.125
10 芸術（5）.......................... p.032	**35** お気に入りのレストラン（8）... p.132
11 小説（5）.......................... p.035	**36** 旬（8）.............................. p.137
12 音楽（5）.......................... p.038	**37** オンライン学習（8）........... p.142
13 言語 langage（5）............... p.041	**38** わびさび（7）..................... p.148
14 専門家（5）....................... p.045	**39** 学生寮（9）....................... p.153
15 国連（5）.......................... p.048	**40** 白旗（9）.......................... p.159
16 ノートパソコン（5）.......... p.052	**41** エジプト（8）..................... p.164
17 発熱（5）.......................... p.056	**42** 出生率（9）....................... p.169
18 水（5）............................. p.059	**43** プライバシー（9）............... p.173
19 渡り鳥（5）....................... p.063	**44** 大都会と時間（10）............. p.177
20 スカッシュ（5）................. p.066	**45** 現金（10）......................... p.183
21 フランス語会話（5）........... p.070	**46** 原子爆弾（10）................... p.189
22 米国に根づいた食べ物（6）.... p.074	**47** 火星移住（11）................... p.195
23 日本の大学（6）................. p.078	**48** オゾン（11）..................... p.200
24 テクノロジー（5）............. p.082	**49** 象形文字（11）................... p.206
25 Marie Curie（7）............... p.086	**50** 地球環境（11）................... p.210

2章 ＊誘導の番号は1章のエッセイのテーマとリンクしていますが,関連語が前後するケースもあります.また,複数の関連語に結びつくケースもあります.

01 13 辞書・辞典 p.216

02 03 言語 p.218

02 道具・器具 p.222

03 15 各国語 p.223

04 -isme p.226

05 06 環境 p.228

07 道徳 p.231

08 経済 p.233

09 伝統 p.235

10 美 p.236

11 文学 p.237

12 音楽 p.239

14 専門家 p.241

16 コンピュータ p.242

17 病気・症状 p.243

18 水 p.245

19 燃料 p.247

20 健康 p.248

21 諺 p.249

22 食べ物 p.249

23 大学・学校 p.250

24 テクノロジー p.252

25 物理・化学 p.253

26 価値 p.254

27 消費・生産・販売 p.256

28 善悪 p.259

29 読書 p.259

30 金属 p.260

31 通貨（周辺語句）................. p.261

32 国際化・国際性 p.263

33 映画 p.264

34 城 p.267

35 レストラン p.268

36 食べる p.269

37 39 学び p.271

37 バランス p.272

38 わびさび・俳句 p.273

39 観光 p.274

40 戦争・平和 p.274

41 文明・文化 p.277

42 人口 p.279

43 安全・犯罪 p.280

44 都市・都会 p.281

45 金融 p.282

46 原子爆弾 p.283

47 地球 p.283

48 オゾン p.286

49 象形文字 p.287

50 災害 p.287

索引 .... p.295   あとがきにかえて p.326

本書内で使用した略記号

n 名詞
nm 男性名詞
nf 女性名詞
pl 複数形
　＊ たとえば, **nmpl** は「男性名詞複数」の意味.

vt 他動詞
vi 自動詞
vp 代名動詞

adj 形容詞
adv 副詞

qqn 人 （＝ quelqu'un）
qqch モノ （＝ quelque chose）

mots clés 編

1章
エッセイで俯瞰し, 見定める

01

◆テキスト内で右肩に*を添えた単語(ここでは croit*)は「見出し語」としてはいないが,類義語を一覧として別途取りあげた基本語を指しています.ただし,この指示は全体で計3箇所です.

辞書は文法と言葉の **usage** 使用法 に関して **suprême** 最高の **autorité** 権威 だと考えられている.

On croit* que les dictionnaires sont l'**autorité** **suprême** en matière de grammaire et d'**usage**.

▶ en matière de + [無冠詞名詞]「~に関して(= sur, concernant),~の分野において」

Mon grand-père a sa propre opinion en matière de poésie.
祖父は詩に関して一家言あります.

基本語彙の射程
他動詞
「思う,
考える」

☐ **croire**

信じる(直感的に「思う」,潜在的に「思っている」,
本人の確信度は高い)

Je **crois** que non.
そうではないと思う.

☐ **penser**

思う(論理的に「思う,考える」の意味合い)

Je **pense**, donc je suis.
われ思う,故にわれあり.

☐ **trouver**

思う(五感を通じて「思う,感じる」,感想・意見を表す)

Tu **trouves** que ce couscous est bon ?
このクスクスはおいしいと思いますか.

☐ **présumer**

推定する,思う(根拠は薄いが自信はある)

Je **présume** un bon résultat.
私はよい結果が得られるものと思っています.

☐ **supposer**

推測する,思う(自分なりの根拠はあるが自信に欠ける)

Je **suppose** sa femme très gentille.
彼の奥さんはさぞや優しいのだろうと思います.

001 ■■■

Le nouveau directeur commercial a très rapidement établi son
a_____ absolue.

新しい営業部長はあっという間に絶対的な**権威**を確立した.

☐ **autorité** **nf** 権威, 権力, 権威者, (複数で)当局(者)

〔別例〕

Les autorités ont arrêté les criminels dans la matinée.
「警察当局は午前中に犯罪者を逮捕した」

＊ この文では les autoriés = la police ということ.

〔関連語〕 ☐ **autoritaire** **adj** 独裁的な, 権威主義的な

---

002 ■■■

J'ai passé un moment de bonheur **s**_____ sur une île dont on dit
qu'elle est la plus proche du paradis.

天国に一番近いと称される島で私は**至福の**ときを過ごしました.

☐ **suprême** **adj** (権威などが)最高の, 至高の, ずば抜けた

＊ ただし, suprême には「最後の」(= dernier, ultime)の語義もある点に注意したい.

suprême 類義語対比	☐ **suprême** **adj**
	最高の
	地位・権力・重要性などが最も高いこと.
	L'affaire est allée devant la Cour **suprême** des États-Unis.
	その訴訟はアメリカ合衆国最高裁判所まで持ち込まれた.
	＊ *Supreme Court of the United States* の仏語訳. なお,『仏和(和仏)辞典』や『単語集』などで不明瞭な記述もあるようだが, フランスの「最高裁判所(破毀院)」は la Cour de cassation と呼ばれるので注意.
	☐ **maximal, maximale** **adj**
	最大の, 最高の (↔ **minimal**)
	数量や程度などがある範囲の中で最大, 最高であること.
	La vitesse **maximale** de cette voiture solaire est de 125 kilomètres par heure.
	このソーラーカーの最高速度は時速125キロです.
	＊ vitesse maximale は maxi と略される.

☐ **haut**, **haute** / **grand**, **grande** **adj**

最大限の

最上級で用いて「最大限の」のニュアンスを表せる.

La qualité est de **la plus haute** importance pour nous.
品質は私たちにとってこの上なく大事だ.

avec **le plus grand** effort
最大限の努力をして

関連語 ☐ **suprématie** **nf** 優位(= **supériorité**), 覇権(= **hégémonie**)

例

La suprématie de notre équipe est incontestable.
「わがチームの優位は否定できません」

☐ **suprêmement** **adv** 最高度に(= **énormément**)

例

Un bijoutier a obtenu un saphir suprêmement beau à Madagascar.
「ある宝石商がマダガスカルでこの上なく美しいサファイアを入手した」

---

003 ■■■

L'**u**_____ des formules de politesse en japonais n'est pas si simple.

日本語の敬語の**使い方**はそれほど単純ではない.

☐ **usage** **nm** 利用, 使用(= **emploi**), (言葉の)使用(法), 習慣(= **coutume**)

関連語 ☐ **usager** **nm** (公共サービス, 交通機関などの)利用者, (言語の)使用者

例

Des millions d'usagers se croisent à la gare de Shibuya chaque jour.
「毎日, 何百万という利用者が渋谷駅を行き来している」

les usagers du français
「フランス語使用者」

☐ **utilisation** **nf** 使用

例

Notre entreprise encourage l'utilisation de voitures écologiques.
「わが社はエコカーの使用を推奨している」

＊ usage が何かを「その場で使用する行為」を指すのに対して, utilisation は「何かを最大限活用する」という含みがある.

004

02

langue 言語 は非常に **complexe** 複雑な **instrument** 道具 であるので, その **variété** 多様性 に富んだ使用法がしばしば見逃されがちです.

La **langue** est un **instrument** si **complexe** qu'on perd souvent de vue la grande* **variété** de ses usages.

▶ < si + [形容詞・副詞] + que S + V... > 「とても〜なので……だ」

Il faisait si chaud que j'ai ouvert toutes les fenêtres de ma chambre.
あまりに暑いので寝室の窓をすべて開けた.

▶ perdre *qqch/qqn* de vue 「〜を見失う, 〜をなおざりにする」

Ne perdez pas de vue vos problèmes d'héritage.
相続問題をなおざりにしないで.

基本語彙の射程
「大きい」

□ **grand**, **grande adj**
　［寸法・数量・サイズなどが］大きい, 背が高い

　Il y a un **grand** sapin dans mon jardin.
　うちの庭には大きなモミ木がある.

□ **gros**, **grosse adj**
　［ボリュームのある］大きな, 太った

　Ma femme est **grosse**.
　妻は太っている.

　＊ かつて, grosse femme は「でっぷりした女性」と習ったが今は使われない.

□ **large adj**
　［幅が広くて］大きい (↔ **étroit**)

　Le Danube est plus **large** que la Seine.
　ドナウ川はセーヌ川よりも川幅が広い.

☐ **vaste adj**

［空間・建物などが］広大な，広々した

une **vaste** forêt
広々とした森

☐ **spacieux, spacieuse adj**

［部屋などの面積が］大きい，広々した

un appartement **spacieux**
大きなマンション（の室内）

☐ **ample adj**

［服などが］大きい，ゆったりした

une jupe **ample**
ゆったりしたスカート

☐ **énorme adj**

［並外れていて，想像以上に丈が大きな］
巨大な，非常に大きな

L'hippopotame est un animal **énorme**.
カバはとても大きな動物です.

☐ **immense adj**

［広く目に見える範囲を超えて測れないほど］
ものすごく大きな，巨大な

une **immense** grue
巨大クレーン

☐ **géant, géante adj**

［丈も嵩（かさ）もあってとても大きな］巨大な

un pétrolier **géant**
巨大タンカー

☐ **gigantesque adj**

［さながら巨人のように］巨大な

un réseau **gigantesque** d'informations
巨大な情報網

004

Le français a été la **l**_____ des Européens de la haute société pendant plusieurs centaines d'années.

フランス語は数百年間もの間ヨーロッパの上流社会の言葉だった.

☐ **langue** **nf** （個々の）言語, 国語, 言葉づかい

  ＊ 見出し語は「舌」の意味にもなる（ 例 Je me suis brûlé la langue.「舌をやけどした」）.

関連語 ☐ **la langue maternelle** 母語

  ＊ 「母語（母国語）」は他にも, la première langue, la langue natale, la langue d'origine など多様な言い表し方がある.

  ☐ **une langue étrangère** 外国語

  ☐ **la langue des jeunes** 若者言葉

  ☐ **bilingue** **adj n** バイリンガルの(人), 2言語を併用する(者)

  ☐ **linguistique** **nf** 言語学

  ☐ **linguistique** **adj** 言語の, 言語学の

005

Ce dictionnaire électronique est un bon **i**_____ de travail.

この電子辞書は学びに適した道具です.

☐ **instrument** **nm** 道具, 器具, 楽器（＝ **instrument de musique**）

  別例

  Tu joues de quel instrument ?
  「どんな楽器を演奏するの」

  ＊ instrument は「（精巧な）道具, 器具」のこと. outil **nm** は「（手作業用の小さな）道具, 工具」, outillage **nm** は「用具一式」, ustensile **nm** は「（持ち運べる）家庭用・台所用の道具」を指す.

006

J'ai en face de moi une situation délicate et **c**_____.

私は繊細かつ複雑な問題に直面している.

☐ **complexe** **adj** 複雑な（＝ **compliqué** ↔ **simple**）

[関連語] ☐ **complexe** **nm** コンプレックス

[例]
le complexe d'infériorité［de supériorité］
「劣等［優越］感」

☐ **complexé, complexée** **adj** 臆病な, 内気な (= **timide**),
コンプレックスをもった

☐ **complexité** **nf** 複雑さ (= **complication** ↔ **simplicité**)

☐ **compliquer** **vt** （状況などを）複雑にする (↔ **simplifier**)

[例]
Son implication dans cette affaire va compliquer les choses.
「この件に彼（彼女）が関与すると事態はややこしくなる」

---

007 ■ ■ ■

Cette boutique propose une grande **v_____** de produits de marque.

この店は**幅広い**ブランド品を取り揃えている.

☐ **variété** **nf** （品数の）多様性, 種類の多さ, 品種, （複数形で）バラエティー

QUESTION **01**

Voici cinq marques françaises. Dites à quels produits elles correspondent.

1. Cardin   2. Guerlain   3. Ligne Roset   4. Michelin   5. Renault
a. automobile   b. meuble   c. parfum   d. pneumatique   e. vêtement

[関連語／類義語] ☐ **varier** **vi vt** （物が）変わる, 変化する, 変化をつける

[例]
Le temps varie ces derniers jours.
「ここ数日天気は変わりやすい」
＊ この例は changer と同義. なお, 複数の人を主語にして「意見を異にする」という意味
でも使う（**[例]** Les opinions des spécialistes varient sur ce sujet. 「専門家によっ
てこの件は意見が違う」).

☐ **varié, variée** **adj** 変化に富んだ, さまざまな

☐ **variation** **nf** 変化, 変動

基本語彙の射程
「種類」

□ variété **nf**
[品数の] 多種(性), [動植物の] 変種

L'Allemagne a une grande **variété** de bières.
ドイツには多種多様なビールがある.

* Il y a de nombreuses variétés de bières en Allemagne. などと言い換えられる.

□ espèce **nf**
[動物の] 種, 種類

Cet oiseau est une **espèce** en voie de disparition.
この鳥は絶滅に瀕している種です.

Ils habitent une **espèce** de château.
彼らは城館のようなところに住んでいる.

* une espèce de *qqn/qqch* で「一種の〜」の意味だが, この言い回しは否定的なニュアンスを帯びることが多い(特に「人」に対して用いるケースで).

□ sorte **nf**
[人や物事の] 種類

Mon oncle a exercé toutes **sortes** de métiers.
おじはあらゆる種類の仕事をしてきた.

□ type **nm**
[人や物の類型] 種類, タイプ

Elle est juste mon **type**.
彼女はまさにぼくのタイプ(好み)だ.

□ race **nf**
人種, [動物の] 品種

Mon chien est de **race** mixte.
うちの犬は雑種です.

* de race で「純血種の」の意味. この文は「雑種の」bâtard(e) を用いて Mon chien est bâtard. とすることもできる.

□ catégorie **nf**
[性質によって分けた] 種類, 部類, カテゴリー

Les chercheurs peuvent être divisés en deux grandes **catégories**.
研究者は2つのカテゴリーに大別できる.

解答　**Q.01　1. e　2. c　3. b　4. d　5. a**

☐ **genre** **nm**
　　　　[物事の] ジャンル, 範疇

　　　　Quelle **genre** de livres lisez-vous？
　　　　どんな種類の本を読みますか.

☐ **classe** **nf**
　　　　[共通の特色をもった集まり・部類] 種類, 等級

　　　　ranger ces documents en cinq **classes** différentes
　　　　この書類を５つの種類に分ける

☐ **famille** **nf**
　　　　[同族の] グループ, 一族

　　　　famille politique
　　　　派閥

☐ **groupe** **nm**
　　　　[人や物の集まり] グループ・[分類上の] 群, 類

　　　　verbes du premier **groupe**
　　　　（フランス語）第１群規則動詞

03

フランス語は英語よりも明瞭で、ドイツ語よりも **abstrait** 抽象的 ではない. これが, 長い間, フランス語が世界の **diplomatique** 外交 言語であった理由だ. 18世紀の作家 Antoine de Rivarol が言ったように「明晰ならざるものフランス語にあらず」. ただ, 言うまでもないが, 今日, 書くのがたやすく, 文法の面でほとんど **contraignant** 拘束のない 英語がそれにとってかわった.

Le français est plus clair que l'anglais, et moins **abstrait** que l'allemand. <u>C'est pourquoi</u> il a été, pendant longtemps, la langue **diplomatique** mondiale. Comme l'a dit l'écrivain du XVIIIe siècle Antoine de Rivarol, « Ce qui n'est pas clair n'est pas français. » Mais aujourd'hui, il va sans dire que l'anglais, facile à écrire et peu **contraignant** <u>sur le plan</u> grammatical, a pris sa place.

▶ c'est pourquoi S+V [直説法]「それが理由で, だから」(= c'est pour ça que S+V)

Ma secrétaire est encore en retard, c'est pourquoi je suis fâché(e).
秘書がまた遅刻, それで私は怒っているのです.

▶ sur le plan + [形容詞]「〜の面で, 〜の観点から(言って)」

La conception de ce pont présente des difficultés sur le plan technique.
この橋の設計は技術面で難点があります

(追記) ただし, 18世紀の作家 Antoine de Rivarol の論調には当時の歴史的な背景があり,「明晰ならざる言語」=「他国諸言語」(日本語は入っていない) との短絡的な対比など, いささか偏向した力技の論法である点は否めない.

008 ■■■

L'édition de gènes, autrefois considérée comme un concept
a_____, est désormais une réalité.

かつては**抽象的**な概念とみなされていた遺伝子操作が今では現実のものとなっています.

☐ **abstrait, abstraite adj** 抽象的な(↔ **concret**), 観念的な, 理論的な

　　　[関連語] ☐ **abstraction nf** 抽象(作用), 抽象概念, 非現実的なこと
　　　　　[例]
　　　　　Mon mari ne raconte que des abstractions.
　　　　　「夫は夢みたいなことばかり口にする」

> [語形成] train が「機関車が客車や貨物を引っ張っていく＝列車」であるように, tra は
> 「引っ張る」の意味で, 見出し語は「事物からその性質を引っ張り出す(抽出する)」→「抽象
> (作用)」となった単語. **attraction nf** (←心を引きつける)から「(遊園地などの)アトラク
> ション, (人を引きつける)名所」, **extraction nf** (←外に引っ張り出す)から「(歯などを)
> 引き抜くこと, 採掘」, **extrait nm** (←外へ引き出す)から「抜粋」の意味になる.

---

009 ■■□

Dans les situations sociales tendues, un trouble d_____ mineur
peut se transformer en problème international majeur.

緊迫した社会情勢では, 些細な**外交**上のトラブルが大きな国際問題に発展しかねない.

☐ **diplomatique adj** 外交の, 駆け引きの上手い, 気配りのきく
　　[別例]
　　une réponse diplomatique
　　「如才ない返答」

　　　[関連語] ☐ **diplomatie nf** 外交, 駆け引きの巧みさ
　　　　　[例]
　　　　　De la diplomatie est nécessaire dans les relations humaines.
　　　　　「人間関係には巧みな駆け引き(外交術)が必須だ」

☐ **diplomate** **n** 外交官

例

Des diplomates russes ont été expulsés d'Afghanistan.
「ロシアの外交官がアフガニスタンから追放された」

010

L'acteur a annulé le travail parce que le contrat était trop **c**_____ pour lui.

その俳優は契約が自分にとってあまりに制約が多すぎるとして仕事をキャンセルした.

☐ **contraignant, contraignante** **adj** 強制する, 拘束する

関連語 ☐ **contraindre** **vt** （人に）強制する, 強いる

例

On les a contraintes au silence.
「彼女たちは沈黙を強いられた」

∗ 不定法を用いて On les a contraintes à se taire. などと書き換えられる.

☐ **contraint, containte** **adj** 強制された, 不自然な

例

Je n'aime pas le sourire contraint de mon patron.
「私は上司の作り笑いが好きではありません」

∗ < être contraint(e) de + inf. > なら「〜せざるを得ない」の意味で使われる（例 Le gouverneur a été contraint de quitter son poste.「知事は辞職せざるを得ませんでした」）.「辞職する」は démissionner (de sa poste) ともいう.

☐ **contrainte** **nf** 強制, 拘束力, 窮屈

例

Récemment, j'ai l'impression que la vie en société est de moins en moins pratique, les contraintes augmentent.
「最近, 社会生活の実用性が徐々に減じて, 制約が増えているように思う」

04

英国 **impérialisme** 帝国主義 と植民地 **domination** 支配 は, 英語が世界中で **hégémonie** 覇権 を握った2つの大きな **facteur** 要因 である.

L'**impérialisme** britannique et la **domination** coloniale sont deux **facteurs** majeurs de l'**hégémonie** de la langue anglaise
dans le monde.

011

Ce pays inquiète ses voisins par son **i**_____.

この国は帝国主義（領土拡張主義）によって隣国に不安を与えている.

□ **impérialisme nm** 帝国主義, 領土拡張主義

　関連語 □ **impérial, impériale adj / impériaux mpl** 皇帝の, 帝国の

　　　例
　　　la Rome impériale
　　　「帝政ローマ」
　　　＊ impériale **nf** は étage supérieur d'un autobus の意味になる.

　　□ **impérieux, impérieuse adj** 高圧的な, 否応なしの, 絶対的な
　　　例
　　　Le patron prend un ton impérieux quand il est sur le point de perdre une dispute.
　　　「上司は議論に負けそうになると高圧的な口調になる」

　　□ **impératrice nf** 女帝, 皇后
　　　＊ empereur **nm** の女性形

形容詞の抽象名詞化の例
la nominalisation <-isme >

- [ ] **impérial, impériale** → **impérialisme**　「帝国主義」
- [ ] **libéral, libérale** → **libéralisme**　「自由主義」
- [ ] **rationnel, rationnelle** → **rationalisme**　「合理主義」

   cf. なお、<「名詞＋-isme」> という展開もある.
   race → racisme「人種差別」/ héros → héroïsme「英雄的な行動」

012　□ □ □

Cette armée est complètement sous la **d** _____ d'un dictateur.

この軍隊は完全に独裁者の支配下にある.

- [ ] **domination** **nf**　支配(権), 統治(＝ **autorité**)

   ＊ sous le contrôle de *qqn* と類義.

   ・・

   関連語 □ **dominer** **vt vi**　支配する, (感情などを)抑える, 見下ろす

   ＊ 関連語 prédominer **vi** は「最も重要である, (sur に)勝る」という意味.

   例

   Notre grand-père essaie souvent de dominer notre famille.
   「うちの祖父はよく家族の上に立とうとする」

   Ma femme a réussi à dominer sa colère.
   「妻はなんとか怒りを抑えた」(＝ **maîtriser, surmonter**)

   - [ ] **dominant, dominante** **adj**　支配的な, 優位を占める
   例
   Cette année, la couleur dominante est le vert foncé.
   「今年, 流行色(主調となる色)は深緑です」

[語形成] dom は「家」を指し, 「家の主人」という言葉があるように「支配」のニュアンスも持つ. 前者の意味合いなら, **domestique adj**「家の, 家庭の」, **domicile nm**「住所, 居住」という単語が浮かぶ. それが **dominant(e) adj** となれば「支配的な」の意味で, 接頭辞「先に」を添えて **prédominant(e) adj** なら「優勢な」(←先に支配することから)となる.

013

Fumer est un **f**_____ majeur de risque de cancer.

喫煙はがんになるリスクのひとつの要因です．

□ **facteur nm** （ある結果を生む）要因, 原動力, （数学の）因数

> 別例
>
> mise en facteur
> 「因数分解」（= **factorisation**）

関連語 □ **facteur, factrice n** 郵便配達員（= **préposé des postes**）

* これは日常語．同義に préposé(e) **n** という単語もある．
なお,「郵便局員」は postier(ère) **n** と呼ぶ．

014

Si l'on regarde l'histoire, c'est une répétition de combats insignifiants dus à des luttes pour l'**h**_____.

歴史を振り返れば, それは覇権争いによる
無意味な争いごとの繰り返しだ．

□ **hégémonie nf** （国家あるいは社会集団間による）主導権, 覇権（= **suprématie**）

関連語 □ **hégémonisme nm** 覇権主義

□ **hégémonique adj** 覇権主義的な（= **dominant**, **prépondérant**）

> 例
>
> Cette décision pourrait être critiquée par les factions anti-japonaises comme une folie hégémonique.
> 「この決定は反日派から覇権主義的な愚行だと批判されかねない」

05

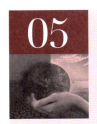

世界 **niveau** レベル での **environnement** 環境 の **protection** 保護 は国際的な **coopération** 協力 が あってももはや不可能なのではなかろうか.

Il semble que la **protection** de l'**environnement** <u>au</u> <u>niveau</u> mondial ne soit plus possible même avec la **coopération** internationale.

▶ au niveau ＋［形容詞］ 「〜のレベル（次元）で」

Cette question doit être examinée au niveau asiatique.
この問題はアジアのレベルで検討されなくてはならない.

015

Victime d'un harceleur, elle a demandé la **p**_____ de la police.
ストーカー被害にあっていたので, 彼女は警察の保護を求めた.

☐ **protection nf** （間をさえぎって）守ること, 保護, 庇護

関連語 ☐ **protéger vt** 保護する, 守る

例

Il faut protéger cette rivière contre la pollution.
「あの川を汚染から守らなくてはならない」

＊ 代名動詞 se protéger は「(de, contre から) 身を守る」という意味.

---

protéger
類義語対比

☐ **protéger vt**
「(事前に手を打ってずっと)守る」

Nous devons **protéger** les animaux de l'extinction.
動物を絶滅から守らなくてはなりません.

☐ **défendre** **vt**

「(直面している危機などを)防御する, (資格や権利を)守る」

Le champion de boxe **a défendu** son titre hier soir.
ボクシングのチャンピオンは昨夜タイトルを防衛した.

☐ **garder** **vt**

「見張る, 警備する」

Le supermarché **est** fortement **gardé** jour et nuit.
そのスーパーは昼夜厳重に警備されている.

---

016 ◻◻◻

Les humains ont progressivement détruit l'**e**＿＿＿＿＿ naturel pour se construire une vie confortable.

人間は暮らしを便利にするため少しずつ自然環境を破壊してきた.

☐ **environnement** **nm** 環境, 周囲

‥‥‥‥‥‥‥‥‥‥‥‥‥‥‥‥‥‥‥‥‥‥‥‥‥‥‥‥‥‥‥‥‥‥‥

関連語 ☐ **environnemental**, **environnementale** **adj** /
environnementaux **mpl** 環境の, 環境上の

例

Le gouvernement encourage la politique environnementale.
「政府は環境政策を奨励している」

---

017 ◻◻◻

La ville voisine a un **n**＿＿＿＿＿ de vie élevé.

隣の町は生活水準が高い.

☐ **niveau** **nm** / **niveaux** **pl** レベル, 水準, (水面などの)高さ(= **hauteur**),
(建物の)階(= **étage**)

QUESTION 02

Classez ces cinq villes françaises d'ouest en est.

1. Angers　2. Besançon　3. Dijon　4. Nantes　5. Tours

mille mètres au-dessus du niveau de la mer
「海抜1000メートル」
Laissez-moi au niveau Départs.
「(タクシーで,空港の)出発ロビーで降ろしてください」
* この niveau は「(建物の)階」を意味する語.「到着ロビー」なら le niveau Arrivées という.

018

Une **c_____** au niveau mondial est nécessaire pour combattre le terrorisme.

テロとの戦いにはグローバルレベルでの**協力**が必要だ.

☐ **coopération nf**　協力, (途上国への)海外協力

関連語　☐ **coopérer vi**　(à に)協力する (= **collaborer**)

Dans le cadre de l'accord, les deux pays vont coopérer pour la paix.
「協定のもと,両国は和平に向けて協力することになる」

☐ **coopératif, coopérative adj**　協力的な, 協調性のある

Ma belle-fille a l'esprit coopératif.
「私の義理の娘には協調性がある」
* avoir l'esprit d'entente と言い表しても同義になる.

[語形成] < co- > はラテン語 *cum* に由来し avec の意味で使われる接頭辞. < col-, com-, con-, cor- > とも綴られる. 具体例として **collaboration nf**「協力, 共同作業」, **compagnon, compagne n**「仲間, 連れ」, **concitoyen(ne) n**「同じ都市の住民, 同国人」, **corrélation nf**「相関関係」といった単語があげられる.

解答　**Q.02**　4-1-5-3-2

06

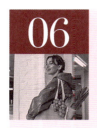

環境問題への関心が **croissant** 高まる につれて、**plastique** ビニール製の バック（ビニール袋）をやめて **réutilisable** 再利用できる バッグ（エコバッグ）をもち歩く人がどんどん増えています．ほんの小さなことではありますが、**réellement** 実際に あなたのすることが **impact** 影響力 をもつのです．

Avec l'intérêt **croissant** pour les questions environnementales, de plus en plus de personnes portent des sacs **réutilisables** au lieu d'utiliser des sacs en **plastique**. C'est juste une petite chose, mais ce que vous faites a **réellement** un **impact**.

019

Les réformes des retraites font face à une opposition **c_____**.
年金改革が直面しているのは高まる反対の声だ．

☐ **croissant, croissante adj** 増大していく，増加していく

> 関連語 ☐ **croître vi** 増大する，成長する（↔ **décroître, diminuer**）
>
> ☐ **croissance nf** 発展，増大（＝ **expansion**），成長
> 例
> taux de croissance économique
> 「経済成長率」

020

Leur travail consiste à retirer les matériaux **r_____**s de ce gros tas d'ordures.
この大きなゴミの山から再利用できる資材を回収するのが彼らの仕事なのです．

☐ **réutilisable** **adj** 再利用できる

〈関連語〉 ☐ **utilisable** **adj** 利用できる (↔ **inutilisable**)

〈例〉
Il n'y a plus de ressources énergétiques
utilisables dans cette région.
「この地域にはもはや利用できる
エネルギー資源はない」

021

Nos océans ont été inondés de **p**＿＿＿＿ et sont au bord de la
catastrophe.

私たちの海は**プラスチック**であふれ, 壊滅的なことになる危機に瀕しています.

☐ **plastique** **nm adj** プラスチック(の), 合成樹脂(の)

＊ plastique **nm** 「プラスチック」は日常会話で「ビニール袋, ポリ袋」(= un sac en platique)の意味
でも使う. また「ペットボトル」は une bouteille en plastique という.

022

Je ne sais pas ce qu'elles pensent **r**＿＿＿＿.

彼女たちが**実際**には何を思っているかわかりません.

☐ **réellement** **adv** 現実に, 実際に, 本当に (= **vraiment**)

〈関連語〉 ☐ **réel, rélle** **adj** 現実の (↔ **irréel**),
本当の (= **vrai** ↔ **imaginaire**), たしかな

〈例〉
Les feux de forêt causés par le réchauffement climatique
constituent un réel danger.
「温暖化による森林火災は現実的な危機だ」

023

Internet a un grand **i**＿＿＿＿ sur notre vie quotidienne.

インターネットは私たちの日常生活に強い**影響力**をもっている.

☐ **impact** **nm** 衝撃, インパクト, 影響力

＊ この例文では répercussion **nf**, retentissement **nm** が類義になる.

07

droit 法律 と **morale** 道徳 の **rôle** 役割 は, 社会における人間の **interaction** 相互関係 を **contrôler** チェックすることにある.

Le **rôle** du **droit** et de la morale est de **contrôler** les **interactions** humaines dans la société.

024

Le secrétaire général a un **r**_____ important à jouer dans les négociations.

事務局長はその交渉で重要な役割を務めている.

☐ **rôle nm** 役割, 役目, (俳優の) 役

別例

Mon fils a obtenu un petit rôle dans la prochaine pièce.
「息子が今度の芝居でちょっとした役をもらった」

025

Est-ce que votre fille est en fac de **d**_____ à Paris ?

娘さんはパリの法学部の学生ですか.

☐ **droit nm** 法律, 権利 (↔ **devoir**), 手数料, 料金

* 集合的にとらえた「法」を指す. 個別の「法律」には loi nf を用いる.

別例

Vous n'avez pas le droit de faire ça.
「あなたにはそんなことをする権利はない」

* avoir le droit de + *inf.* で「〜する権利はある」という意味.

026

Pensez-vous que la **m**＿＿＿＿ publique s'est détériorée récemment ?

最近, 公衆道徳は悪化していると思いますか.

□ **morale** **nf** 道徳, 教訓

関連語 □ **moral, morale** **adj** 道徳の, 道徳的な (↔ **immoral**)

例

Il n'a aucun sens moral.
「彼には道徳感がまるでない」

□ **moralité** **nf** 道徳性, 品性

例

C'est un homme sans moralité.
「あいつは道徳心のない男だ」

□ **moral** **nm** 気力, 士気, やる気

例

Votre attitude affecte le moral de toute l'équipe.
「あなたの態度はチーム全体の士気に影響します」

027

Grâce à internet, j'ai des **i**＿＿＿＿ quotidiennes avec des gens du monde entier.

インターネットのおかげで, 私は毎日世界中の人々と相互交流しています.

□ **interaction** **nf** (人的な) 相互交流, 相互作用

＊「相互交流する, 相互作用を及ぼす」という自動詞 interagir もよく使われる.

関連語 □ **interactif, interactive** **adj** 対話型の, 双方向の

例

L'utilité de Zoom est qu'il s'agit d'un outil interactif.
「Zoomが有用なのは双方向型のツールであることだ」

□ **interactivité** **nf** (情報) 対話性, 双方向性

［語形成］ 接頭辞 < inter- > はラテン語 *inter* に由来し entre の意味合いで使われる．たとえば，名詞なら「交差点」**intersection nf** や「相互依存」**interdépendance nf**，学術用語の「学際性」**interdisciplinarité nf** あるいは「（授業と授業の間の）短い休憩」を意味する **interclasse nm** といった例があげられ，形容詞なら **interculturel(le)**「異文化間の」，**intergénérationnel(le)**「世代間の」，**intercontinental(le)**「大陸間の」などいくつもの単語があげられる．

---

028 ▮▮▮

Il a essayé de **c**⎯⎯⎯⎯⎯⎯⎯⎯ ses sentiments, mais il n'a pas pu.

彼は感情を**抑え**ようとしたが，できなかった．

☐ **contrôler vt** 点検する，（感情を）抑える *contrôler*

··

関連語 ☐ **contrôle nm** 検査，点検，（機械の）制御

例
Elle a perdu le contrôle de sa voiture sur la route verglacée.
「彼女は凍結した道路で車の制御ができなかった」

---

contrôle
類義語対比

☐ **contrôle nm**
「（目的を達成するための）コントロール，制御」
la tour de **contrôle**
管制塔（コントロールタワー）

☐ **maîtrise nf**
「（猛威をふるうものへの）制御，自制（= **maîtrise de soi**）」
perdre sa **maîtrise**
自制心を失う

☐ **réglementation, règlementation nf**
「（法令などで規定を設けた）規制，統制」
le consommateur et la **réglementation** des prix
消費者と価格統制

08

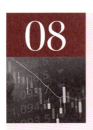

économique 経済的な **sécurité** 安定 を **recherche** 追求することと, 安全で **confortable** 快適な生活を **choix** 選ぶこととはほとんど関係がない.

La **recherche** de la **sécurité économique** <u>n'a pas grand-chose à voir avec</u> le **choix** d'une vie sûre et **confortable**.

▶ n'avoir pas grand-chose [rien] à voir avec *qqch* 「～とほとんど [何ら] 関係ない」

Mon collègue n'a rien à voir avec cette affaire de corruption.
同僚はこの収賄事件と何ら関係ありません.

029

Notre fille fait des **r**_____ sur la littérature française du 20ème siècle.

うちの娘は20世紀フランス文学を研究している.

☐ **recherche nf** （学術的な）研究, 追求, 探求

[関連語] ☐ **rechercher vt** 探す, 追及する, 検索する

例

Le travail du procureur est avant tout de rechercher la vérité.
「検察官（検事）の仕事は何よりも真実の追求にある」

030

La **s**_____ alimentaire est actuellement menacée.

現在, 食の安全が脅かされている.

☐ **sécurité nf** （危険に対する心配のない）安全, 安心, 安定（↔ **insécurité**）

025

QUESTION 03

Parmi ces cinq villes, laquelle n'est pas un port ?

1. Bordeaux   2. Grenoble   3. Marseille   4. Nantes   5. Rouen

別例

Auprès de mon mari, je me sens en sécurité.
「夫のそばにいると安心感があります」

---

031 ■ ■ ■

Si le gouvernement continue à ne rien faire, une crise é_____
est inévitable.

このまま政府が無策のままだと経済危機は避けられない.

☐ **économique adj**　経済学の, 経済上の, 安上がりの, 経済的な

別例

J'essaie d'éviter la classe économique lorsque je voyage à l'étranger.
「海外旅行の際, エコノミークラスは避けるようにしています」

関連語 ☐ **économie nf**　経済, 倹約, 節約

☐ **économiquement adv**　経済上, 経済的に

☐ **économiser vt vi**　節約する(↔ **gaspiller**), 貯金する

---

032 ■ ■ ■

Tu n'as pas le c_____, tu dois repasser l'examen.

再試験を受けるしかほかに選択肢はありません.

☐ **choix nm**　選択, 選択肢

＊ ne pas avoir le choix で「選択の余地はない」という意味. Tu n'as pas d'autre choix que de repasser l'examen. とすることもできる.

関連語 ☐ **choisir vt**　選ぶ, 選択する

例

Boire ou conduire, il faut choisir.
「飲むか運転するか, どちらかを選ばなくてはなりません」

基本語の射程
「選ぶ」

□ choisir vt
［いくつかの中から１つを選択して］

選ぶ（「感覚・気分で選ぶ」というイメージ） choix nm

Mon mari **a choisi** ce costume aux teintes printanières.
夫は春めいた色合いのこのスーツを選んだ.

* 決めるのに迷って「（やっと）このスーツに決めた」というなら Mon mari s'est enfin décidé pour ce costume aux teintes printanières. といった言い方をする.

□ sélectionner vt
［選択理由を十分に考えて最も適切だと思うものを］

選抜する, 選りすぐる sélection nf

Ce vin **a été** soigneusement **sélectionné** pour les passagers de première classe.
このワインはファーストクラスのお客さまのために厳選されたものです.

QUESTION 04

Quatre vins français et leur région administrative d'origine.

1. Muscadet　2. Pommard　3. Riesling　4. Saint-Émilion

a. Bourgogne-Franche-Comté　　b. Grand Est
c. Nouvelle-Aquitaine　　　　　　d. Pays de la Loire

□ préférer vt
［他より好きなので］

選ぶ,［à より］～を好む préférence nf

Elle **a préféré** rester à la maison aujourd'hui.
彼女は今日は家にいることにした.

□ élire vt
［何らかの役目をはたしてもらうために］

選挙で選ぶ élection nf

Aux États-Unis, le peuple **élit** un président tous les quatre ans.
アメリカ合衆国では国民は４年ごとに大統領を選出する.

解答　Q.03 2　　Q.04 1. d　2. a　3. b　4. c

027

□ **décider vt**

［色々と可能なことから１つを］

選ぶ, 決める

Ma fille n'arrive pas à **décider** quel gâteau manger.
娘はどのケーキを食べようか選ぶことができない（迷っている）.

---

033 ■ ■ ■

Ma tante vit dans un **c**＿＿＿＿＿＿ chalet de montagne avec ses chiens.

おばは犬たちと快適な山荘暮らしをしている.

□ **confortable adj** 快適な（＝ **agréable** ↔ **inconfortable**）, ゆとりのある

QUESTION 05

Les montagnes françaises et leur plus haut sommet.

1. Alpes　2. Jura　3. Massif central　4. Pyrénées　5. Vosges

a. Crêt de la Neige　　b. Ballon de Guebwiller　　c. Mont Blanc
d. Pic du Midi　　　　e. Puy de Sancy

別例

Ces chaussures ne sont pas confortables.
「この靴は履き心地がよくない」

⋯⋯⋯⋯⋯⋯⋯⋯⋯⋯⋯⋯⋯⋯⋯⋯⋯⋯⋯⋯⋯⋯⋯⋯⋯⋯⋯⋯

関連語 □ **confort nm** 快適, （快適な暮らしのための）設備

例

Mes parents vivent dans le confort à la campagne.
「両親は田舎で快適に暮らしている」

＊「快適に（安楽に）暮らす」は副詞を用いて vivre confortablement ともいう.

À vendre, appartement de 3 pièces de 70m², tout confort.
「（広告）売り物件, 70平方メートル3Kマンション, 設備完備」

＊ Trois pièces, ou T3, veut dire qu'il y a trois « pièces de vie » en tout : chambre(s), salon, bureau, ou cuisine s'il y a assez de place pour y mettre une table (si la cuisine est juste assez grande pour préparer les repas, elle n'est pas considérée comme une « pièce de vie » et ne compte pas dans le nombre de pièces). Au Japon, ce serait donc un 1LDK, 2LDK, 2DK ou 3K.

028

09 tradition 伝統 は過去から現在への偉大な **héritage** 遺産 だが，ときとして **progrès** 進歩への **majeur** 大きな **obstacle** 障害 でもあった．

La **tradition** est un grand **héritage** du passé au présent, mais elle a également été un **obstacle majeur** au **progrès** à certains moments.

034

Il est important de conserver les **t**_____ mais il ne faut pas oublier l'innovation.

伝統を守ることは大切だが，改革を忘れてはならない．

☐ **tradition nf** 伝統, 慣例, しきたり

関連語 ☐ **traditionnel, traditionnelle adj** 伝統的な

　　例
　Les maisons traditionnelles du pays basque sont
　magnifiques par leur forme et leurs couleurs.
　「バスク地方の伝統的な家屋は形と色合いがすばらしい」

035

Cette mégastructure en pierre est l'**h**_____ d'une ancienne civilisation.

この石の巨大建築は古代文明の遺産だ．

☐ **héritage nm** 遺産, 相続

* 「遺産」と訳される単語でも，見出し語は「先祖から受け継いでいることを強調する」のに対し，類義語 patrimoine **nm** はどちらかといえば「物の価値に重点を置く」単語．言い換えれば，héritage「遺産」は「亡くなった人が残した世襲財産（家に伝わるもの）patrimoine」によって構成されるという関係にある．なお，「（法的な）相続」には succession **nf**（ droits de succession「相続税」）も使う．

解答　**Q.05 1.c 2.a 3.e 4.d 5.b**

関連語 ☐ **hériter vi vt** （de から）相続する，受け継ぐ

例

Elle a hérité des talents de son grand-père.
「彼女の才能は祖父から受け継いだものだ」

* Elle a le talent de son grand-père. と言い換えることもできる. なお, déshériter
「（人から）相続権を奪う」という動詞もある.

☐ **héritier, héritière n** 相続人,（文化などの）後継者

036

Ils ont dû surmonter de nombreux **o**＿＿＿＿＿ pour se marier.

ふたりが結婚するのに多くの**障害**を乗り越えなくてはならなかった.

☐ **obstacle nm** 障害（物）(＝ **difficulté**), 妨害

* 「障害（物）を乗り越える」は franchir un obstacle ともいう.

別例

La bureaucratie est devenue un obstacle aux changements sociaux.
「官僚制は社会の変化を妨げる障害になっている」

* 「議事進行の妨害,（スポーツの）反則となる妨害行為」は obstruction **nf** という.

037

L'inégalité entre les sexes continue de poser des problèmes
m＿＿＿＿＿ dans de nombreuses régions du monde.

男女の不平等はいまだに世界のあちこちで**大きな**問題を引き起こしている.

☐ **majeur, majeure adj** 大きい, 重要な(↔ **mineur**)

関連語 ☐ **majorité nf** 大多数, 多数派(↔ **minorité**),（選挙）過半数, 成人
別例

La majorité des gens dans ce pays soutiennent la peine de mort.
「この国の大多数の人は死刑を支持している」

☐ **majoritaire adj** 多数派の(↔ **minoritaire**), 多数決による

038

Aucun **p**＿＿＿＿ n'a été réalisé dans les négociations diplomatiques entre le Japon et la Corée du Sud.

日韓関係は外交交渉において何の**進展**も見られなかった.

☐ **progrès nm** （科学・技術の段階的な）進歩, 発展,（個人的技量の）上達

〔別例〕

Mon fils fait des progrès tous les jours en calligraphie.

「息子は日に日に書道が上達しています」

＊ faire des progrès で「進歩する, 上達する」の意味.

〔関連語〕 ☐ **progresser vi** 進歩する, 上達する,（事態が）進展する（↔ **régresser**）

〔例〕

Ma fille progresse en anglais.

「娘は英語が上達している」

☐ **progressif**, **progressive adj** 前進的な, 段階的な

☐ **progressivement adj** 徐々に, 次第に

〔例〕

Quand vous irez mieux, diminuez progressivement les doses prescrites.

「体調がよくなったら, 徐々に服用する量を減らしてください」

＊ 類義語として graduellement「段階的に, 徐々に」, doucement「ゆっくりと, 少しずつ」, lentement「ゆっくり, のろのろ」, par degrés「だんだんと, 徐々に」, pas à pas「一歩一歩, 少しずつ」, petit à petit「少しずつ」など, 対義語としては brusquement「突然に, 不意に」, instantanément「瞬間的に, 即座に」などがあげられる.

☐ **progressiste adj** 進歩主義の（↔ **rétrograde**）

☐ **progression nf** 前進,（事態の）進展, 拡大（↔ **recul**, **régression**）

〔例〕

La progression des maladies endémiques s'aggrave dans cette zone forestière.

「風土病の拡大がこの森林地帯で深刻さを増している」

10

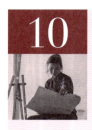

芸術は **beauté** 美を **créer** 生み出し, 夢や **idéal** 理想を **incarner** 具現し, 表現する技術と **définir** 定義することができる.

L'art peut être **défini** comme une technique qui **crée** de la **beauté**, **incarne** des rêves et des **idéaux** et leur donne une expression.

039

Comment d_____-vous « la méritocratie » ?

あなたは「能力主義(社会)」をどのように定義しますか.

□ **définir vt** 定義する, 明確にする *définissez*

別例

Je veux essayer de définir ma propre attitude.
「自分自身の態度をはっきりさせたいと思います」

関連語 □ **définition nf** 定義, 明確化

例

la définition d'un mot
「語の定義」

□ **définitif, définitive adj** 決定的な, 最終的な (= final)

例

Aucune décision définitive n'a été prise au cours de la longue réunion.
「長時間の会議で最終的な決定は何らなされなかった」

□ **définitivement adv** (以後変更なく)最終的に (↔ **provisoirement**)

例

Tu comptes t'installer définitivement en France ?
「君はずっとフランスに住むつもりなの」

040

L'univers a été **c** _____ avec le Big Bang il y a 13,8 milliards d'années.

宇宙は138億年前のビッグバンによって誕生した.

☐ **créer vt** （神が）創造する, 創作する, 作り出す *créé*

〔別例〕

Ce logiciel vous permet de créer et de modifier des documents.
「このソフトウェアを使用すると文書の作成と編集ができる」

〔関連語〕☐ **création nf** 創造, 創出 (↔ **suppression**)

〔例〕

La tâche immédiate de l'exécutif est la création d'emplois.
「執行部の喫緊の課題は雇用創出にある」

☐ **créativité nf** 創造性, 創意

〔例〕

Le professeur organise des activités qui stimulent la créativité des élèves.
「教師は生徒たちの創造性を刺激するアクティビティを企画する」

☐ **créatif, créative adj** 創造的な

041

La **b** _____ est dans l'œil du spectateur.

美は見る者の目にある（何が美しいかは人それぞれだ）.

☐ **beauté nf** 美, 美しさ (↔ **laideur**), （女性の）美貌

〔別例〕

Ma femme suit un régime avec l'intention de participer à un concours de beauté.
「妻はビューティー・コンテストに参加するつもりでダイエットに励んでいる」

〔語形成〕 "beau → beauté" の形, < 形容詞 + -té > で「性質・状態（〜であること）」を表す女性名詞になる. 他に anxieux → **anxiété**「不安」, égal → **égalité**「平等」, sobre → **sobriété**「節食（酒）」, varié → **variété**「多様性」などなど.

042

Odilon Redon a i_____ son rêve dans ce tableau.

Odilon Redon はこの絵の中に自らの夢を**具現化した**.

☐ **incarner vt** （抽象的なものを）具体化する，
　　　　　　　　　（役を）演じる（= **jouer**）　*incarné*

　* se réincarner「（死後に魂が他の肉体において）生まれかわる，
　　転生する」という動詞もある.

関連語 ☐ **incarné, incarnée adj** 化身した，具現した

　　　　☐ **incarnation nf** 具現，化身，権化

043

Les jeunes sont toujours à la poursuite d'i_____.

若者は常に**理想**を追い求めるものだ.

☐ **idéal nm** 理想

関連語 ☐ **idéal, idéale adj / idéaux, idéals mpl** 理想的な，
　　　　　　　　　　　　　　　　　　　　申し分ない（= **parfait**）

　　　　例
　　　　Je cherche l'endroit idéal pour construire une maison.
　　　　「自宅を建てるのに理想的な場所を探している」

☐ **idéaliser vt** 理想化する，美化する（= **embellir**）
　　　　例
　　　　Il idéalise cette actrice.
　　　　「彼はあの女優を理想化している」

☐ **idéalisme nm** 理想主義（↔ **réalisme**）
　　　　例
　　　　Votre idéalisme vous apportera des déceptions.
　　　　「理想ばかり追っているといずれあなたたちは失望することになる」

11

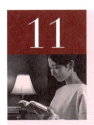

小説に **se concentrer**（神経を）集中しているとき, 現実の **horizon** 地平線 から切り離されて, 人は小さな **isolé** 孤立した 宇宙に, つまり小説の内なる **royaume** 王国 に **enfermer** 閉じ込められる.

Quand on **se concentre** sur un roman, on est coupé de son **horizon** réel et **enfermé** dans un petit univers **isolé** : le **royaume** intérieur du roman.

044

Tous les regards se sont **c_____** sur les mannequins.

全員の視線がファッションモデルたちに集中した.

□ **concentrer vt / se concentrer vp** 集中させる, 集中する *concentrés*

* 「(一点に)集中する」なら converger,「(中央に)集中する」なら se centraliser といった動詞も使われる. 逆に「(注意などを)散らす, 集中しない」なら disperser を用いる.

【別例】
Mon fils est capable de se concentrer.
「息子は集中力がある」

【関連語】 □ **concentration nf** 集中, 濃縮

【例】
Un repas lourd réduira vos capacités de concentration.
「食べ過ぎると集中力は鈍るものです」

045

L'**h_____** se teint de rouge. Il fera beau demain.

地平線が赤く染まっている. 明日は晴れるだろう.

□ **horizon nm** 地平線, 水平線, (状況などの)展望

【関連語】 □ **horizontal, horizontale adj / horizontaux mpl** 水平の, 横の
(↔ **vertical**)

☐ **horizontalement adv** 水平に, 横に (↔ **verticalement**)

046

Ce garçon a été **e**_____ au sous-sol pendant plus d'une semaine.
あの少年は 1 週間以上地下室に<u>閉じ込め</u>られていた.

☐ **enfermer vt / s'enfermer vp** 閉じ込める, 監禁する, 閉じこもる, 引きこもる
　　　　　　　　　　　　　　　　　enfermé

　＊「閉じ込める, 刑務所に入れる」emprisonner という動詞もある.

　別例

Ma fille s'est enfermée dans sa chambre toute la journée.
「娘は 1 日中部屋に閉じこもっていた」

....

関連語 ☐ **enfermement nm** 閉じ込めること, 閉じこもること

　　　 ☐ **enfermé, enfermée adj** 閉じ込められた, 閉じこもった

047

Les familles inuites vivent **i**_____ pendant les rudes mois d'hiver.
イヌイットの家族は厳冬期は<u>孤立</u>して暮らしている.

☐ **isolé, isolée adj** 孤立した, 人里離れた

基本語の射程
形容詞
「孤立した・
孤独な」

☐ **isolé, isolée**
　　 孤立した　**isolement nm**
　　 Je me sens **isolé** au sein de ma faculté.
　　 私は学部内で孤立していると感じる.

☐ **solitaire**
　　 孤独な, 単独の　**solitude nf**
　　 Ma tante a mené une vie **solitaire**.
　　 おばは孤独な生涯を送った.

☐ **seul, seule**
　　 一人だけの, 孤独の
　　 Je suis resté(e) **seul(e)** à la maison ce week-end.
　　 今週末, 一人で家にいました.

□ indépendant, indépendante

独立(自立)した　**indépendance nf**

Elle est devenue indépendante de ses parents le mois dernier.
先月，彼女は親元から独立した．

□ abandonné, abandonnée

捨てられた，見放された　**abandon nm**

Il y a quelques villages abandonnés dans cette région.
この地域には2，3の廃村がある．

[関連語] □ **isoler vt** 孤立させる，隔離する

[例]

Les patients gravement malades ont été isolés des autres.
「重症患者たちを他の者から隔離した」

□ **isolement nm** 孤立(= **solitude**)，隔離

---

048 ■ ■ ■

Le **R**_____-Uni comprend la Grande-Bretagne, l'Irlande du Nord et les îles voisines.

連合王国(英国)はグレートブリテンと北アイルランドおよび付近の島々からなっている．

□ **royaume nm** 王国

[別例]

Mon bureau est mon royaume.
「わが書斎はわが王国なり」

[関連語] □ **royal, royale adj / royaux mpl** 王の

[例]

Il n'y a pas de route royale pour la science.
「学問に王道なし」

□ **royauté nf** 王位，王座

□ **roi nm** 王(↔ **reine**)，国王

037

12 もし音楽がなければ，私たちは **déception** 失望 や **solitude** 孤独，あるいは **atténuer** 軽減することのできない **impuissance** 無力感などに **souffrir** 苦しむことだろう．

Sans musique, nous **souffririons** de toute **déception**, **solitude** ou sentiment d'**impuissance** qui ne pourrait être **atténué**.

049

L'UE (Union européenne) s_____ parfois d'un manque d'unité.
EU（欧州連合）はときに統一性を欠くことに苦しんでいる．

☐ **souffrir vi** （肉体的・精神的な de で）苦しむ　*souffre*

【別例】
Elle souffre de rhumatismes.
「彼女はリウマチで苦しんでいる」

....

【関連語】☐ **souffrance nf** 苦痛，痛み，苦悩
【例】
Il peut endurer la souffrance.
「彼は苦しみにじっと耐えられる」
＊この単語は「痛みを感じる行為」を指す．類義の douleur nf は「（歯痛や骨折などで）苦しんでいる最中に感じる苦痛，痛み」（【例】J'ai besoin d'un médicament pour réduire la douleur. 「この痛みを鎮める薬が欲しい」）をいう．

☐ **souffrant, souffrante adj** 体の具合が悪い，気分のすぐれない
【例】
Ma mère est souffrante ce matin.
「母は今朝体調がすぐれません」
＊形容詞 souffreux(se) は「病弱な，虚弱な」（= maladif, chétif ↔ vigoureux）の意味．

`050` ■ ■ ■

La vie est une succession d'attentes et de **d**_____.

生きることは期待と失望の連続だ.

□ **déception nf** 失望, 幻滅 (= **déconvenue**)

     * désappointement **nm** という類語もあるがこれは少し改まった単語.

`関連語` □ **décevoir vt** （人を）失望させる (= **désappointer**), （期待を）裏切る

    `例`

    Je suis désolé(e) de te décevoir.
    「あなたを失望させてごめんなさい」

    Tes notes me déçoivent, je m'attendais à mieux.
    「あなたの成績にはがっかりです, 私はもっとよい成績を期待していました」

□ **déçu, déçue adj** 失望した, 落胆した

    `例`

    Je suis un peu déçu(e) par votre décision.
    「あなたの決定にはいささか失望しています」

     * être déçu(e) で「失望する, がっかりする, 期待を裏切られる」(= être désappointé)
    の意味.

□ **décevant, décevante adj** （物事が）期待はずれの

    `例`

    Le nouveau film du jeune réalisateur était décevant.
    「若手監督の新作映画は期待はずれだった」

`051` ■ ■ ■

Je ne crains pas la **s**_____ ; au contraire, j'aime être seul(e).

孤独を恐れてはいません, それどころか, ひとりでいるのが好きです.

□ **solitude nf** 孤独 (= **isolement**), 孤立, 隠遁

`関連語` □ **solitaire adj n** ひとりの, 孤独な, 孤独を好む人

    `例`

    Ma nièce apprécie la vie en solitaire.
    「姪（めい）はひとり暮らしを楽しんでいる」

     * en solitaire で「ひとりで, 単独で」の意味.

052

À la fin, rien ne s'est passé et j'ai été tourmenté par un sentiment d'i_____.

結局何事も起こらず, 無力感にさいなまれています.

☐ **impuissance nf** 無力, 無能, インポテンツ (= **impuissance sexuelle**)

〔関連語〕☐ **impuissant, impuissante adj** 無力な, 無能な

〔例〕
Avons-nous besoin d'un gouvernement impuissant face au problème de la baisse de la natalité ?
「少子化問題 (出生率の低下) に直面して無力な政府が必要だろうか」

053

Nous avons tous essayé d'a_____ la responsabilité du président de notre université.

私たちは皆, 学長の責任を軽減しようと努めてきた.

☐ **atténuer vt** 和らげる, 軽減する (= **adoucir** ↔ **renforcer**) *atténuer*

〔別例〕
atténuer la douleur
「痛みを軽減する」 (= **calmer**)

〔関連語〕☐ **atténuation nf** (罪の度合いなどの) 軽減, 緩和

☐ **atténuant, atténuante adj** (罪の度合いを) 軽減する
(↔ **aggravant**)

〔例〕
L'un des auteurs a bénéficié de circonstances atténuantes.
「加害者のひとりは情状が酌量された」

13

langage 言語 は人間の **esprit** 心の **product** 産物であり,その **fonctionnement** 働きを **réfleter** 映し出すものだ.

Le **langage** est un **produit** de l'**esprit** humain et **reflète** son **fonctionnement**.

054

La lecture initie les enfants au **l_____** et développe leur vocabulaire.
読書は子どもたちに言語の手ほどきをして,語彙力を発達させます.

□ **langage nm** （人間が有する普遍的な）言語, 言語活動,
　　　　　　　（コミュニケーションに用いる）言語

　別例

le langage de programmation
「プログラミング言語」

le langage des signes
「手話」

基本語の射程
「言語・言葉」
あれこれ

□ **langage nm**
　　（人間に固有の）言語, 言語能力
　　Cet enfant présente des signes de troubles du **langage**.
　　この子には言語障害の兆候がある.

□ **langue nf**
　　（国や地域で使われる）言語
　　Sa **langue** maternelle est le swahili.
　　彼（彼女）の母語はスワヒリ語です.

☐ **parole** nf

（口に出した）言葉，発言

Le directeur a continué à prononcer des **paroles** incohérentes pendant la réunion.
部長は会議中に支離滅裂な発言をし続けた．

☐ **mot** nm

（表現するための）言葉，単語

Ce **mot** ne s'emploie plus dans la conversation quotidienne.
この言葉は日常会話ではもう使われない．

☐ **expression** nf

表現，言い回し

Il faut respecter la liberté d'**expression**.
表現の自由を尊重しなければなりません．

---

055 ■■■

Quels sont les principaux **p** _____ de cette région ?

この地域の主要な産物はなんですか？

☐ **produit** nm　産物，製品，（労働などの）成果

別例

C'est un vrai produit de son temps.
「彼は時代の申し子だ」

関連語 ☐ **produire** vt　生産する（= **consommer**），（結果などを）産する，生じる

例

L'usine de semi-conducteurs n'a pas encore commencé à produire.
「その半導体工場はまだ生産を開始していない」

☐ **productif**, **productive** adj　生産的な，生産性の高い

☐ **production** nf　生産，生産量（= **rendement**），（映画などの）制作

例

À l'avenir, le volume de production de voitures volantes augmentera régulièrement.
「今後，空飛ぶクルマ（空陸両用車）の生産量は着実に増えていくだろう」

☐ **productivité nf** 生産性(= **rendement**), 生産力

La haute direction de l'entreprise est soucieuse d'améliorer la productivité de l'usine.
「会社の上層部は工場の生産性向上に頭を悩ませている」

056

En faisant de l'aïkido, on peut entraîner le corps et l'e＿＿＿＿ à la fois.

合気道をすることで,肉体と精神を同時に鍛えることができる.

☐ **esprit nm** 精神, 心, 才気

別例

Ça ne m'était pas venu à l'esprit.
「それは心に浮かばなかった」

Il a de l'esprit.
「彼は才気がある(機知に富んでいる)」

057

Les toiles du peintre semblent toujours r＿＿＿＿＿＿＿ son sentiment religieux.

その画家の絵画はいつも彼の宗教観を映し出しているように思える.

☐ **refléter vt** （反射して)映す,（時代や社会を)映し出す,
　　　　　　　　（思想や感情を)反映する *refléter*

QUESTION 06

Parmi ces peintres, lequel a introduit la technique pointilliste dans le courant impressionniste français ?

1. Cézanne　2. Degas　3. Manet　4. Renoir　5. Seurat

解答　**Q.06** 5

関連語 □ **reflet nm** （鏡などに）映った姿, 反射

例

Notre fille vérifie souvent son reflet dans la glace.
「うちの娘はしょっちゅう鏡に映った自分の姿をチェックしている」

058

Une grande partie du **f_____** du cerveau n'est pas encore entièrement comprise.

脳の**働き**の大部分がいまだに解明されていない.

□ **fonctionnement nm** 機能の仕方, 働き具合, 作用

関連語 □ **fonction nf** （器官の）働き, 機能, 職務, （数学）関数

例

C'est un médicament qui améliore la fonction hépatique.
「これは肝機能を改善する薬です」

* なお, en fonction de *qqch* で「～（の変化）に応じて, ～を考慮して」の意味で使われる
（*例* salaire en fonction des compétences「能率給」）.

□ **fonctionnel, fonctionnelle adj** 機能的な

例

Notre nouveau bureau est très fonctionnel.
「わが社の新しいオフィスはとても機能的だ」

□ **fonctionner vi** （機械や器官などが）動く（= **marcher**）

例

La machine à café ne fonctionne pas.
「コーヒーマシンが動きません」

*「（機械が）電動である」fonctionner à l'électricité はよく使われる. なお, 「動く, 身動きする」なら bouger, 「移動する」なら se déplacer, 「（コンピュータが）動く」なら tourner を使う.

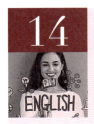

14 expert 専門家 によると, anglophone 英語を母国語とする話し手の 大半はおよそ3500の単語しか使っていないという. しかるべき éduqué 教育を受けた locuteur 話者 はもっと多くの単語に通じているかもしれないが, それでも使用しているのは probablement おそらく7500語ほどだろう.

Les **experts** disent que la plupart des **anglophones** n'utilisent qu'environ 3500 mots. Les **locuteurs** bien **éduqués** peuvent connaître plus de mots mais n'en utiliseront **probablement** qu'environ 7500.

▶ ne ... que (限定)「……しか〜ない」

Mon voisin aime les courses de chevaux, et après avoir dépensé beaucoup d'argent ce mois-ci, il n'a que 100 € en espèces.
隣人は競馬が好きで, 今月大金をつぎ込み, 手持ちの現金は100ユーロしかない.
＊ Il a seulement 100€ en espèces としても同義.

059

Mon père est un e_____ en informatique.

父は情報科学の専門家だ.

□ **expert**, **experte** **n** 専門家, エキスパート(↔ **amateur**, **profane**)

＊ 形容詞 expert(e)「精通した, 専門の」を用いて Mon père est expert en informatique. としても類義だがこの例は「父はコンピュータに詳しい」といったニュアンスに近い.

060

Il y a des pays en Afrique où les a_____ et les francophones sont en désaccord.

アフリカには英語話者とフランス語話者とが対立している国がある.

□ **anglophone** **adj** **n** 英語を話す(人)(= **locuteur de l'anglais**)

関連語 □ **anglophobe** **adj** **n** イギリス(英語)嫌いの(人)(↔ **anglophile**)

□ **francophone** **adj** **n** フランス語を話す(人)
(= **locuteur du français**)

□ **francophobe** **adj** **n** フランス嫌いの(人)(↔ **francophile**)

---

061 ◼◼◼

Cette thèse doit être vérifiée par un l_____ natif.

この学位論文はネイティヴ**スピーカー**にチェックしてもらう必要がある.

□ **locuteur, locutrice** **n** 話し手, 話者

関連語 □ **locution** **nf** 言い回し, 句, 熟語, 慣用表現

例

Plusieurs locutions latines s'utilisent encore aujourd'hui.
「ラテン語のいくつかの言い回しは今日でも使われている」

---

062 ◼◼◼

Ce jeune homme, é_____ en Russie, a un point de vue différent.

あの青年はロシアで**教育を受けた**せいか着眼点が変わっている.

□ **éduqué, eduquée** **adj** 教育を受けた, 教養のある(= **cultivé**), しつけられた

関連語 □ **éducatif, éducative** **adj** 教育的な, 教育に関する(= **pédagogique**)

□ **éducation** **nf** 教育, しつけ, 礼儀作法
 * 見出し語に, 接頭辞 < ré- > を添えた rééducation **nf** は「再教育」の語義でも使われる
 が, 大抵は「リハビリテーション」の意味で使われるので注意.

□ **éduquer** **vt** (人を)教育する, しつける
 * discipliner も「しつける」の意味. なお, 「(人を)形成する, 陶冶する」なら façonner,
 「(人を)養成する, 育成する」なら former といった動詞が使われる.

046

基本語の射程
**「教育する,
教える」**

□ éduquer

「人」を直接目的語とし, 主に人格面での徳育の意味で使われる.

Vous réfléchissez à la manière d'**éduquer** vos enfants ?
あなたはお子さんたちをどう教育するか考えていますか.

□ enseigner

「教科」を目的語として「教える」の意味で広く使われる.

Ma tante **enseigne** le japonais à des étrangers.
おばは外国人に日本語を教えています.

□ apprendre

「物 à 人 / 人 à ＋inf.」の形で使われ, 知識・技術を習得させる
という意味.

Je vais t'**apprendre** à nager.
泳ぎを教えてあげるよ.

□ instruire

「人」が直接目的, 入門的な知識, 知恵や訓練を与えるという意味.

Le malheur nous **instruit** plus que le bonheur.
不幸は幸福より多くのことを教えてくれるものだ.

---

063 ▪ ▫ ▫

Le conférencier arrivera **p_____** en retard.

おそらく講演者は遅れて来ます.

□ probablement adv　たぶん, おそらく

＊ 類義語に sans doute, certainement などがある.

. . . .

関連語 □ probable adj　ありそうな, 確からしい, 本当らしい(↔ **improbable**)

例

Il est probable que ce mauvais temps ne durera pas toujours.
「この悪天候はきっといつまでも続かない」
＊ざっとだが, 類義の possible なら 40~50%程度, probable なら80%超の「起こり得る
可能性」を指すとされる.

□ probabilité nf　確からしさ, 蓋然性, 確率(＝ **improbabilité**)

15

actuellement 現在, 国連の **officielle** 公用語は6つある. **permanents** 常任 理事国の国語である英語, フランス語, ロシア語と中国語, ならびに世界で広く使われているスペイン語とアラビア語である. ただし, **secrétariat** 事務局 で使われる業務用語は英語とフランス語に **limiter** 限られている.

Actuellement, il existe six langues **officielles** de l'O.N.U. Les langues nationales des membres **permanents** sont l'anglais, le français, le russe et le chinois, ainsi que l'espagnol et l'arabe, largement utilisés dans le monde. Cependant, les langues de travail utilisées par le **secrétariat** sont **limités** à l'anglais et au français.

* O.N.U. は「国際連合」Organisation des Nations unies（英語の UN, UNO）の略称. なお, 追記すれば, 常任理事国内の会議ではスペイン語とアラビア語は使用されていない.

064

Mes parents sont a_____ en voyage au Canada.
両親は現在カナダを旅行中です.

☐ **actuellement** adv 現在(で)は, 目下,
　　　　　　　　　今のところ(= **à l'heure actuelle**, **à présent**)

 ☐ **aujourd'hui** adv 現在＝今日(こんにち)
　　　Cette expression ne s'emploie plus aujourd'hui.
　　　「この言い回しは現在使われていない」
　　　* Cette expression n'est plus utilisée actuellement. も同義.

□ **maintenant adv** 現在＝今
Où habitez-vous maintenant ?
「現在はどちらにお住まいですか」

□ **date nf** 現在＝〜の時点
En date du premier janvier, notre entreprise compte exactement 100 employés.
「1月1日現在（＝ au premier janvier），わが社の従業員はちょうど100名です」

---

065 ■■■

Le français est la langue officielle dans plusieurs pays d'Afrique.
フランス語はアフリカの複数の国々で公用語となっている.

□ **officiel, officielle adj** 公的な, 公式の, 公用の

別例

communiqué officiel
「（マスコミに向けた）公的発表, コミュニケ」

prix officiel
「公定価格」

L'euro est la monnaie officielle de l'Union européenne.
「ユーロは欧州連合の公式通貨です」

関連語 □ **office nm** （公的機関としての）事業所, 事務所, （カトリック）ミサ

例

office du tourisme
「観光協会」
＊ 一般的な「事務所, オフィス」は bureau **nm** という.

aller à l'office
「ミサに行く」
＊ aller à la messe も同義. なお, office の語源は「働く」, そこから「仕事, 職務」を経て現在の意味になった.

□ **officieux, officieuse adj** 非公式な（＝ **non officiel** ↔ **officiel**）

例

Depuis son départ à la retraite, M. Oger reste le PDG officieux.
「定年退職以来, Oger 氏は非公式の CEO（社長）としてとどまっている」

049

066

Plusieurs faux figurent parmi la collection p_____ de ce musée.

この美術館の常設展示にはいくつか贋作がある.

☐ **permanent, permanente adj**　恒久的な (= **constant** ↔ **passager**)
　　　　　　　　　　　　　　　常任の (↔ **extraordinaire**)

[関連語] ☐ **permanence nf**　恒久性, 永続性

> 例
> Il pleut en permanence.
> 「ずっと雨です」
> * en permanence で「たえず, 常時」の意味.

☐ **permanente nf**　パーマ

> 例
> Ma femme s'est fait faire une permanente.
> 「妻がパーマをかけた」

067

Ma fille fréquente maintenant une école de s_____ trois fois par semaine.

娘は週に３回秘書の養成所に通っています.

☐ **secrétariat nm**　事務局, 秘書課, 秘書の職 (任期)

> * 例文中の「国連事務局」は Secrétariat général de l'O.N.U. と呼ばれる.

[関連語] ☐ **secrétaire n**　秘書, 秘書官

> 例
> secrétaire général de l'O.N.U.
> 「国連事務総長」

068

La vitesse est l_____ à 130km/h sur les autoroutes en France.
フランスの高速道路の制限速度は時速130kmです．

☐ **limiter vt / se limiter vp**　制限する(= **restreindre**),
　　　　　　　　　　　　　　　　　(àに)とどめる　*limitée*

＊「制限速度」は limite de vitesse **nf** ともいう．

別例

Dans son discours, le ministre s'est limité à l'essentiel.
「演説の中で，大臣は主要なことを述べるにとどめた」

関連語 ☐ **limite nf**　限界，限度，境界

例

Ma patience a des limites.
「私の忍耐にも限度があります」

＊ limite は主に「超えることが許されない限度」や「空間を取り巻く境界」を指す．「ものにはすべて限度があるさ」Il y a des limites à tout ! はよく使われる一言．

☐ **limitation nf**　制限，規制

例

Le conseil peut sans limitation définir le budget pour l'année.
「評議会は年度予算を制限なく設定することができます」

＊ limitation は「制限する行為や過程」を指す単語．なお，limiter の類義語 restreindre から派生した名詞 restriction **nf** は，たとえば restriction de la production「生産制限」のように「範囲をせばめる，限定する」という意味合いで使われる．

☐ **limitatif, limitative adj**　制限する，限定的な(= **restrictif**)

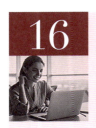

16

ノートパソコンの **avantage** 利点 は，どれだけの **quantité** 量の **information** 情報を **accumuler** 蓄積しても，**volumineux** かさばりすぎたり重すぎたりしないことです．

L'**avantage** des ordinateurs portables est que, quelle que soit la **quantité** d'**information** qu'on y **accumule**, ils ne deviennent jamais trop **volumineux** ni trop lourds.

* ordinateur portable の代わりに「ラップトップ」laptop **nm** も使われる．

069

Bien sûr, le fait que vous parliez trois langues est un gros a_____, mais ce n'est pas suffisant.

たしかに，3つの言語を話せることは大きな強みですが，それだけでは十分ではありません．

□ **avantage nm** 優位，優勢，利点，長所

別例

Malgré notre avantage pendant le match, notre équipe a perdu.
「試合中は優勢だったが，私たちのチームは負けた」

関連語 □ **avantageux, avantageuse adj** 有利な（= favorable），条件のいい，うぬぼれの強い

例

Une secrétaire qui parlait couramment l'anglais a été embauchée à des conditions avantageuses.
「英語が堪能な秘書は有利な条件で採用された」

□ **avantager vt** 有利にする, 恩恵を与える (↔ **déavantager**),
美しく見せる (= **embellir**)

例
Cette grande expérience l'a beaucoup avantagée.
「このすばらしい経験は彼女に大きな恩恵をもたらした」

070　　　　　　　　　　　　　　　　　　　■ ■ ■

Pour les gros mangeurs, la **q** _____ compte plus que la qualité.

大食漢には質より量が問題だ.

□ **quantité nf** 量, 数量 (↔ **qualité**)

別例
On a traité de grandes quantités de données sur un supercalculateur.
「大量のデータをスーパーコンピュータで処理した」

関連語 □ **quantitatif, quantitative adj** 量の, 量的な (↔ **qualitatif**)

例
D'un point de vue quantitatif, ce produit est plus intéressant que l'autre.
「定量的な観点からすると (数字・数量に着目すると), この製品は他の製品よりも興味深い」

□ **quantifier vt** 〜を数量化する, 量を定める

例
Pouvez-vous quantifier vos résultats ?
「あなたは結果を数量化することはできますか」

071　　　　　　　　　　　　　　　　　　　■ ■ ■

Ce journaliste a toujours les dernières **i** _____.

あの記者はいつも最新情報をもっている.

□ **information nf** 情報, (多くは複数で) ニュース
(= **bulletin d'informations**)

別例
J'écoute les infos à la radio au bureau à midi.
「私は昼に事務所でラジオニュースを聞きます」
＊ 会話では info と略される.

053

基本語の射程
「情報,
ニュース」

☐ information **nf**
（公的な）情報, ニュース, 報道

Vous avez écouté les **informations** ce matin ?
今朝, ニュース（報道）を聞きましたか.

＊ 複数形で infos と略されることも多い.

☐ renseignement **nm**
（実用的, 個人的な）情報

J'aimerais avoir des **renseignements** sur la
résidence secondaire que vous louez.
あなたが借りている別荘の情報を教えて欲しい.

＊ information と renseignement はほぼ同義に使われるが, 情報が前者
は「公的」, 後者は「私的」という差異がある.

☐ nouvelle **nf**
（最新の）情報, 知らせ,（複数で）ニュース

Pas de **nouvelles**, bonnes nouvelles.
便りがないのはよい便り.

☐ message **nm**
メッセージ, 伝言

Je n'ai pas encore reçu son **message**.
彼（彼女）のメッセージをまだ受け取っていない.

- -

関連語 ☐ informer **vt /** s'informer **vp**　知らせる, 通知する, 情報を与える,
　　　　　　　　　　　　　　　　　　　　　　　問い合わせる

例

Ma grand-mère m'a informé par télégramme de son arrivée
à Paris.
「祖母はパリに到着したことを電報で知らせてきた」

Informez-vous de l'heure du bus.
「バス時間を問い合わせてみなさい」

＊「人」を目的語とする.「情報」を目的語とする場合なら annoncer が広く用いられる
（ **例** La radio annonce un accident maritime.「ラジオが海難事故を報じている」）.

072

Le fondateur de la brasserie a **a_____** une fortune immense.
そのビール工場の創業者は莫大な財産を貯めこんだ.

☐ **accumuler vt / s'accumuler vp** （徐々に）蓄積する（= **amasser**),
積み重ねる, 積み重なる *accumulé*

* 「財産を貯める」は accumuler les richesses ともいう.

関連語 ☐ **accumulation nf** 蓄積

l'accumulation de connaissances
「知識の蓄積」

☐ **accumulateur nm** 二次電池, 蓄電池（= **accumulateur électrique**)

* 日常くだけて accu と略すことがある.

073

Les bagages trop **v_____** feront l'objet d'une surtaxe.
特大サイズの荷物は割増料金の対象になる.

☐ **volumineux, volumineuse adj** 容積（体積）が大きくてかさばる,
（本などが）分厚い

* 「体積が大きい」を意味する gros(se) よりも強意.

関連語 ☐ **volume nm** 分量, 体積, 大きさ, （本の）巻, （テレビやラジオの）音量

例

Quel est le volume de ce fût de sherry ?
「このシェリー酒の樽はどれくらいの大きさ（容量）ですか」

une encyclopédie en 20 volumes
「全20巻の百科事典」

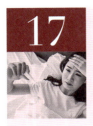

17 fièvre 発熱の degré 程度は nécessairement 必ずしも病気の gravité 深刻さの critère 判断基準とはならない.

Le **degré** de **fièvre** n'est pas nécessairement un **critère** de la **gravité** de la maladie.

▶ 部分否定:「すべての〜」を意味する語句の前に否定辞が置かれた場合,「すべて〜であるわけではない」(一部は〜である)という部分否定になる.

Une montre chère n'est pas nécessairement précise.
高価な時計が必ずしも正確とは限らない.

074

C'est simplement une question de **d**_____.

それは単に程度の問題だ.

☐ **degré nm**　(温度・角度などの)度, 度数, 程度

〔別例〕

La température dehors est de 35 degrés.
「外の気温は35度だ」

* ちなみに「気温0度」の場合,仏語は(英語と違って) zéro degré と単数を用いる.

075

Hier, j'ai soudainement eu de la **f**_____, alors je suis allé(e) chez le médecin.

昨日,急に熱が出たので医者に行った.

☐ **fièvre nf**　(病気による)熱, (気分の高揚による)熱狂

*「熱がある」avoir de la fièvre で「熱がある」の意味.「彼は熱が39度ある」なら Il a 39 de fièvre. という.

関連語 □ **fiévreux, fiévreuse adj** 熱っぽい, 熱狂的な

□ **fiévreusement adv** 熱狂的に

■ **熱から連想される単語**

□ **rhume nm** 風邪

□ **grippe nf** インフルエンザ

□ **Covid-19 nm / nf** 新型コロナ（急性呼吸器疾患）

□ **avoir mauvaise mine** 顔色が悪い

□ **avoir de la toux** 咳をする (= **tousser**)

□ **avoir le nez bouché** 鼻がつまる

　＊「息がつまる」なら s'étouffer, suffoquer を用いる.

076　　　　　　　　　　　　　　　　　　■ ■ ■

Les contrats immobiliers doivent **n**＿＿＿＿＿ avoir votre signature.

不動産契約書には**必ず**あなたの署名が必要です.

□ **nécessairement adv** 必ず, どうしても, ぜひとも
　　　　　　　　　　　　　　　(= **obligatoirement, forcément**)

別例

Je suis certain(e) qu'elle sera embauchée.　- Pas nécessairement.

「きっと彼女は（店員などとして）採用されますよ.　- そうとは限りませんよ」

関連語 □ **nécessaire adj** 必要な, 不可欠な (↔ **inutile, stuperflu**)

例

L'énergie nucléaire est-elle nécessaire à la vie humaine ?

「原子力は人間の生活になくてはならないものだろうか」

□ **nécessaire nm** （集合的に）必需品

例

Cette mère célibataire manque du nécessaire pour élever son enfant.

「このシングルマザーには子供を育てるための必需品が不足しています」

□ **nécessité nf** 必要, 必要なこと（もの）

例

La plupart des gens travaillent par nécessité.

「大抵の人は必要に迫られて働いています」

077

On ne peut pas les juger d'après le même c_____.

それらは同じ尺度では測れません.

☐ **critère nm** （判断する）基準, 尺度
  * 度量に関する測定の「尺度」なら mesure nf も使える.

078

J'ai compris la g_____ de l'effondrement du bâtiment en regardant les images du drone.

私はドローンの映像を見て建物倒壊の深刻さを理解した.

☐ **gravité nf** （態度・事態の）重大さ, 深刻さ, 重力

関連語 ☐ **grave adj** 重大な, 深刻な, （病気が）重い
  例
  La situation économique du pays est assez grave.
  「その国経済状況はかなり深刻だ」

☐ **aggraver vt** （情勢・病気などを）悪化させる
  例
  Couchez-vous tôt pour ne pas aggraver votre rhume.
  「風邪をこじらせないように早く寝てください」
  ≠ 代名動詞 s'aggraver なら「（病気や状況などが）悪化する」の意味になる.

☐ **aggravation nf** 悪化, 重くなること（↔ **amélioration**）
  例
  L'aggravation de sa maladie l'a obligé à rester chez lui.
  「彼は病気が悪化したので自宅に留まらざるを得なくなった」

18

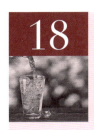

水が **abondant** 豊富な 地域に暮らしていると, 水が少ない地域に住んでいる人にとってそれがどれほど **luxueux** 贅沢な ことなのか **réaliser** 実感する ことができません. 地球上には **seau** 1杯のバケツ の水を手にするのに **brûlant** 灼熱の 太陽の下を何時間も裸足で歩かなければならない場所があるのです.

Si vous vivez dans une région où l'eau est **abondante**, vous ne **réalisez** pas <u>à quel point</u> c'est **luxueux** pour ceux qui vivent dans des régions pauvres en eau. Il y a des endroits sur terre où il faut marcher pieds nus sous un soleil **brûlant** pendant des heures juste pour avoir un **seau** d'eau.

▶ à quel point「どの程度, どれほど」

Pouvez-vous imaginer à quel point il s'est entraîné pour devenir champion ?
彼がどれほどの練習を積んでチャンピオンになったかあなたに想像できますか.

079

Cette année, la récolte sera sûrement a_____.
今年はきっと豊作だろう.

☐ **abondant, abondante adj** たくさんの, 多量の, 豊富な
　　　　　　　　　　　　　　(↔ **insuffisant, rare**)

関連語 ☐ **abondance nf** 多量, 豊富

　　例
　　L'abondance des cendres volcaniques a provoqué un embouteillage.
　　「大量の火山灰が交通渋滞を引き起こした」

059

☐ **abonder** **vi** 多量にある, 豊富にある

例

Les fautes abondent dans votre commentaire.
「あなたの論評は間違いだらけだ」

＊ Votre commentaire est pleine de fautes. と言い換えられる.

---

080 ■ ■ ■

Il a enfin **r**＿＿＿＿＿＿ son ambition de devenir astronaute.

彼はとうとう宇宙飛行士になるという大きな夢を実現させた.

☐ **réaliser** **vt** 実感する, 実行（実現）する, 監督（製作）する *réalisé*

別例

Ce film violent a été réalisé par Kitano Takeshi.
「このバイオレンス映画は北野武が監督したものだ」

関連語 ☐ **réalisation** **nf** （計画や夢の）実現, 成果, （映画の）監督

例

On a besoin d'argent pour la réalisation de cet immense projet.
「この巨大なプロジェクトを実現するために金を必要としています」

☐ **réalité** **nf** 現実（性）, 実情

☐ **réel**, **réelle** **adj** 現実の, 実際の

例

Le statut de livraison des colis peut être connu en temps réel
sur notre site internet.
「荷物の配送状況はウェブサイト上でリアルタイムで知ることができる」

☐ **réalisme** **nm** リアリズム, 現実感覚

例

Le réalisme de ce film est extrêmement impressionnant.
「この映画のリアリズムは極めて印象的だ」

---

081 ■ ■ ■

Elle séjournait dans un hôtel **l**＿＿＿＿＿＿.

彼女は豪華なホテルに滞在していた.

☐ **luxueux**, **luxueuse** **adj** 贅沢な, 豪華な（↔ simple）

＊ Elle séjournait dans un hôtel de luxe. としても類義になるが, こちらは具体的に名前がイメージ
できるような「（誰もが知っている例の）高級ホテルに滞在した」という感覚で用いる.

関連語 ☐ **luxe** **nm** 贅沢（ぜいたく）, 豪華, 過剰

例

Le directeur des ventes conduit une voiture de luxe.
「営業部長は高級車に乗っている」

082

C'est **b＿＿＿＿＿＿** !

（食事などが）やけどしそうなくらい**熱い**.

☐ **brûlant**, **brûlante** **adj** 焼けつくような, 燃えるように熱い, 熱烈な

基本語の射程
「熱い」

☐ **brûlant**, **brûlante** **adj**
（物が燃えるほど）熱い

le soleil **brûlant**
灼熱の太陽

＊ 少し意味を弱めて「焼けつくような太陽」le soleil torride という言い
方もする.

☐ **chaud**, **chaude** **adj**
暑い, 熱い

J'ai eu l'impression d'avoir attrapé un rhume, alors j'ai
bu du vin **chaud**.
風邪を引いたと思ったので, ホットワイン（ヴァンショ）を飲んだ.

☐ **bouillant**, **bouillante** **adj**
沸騰している, （液体が飲めないほど）熱すぎる

Le thé vert est **bouillant**, mon père s'est brûlé la langue.
緑茶が熱すぎて, 父は舌をやけどした.

☐ **tiède** **adj**
ぬるい, 生暖かい

Un vent **tiède** soufflait dehors.
外は生暖かい風が吹いていた.

061

関連語 ☐ **brûler vt vi / se brûler vp** 焼く, 焦げる, 燃える, 火傷(やけど)する

> *例*
>
> Ce gâteau a brûlé, car ma fille l'a laissé trop longtemps dans le four.
> 「このケーキは焦げた, 娘がオーブンに長時間放置しすぎたからだ」
>
> Mon fils s'est brûlé le pouce.
> 「息子は親指を火傷した」

☐ **brûlure nf** 火傷, 焼け焦げ, 焼けつく痛み

> *例*
>
> J'ai toujours des brûlures d'estomac après avoir mangé des aliments gras.
> 「あぶらっこい物を食べたあとはきまって胸焼けします」

---

083 ▪▪▪

Puiser de l'eau avec un **s**＿＿＿＿＿ est un travail assez difficile.

バケツで水を汲むのはかなり大変な作業だ.

☐ **seau nm / seaux pl** バケツ, バケツ 1 杯分

▮ 意外に盲点となる日用品

☐ **balai nm** ほうき

☐ **balai-bross nm** （床を磨く）柄付きブラシ

☐ **torchon nm** 雑巾 (= **chiffon**)
> * Belgique や Luxembourg では「（床を掃除する）モップ」serpillière **nf** の意味でも見出し語を使う.

☐ **pelle à poussières nf** ちりとり

☐ **lavette nf** たわし
> * Suisse やフランスの北部では, 正方形のテリークロス（タオル地）や手拭いを指して lavette と呼んでいる. なお,「スポンジ」は éponge **nf** という.

☐ **coupe-ongles nm** 爪切り

☐ **détergent nm** 洗剤

☐ **eau de Javel nf** 漂白剤

19

migrateur 渡り鳥は, 数日, 数週間, あるいは1か月以上も飛ばなければなりません. そして彼らの **graisse** 脂肪 は長旅の **carburant** 燃料 です. 飛行機が **essence** ガソリン に **dépendre** 頼って 飛行するように, 渡り鳥も同じように旅をしている間は自分たちの脂肪で生きています.

Les oiseaux **migrateurs** doivent voler pendant des jours, des semaines ou même plus d'un mois. Et leur **graisse** est le **carburant** de leur long voyage. Comme les avions **dépendent** de l'**essence** pour voler, autant d'oiseaux *migrateurs* vivent de leur *graisse* pendant leur voyage.

084

Tu ne veux pas savoir comment dorment les poissons m_____ ?
回遊魚がどうやって寝ているか知りたくないですか.

☐ **migrateur, migratrice adj** 移住する, 移動性の

関連語 ☐ **migration nf** (集団での)移住, 移民, (鳥の)渡り

例
Après que le tremblement de terre a dévasté le centre-ville, une migration massive vers les banlieues a commencé ici et là.
「地震で都市部が崩壊した後, 郊外への大量移住があちこちで始まった」

* migration は広い意味での「移住, 移民」で自身が当事者でないケース, 動物の「移住」にも使われる. immigration **nf** は「入ってくる移住, 移民」(例 Office national d'immigration「入国管理局」), émigration **nf** は「外国へ出ていく移住, 移民」を指す.

063

085

J'ai pris de la **g**＿＿＿＿ autour du ventre.

お腹周りが太った.

☐ **graisse nf** 脂肪（分），肥満

　　＊「（軽い）脂肪」を指す embonpoint **nm** を使って，prendre［faire］de l'embonpoint も同義になる．なお，「（過度の）肥満，肥満症」は obésité **nf** と呼ぶ．

086

Une fuite de **c**＿＿＿＿ s'est produite lors du lancement.

打ち上げ時にロケットの燃料が漏れた.

☐ **carburant nm** 気化燃料（軽油やガソリンなどのエンジン用の燃料）

　　＊ 具体的には l'essence, le gazole, le gasoil, le diesel, le kérosène などがその例．
　　なお，supercarburant **nm** は「ハイオクガソリン」の意味で日常生活では super と略す．

087

La date d'arrivée au sommet du Mont Everest **d**＿＿＿＿ de la météo.

エベレスト山頂に到着する日は天候次第だ.

☐ **dépendre vi** （物が主語で）〜次第である，〜による，
　　　　　　　　　　（人が主語で **de** に）依存する　***dépend***

　　別例

　　Il a longtemps dépendu de sa femme.
　　「彼は長い間妻に頼りっきりだった」

　関連語 ☐ **dépendance nf**「依存（関係）」

　　　　　　　例
　　　　　　dépendance à l'alcool［à la drogue］
　　　　　　「アルコール［薬物］依存」

　　　☐ **dépendant, dépendante adj** 従属した，依存した
　　　　　　　　　　　　　　　　　　（↔ **indépendant, autonome**）

064

088

Je pensais qu'il y avait un problème avec ma voiture, mais j'étais
simplement à court d'**e** _____ .

車に何か問題があるのかと思ったが, ただの**ガス**欠だった.

☐ **essence nf** ガソリン, **本質, 核**

＊ 例文中 être à court de *qqch* で「〜が欠乏した状態になる」(＝ manquer de *qqch*)の意味.「ガス欠
になる」 être en panne d'essence とも表現する.

【別例】

La lecture est l'essence de l'éducation.
「読書は教育の根幹だ」

■ 車に関係する単語

☐ **moteur nm** エンジン

☐ **accélérateur nm** アクセル
＊ Côte d'Ivoire では「(性欲を高める)催淫薬」の隠語としても使われる.

☐ **frein nm** ブレーキ

☐ **volant nm** ハンドル

☐ **pneu nm** タイヤ
＊「パンク」は crevaison **nf** という. なお, アフリカの francophonie「フランス語圏」で
ある Bénin や Togo では crevaison を「道路の穴」 trou dans la chaussée の意味でも
使っている.

☐ **coffre nm** トランク

☐ **clignotant nm** ウインカー

☐ **pare-chocs nm** バンパー

☐ **essuie-glace nm** ワイパー

【関連語】 ☐ **essentiel, essentielle adj** 本質的な, 不可欠な, 重要な

【例】

Ne ménager aucun effort, c'est essentiel.
「努力を惜しまぬこと, それが肝要だ」

☐ **essentiellement adv** 本質的に(＝ **par essence**)

065

20

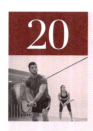

自分の好きな **activité** アクティビティ はスカッシュです。週に２回だけですが、健康維持にとても役立ちます。壁に **heurter** ぶつけた ボールを **poursuivre** 追いかける のはいい運動です。30〜40分後全身が疲れてきますが、この疲労 **sensation** 感 はとても **agréable** 心地よい ものです。

Mon **activité** préférée est le squash. J'en fais seulement deux fois par semaine, mais c'est très utile pour maintenir une bonne santé. **Poursuivre** une balle qui a **heurté** des murs est un bon exercice. <u>Au bout de</u> 30 à 40 minutes, tout le corps se fatigue, mais cette **sensation** de fatigue est très **agréable**.

▶ au bout de *qqch*（時間）〜の後に、（空間）〜の端に

Mon père a quitté l'hôpital au bout d'une semaine.
父は１週間後に退院した。

＊ 別例 Les toilettes sont au bout du couloir.「トイレは廊下の突き当たりです」

スポーツジム
salle de sport・関連語の例

- □ **réception** **nf** 受付
- □ **cabine d'essayage** **nf** 更衣室
- □ **salle d'attente** **nf** 待合室
- □ **piscine** **nf** プール
- □ **court de squash** **nm** スカッシュコート
- □ **studio d'aérobic et de danse** **nm** エアロビックス・ダンススタジアム

- ☐ **salle d'entrainement** **nf** フィットネスルーム
- ☐ **salle de relaxation** **nf** リラクゼーションルーム
- ☐ **salle polyvalente** **nf** 多目的ルーム

089

Tu as besoin de plus d'**a_____**.

もっと外に出て活動した方がいいよ。

☐ **activité** **nf** （人やものの）活動, (体を使う)行動, 活気

＊ 例文は「体を動かすような趣味を持ちなさい」とアドバイスするようなケースで用いる.

別例

Ce quartier est plein d'activité.
「この界隈は活気にあふれています」

L'usine a mis fin à son activité.
「その工場は操業を停止した」

関連語 ☐ **activer** **vt** （活動を）促進する, (情報を)アクティブ化する

例

Cliquez ici pour activer votre compte.
「ここをクリックしてアカウントをアクティブ化（登録して機能を使える状態に）してください」

☐ **actif, active** **adj** 活動的な, 積極的な(↔ **passif**)

例

Ma grand-mère est active pour son âge.
「祖母は年齢の割に活動的です」

形容詞の抽象名詞化の例
la nominalisasion <-ité >: 性質・状態

- ☐ **actif, active → activité nf** 活動
- ☐ **célèbre → célébrité nf** 名声
- ☐ **divers, diverse → diversité nf** 多様性
- ☐ **rapide → rapidité nf** 迅速(↔ **lenteur**)
- ☐ **vulgaire → vulgarité nf** 下品さ(↔ **distinction**)

090 ■ ■ ■

Une voiture de police **p**＿＿＿＿＿＿ un véhicule volé sur l'autoroute.

高速道路上でパトカーが盗難車を追いかけている.

☐ **poursuivre vt** 追跡する, 追求する, 続ける *poursuit*

〔別例〕

Il a été décidé de poursuivre la grève suite aux remarques de la direction.

「経営陣のコメントを受けストライキの続行が決まった」

〔関連語〕 ☐ **poursuite nf** 追跡, 追求, 継続, 続行 (↔ **arrêt**)

Y a-t-il des scènes de poursuite en voiture passionnantes dans le film ?

「その映画に手に汗握るカーチェイスのシーンはありますか」

---

091 ■ ■ ■

J'ai **h**＿＿＿＿＿＿ un passant dans la rue commerçante devant la gare.

駅前の商店街で歩いている人にぶつかった.

☐ †**heurter vt** ぶつける, 衝突する *heurté*

＊ heurter は「（車や自転車に乗っていて偶発的に）ぶつかる」, 代名動詞 se heurter は「（歩行中に）ぶつかる」という違いがある.

〔関連語〕 ☐ †**heurt nm** （車などの）衝突, （多く複数で）対立

＊ 発音は heure [œr] と同じ.

---

092 ■ ■ ■

Je me suis réveillé sans souvenir de mon rêve mais avec la **s**＿＿＿＿＿＿ d'avoir vécu quelque chose d'exceptionnel.

目が覚めたとき夢の記憶はなかったが, 何か特別なことを経験したという感覚があった.

☐ **sensation nf** 感覚, 印象, 興奮, センセーション

＊ sensation は「（外的な刺激によって引き起こされる）感覚」をいう. 類義 sens **nm** は「（視覚, 聴覚を軸にした）五感」を指し, そこから「方向感覚」 sens de l'orientation, 「ユーモア感覚」 sens de l'humour などとイメージの広がる単語.

関連語 □ **sensationnel, sensationnelle adj** センセーショナルな,
人を驚かせる
(= **extraordinaire,
formidable**)

例

Les journaux sportifs incluent souvent des reportages
sensationnels.
「スポーツ紙にはよくセンセーショナルな記事が載る」

□ **sensationnalisme nm** (報道などの)センセーショナリズム

---

093 ■ ■ ■

Ce quartier résidentiel est **a** _____ à vivre.

この住宅街は住み心地がよい(暮らしやすい).

□ **agréable adj** 快適な(= **confortable**),感じのよい(= **sympathique**)

* 人に用いて un homme agréable なら「感じのよい人」,天候に用いて C'est agréable, ce temps.
なら「今日は気持ちのいい天気だ」といった意味になる.

別例

C'est un vin agréable à boire.
「これは飲みやすい(飲み心地のよい)ワインだ」

* 意外に和訳するのに苦戦する例. (蛇足)私的な感想ですが,ワイン初心者は「飲みやすい」という
形容を使いがち.

関連語 □ **agréablement adv** 心地よく,快適に,楽しく
(↔ **déagréablement**)

例

Je peux travailler agréablement avec mes nouveaux
collègues.
「新しい同僚とは楽しく仕事ができます」

* この「楽しく」は職場で「気持ちよく,快適に」という意味合い. たとえば,同じ「楽しく」
でも joyeusement なら「楽しく,陽気に,喜んで」という意味で用いる.

069

21

日仏学院に通って，かれこれ10ヶ月以上フランス語の授業を **suivre** 受講しています．最初はフランス語の先生が何を言っているのかまったく分かりませんでしたが，今はリアルな会話ができるようになりました．稀な **occasion** ケース ですが フランス語で **blague** 冗談 を言えることもあります．**doute** 間違い なく，**pratique** 練習 すれば完璧になります（努力に勝る上達法はない）．

Je vais à l'Institut Franco-Japonais pour **suivre** des cours de français depuis plus de dix mois. Au début, je ne comprenais pas du tout ce que disait le professeur français, mais maintenant nous pouvons avoir de vraies conversations. En de rares **occasions**, j'arrive même à faire des **blagues** en français. Il n'y a pas de **doute**, la **pratique** rend parfait !

▶ au début「初めは」←強調して，tout au début, au tout début という言い方もする．

Au départ, les membres de la réunion des professeurs étaient contre le projet de déplacement du campus.
当初，教授会のメンバーはキャンパスの移転計画に反対していた．

094 ■ ■ ■

On ne va pas **s**＿＿＿＿＿ les cours de français de Madame Matsubara.

松原先生のフランス語の講義を受けるつもりはありません.

□ **suivre vt** 後について行く(来る)(↔ **précéder**), 道に沿って進む,
　　　　　　　(授業を)受ける *suivre*

別例

Le printemps suit l'hiver.

「冬の後に春が来る」

Suivez cette rue.

「この通りをまっすぐ行ってください」

＊「まっすぐ行ってください」Allez[Continuez] tout droit. などと類義.

095 ■ ■ ■

Cette personne ne panique en aucune **o**＿＿＿＿＿ .

あの人はどんな場合でも慌てません.

□ **occasion nf** 機会, チャンス, 場合

別例

Elle a manqué une bonne occasion.

「彼女はせっかくのチャンスを逃した」

＊ une voiture d'occasion なら「中古車」, d'occasion で「中古の, その場だけの」の意味になる.

類義語の射程
「機会」

□ **occasion nf**
　　　タイミングによる, 特定の「時, 場合」

　　　Le début du printemps, c'est l'**occasion** d'aller se
　　　promener.
　　　早春は, 散歩するのにいい時機だ.

□ **chance nf**
　　　偶然あるいは幸運によって生じた状況

　　　(↔ **malchance**)

　　　Il a saisi sa dernière **chance**.
　　　彼は最後の機会(ラストチャンス)をものにした.

☐ **opportunité** nf

何かをするのに望ましい好機, 有利な状況

L'homme d'affaires a raté une **opportunité** d'aller à Londres.

そのビジネスマンはロンドンに行く機会をのがした.

＊ ただし, 英語の影響を受けた上記の使い方を「誤用」とする辞書もあり, une occasion を使うことを推奨している.

関連語 ☐ **occasionnel**, **occasionnelle** adj 偶然の, たまたまの

☐ **occasionnellement** adv たまたま, 臨時に, 時折

例

Ma sœur va occasionnellement à la bibliothèque.

「姉(妹)はたまにその図書館に行きます」

---

096 ☐☐☐

C'est une **b**＿＿＿＿＿ !

(これは)冗談です.

☐ **blague** nf 冗談, 作り話, 悪ふざけ (＝ **plaisanterie**)

別例

Sans blague !

「まさか冗談だろ(冗談じゃないよ)」

関連語 ☐ **blaguer** vi 冗談を言う (＝**plaisanter**)

---

097 ☐☐☐

J'ai quelques **d**＿＿＿＿＿ à ce sujet.

私はこのテーマにいかばかりかの疑問をもっています.

☐ **doute** nm 疑い, 疑念

＊「容易に信じないこと, 疑い深さ」incrédulité nf という類語がある.

別例

Il neigera sans doute demain.

「おそらく明日は雪でしょう」

＊ 確実性の度合いは sans aucun doute ＞ sans doute ＞ probablement ＞ peut-être の順に, 徐々に下がっていく.

関連語 ☐ **douter** **vi** **vt** 疑う，疑わしいと思う

> 例
>
> Il faut toujours douter de la véracité des informations.
> 「常に情報の信憑性について疑いをもたなくてはならない」

☐ **douteux, douteuse** **adj** 疑わしい，曖昧な（= **ambigu**）

> 例
>
> Il est douteux qu'elle puisse gagner les élections au printemps prochain.
> 「彼女が来春の選挙に勝てるかどうか疑わしい」

---

098 ▢ ▢ ▢

La théorie est inutile si elle n'est pas mise en **p_____**.

理論は実践に移さないと意味がない．

☐ **pratique** **nf** （日常習慣的な）実践，実行，慣行

関連語 ☐ **pratique** **adj** 実際的な，現実的な，実用的な（↔ **théorique**），便利な

> 例
>
> Il n'a pas le sens pratique.
> 「彼は実務向きの人ではない（現実感覚が欠けている）」
>
> Ma maison est bien située. C'est pratique pour aller au centre-ville.
> 「自宅はいい場所にあります．ですから中心街に出るのが便利です」

☐ **pratiquer** **vt** 実行する，実践する，練習する

> 例
>
> Mon fils pratique le judo depuis trois mois.
> 「息子は３ヶ月前から柔道をやっている」
> ＊ faire du judo ともいう．

☐ **pratiquement** **adv** 事実上，ほとんど（= **théoriquement**）

> 例
>
> Il est pratiquement impossible d'éliminer totalement la pollution.
> 「完全に汚染を取り除くのはほぼ不可能だ」

22

divers いろいろな エキゾチックな **aliment** 食べ物 の **goût** 味 が, **immigrant** 移民 や **réfugié** 難民 によって米国に **implanter** 根づくことになった.

Un **goût** pour **divers aliments** exotiques a été **implanté** aux États-Unis par des **immigrants** et des **réfugiés**.

099

Ce café a bon **g**_____.

このコーヒーはいい味だ.

- **goût** nm 味, 味覚, (良い)趣味, センス
    * Ce café est d'un goût exquis. といった言い方もする.

    【別例】
    Mon mari a bon goût pour les vêtements.
    「夫は服のセンスがいい」

    【関連語】 **goûter** vt vi 味わう, 賞味する, おやつを食べる
    【例】
    Je peux goûter ?
    「おやつを食べていい」

    goûter nm 間食, おやつ

100

Le sport offre des plaisirs **d**_____.

スポーツはさまざまな喜びを与えてくれる.

- **divers, diverse** adj さまざまな, いろいろな, 多様な

関連語 ☐ **diversifier** **vt** / **se diversifier** **vp** 多様化する,
（企業が経営を）多角化する

例
L'entreprise s'est également diversifiée dans le domaine
de l'édition.
「その会社は出版業にも手を広げた」

☐ **diversification** **nf** （経営の）多角化

☐ **diversité** **nf** 多様性

例
Nous devons reconnaître la diversité des valeurs individuelles.
「個々人の価値観の多様性を認めなくてはならない」

＊ 類義語 variété **nf** が「同種類の中での違い（多様性）」に重きが置かれるのに対して
（**例** Nous cultivons une grande variété de roses dans le jardin.「庭園で多種多
様なバラを育てています」）, diversité は「そもそも種類が違うこと（多様性）」に重点
がかかる.

101　　　　　　　　　　　　　　　　　　　　　　　　　　　　■ ■ ■

Le pain est, en France, un des principaux a_____.

パンはフランスでは主**食**のひとつだ.

☐ **aliment** **nm** （具体的な）食べ物, 食品

＊ 類義の nourriture **nf** は「個々の食べ物ではなく, カテゴリーとしての食物」を指す単語（**例** la
nourriture pour chat「キャットフード」）. vivres **nmpl** は「（米や麦などの）食糧」をいう. なお, フ
ランス語では aller acheter ~~des aliments~~「食べ物を買いに行く」は不自然, 通常は具体的に買う
ものを明示して使う（**例** aller acheter des tomates「トマトを買いに行く」）.

関連語 ☐ **alimentaire** **adj** 食物の, 食べるための

☐ **alimentation** **nf** 食べ方, 食生活, （集合的に食料とするもの全般）食料

例
Une alimentation naturelle et équilibrée est importante pour
être en bonne santé.
「バランスの取れた自然な食品を食べることは健康にとって大事だ」

☐ **alimenter** **vt** （人に）食物を与える, 供給する

102

Pour arrêter l'exode de la population, il faudrait **i**_____ des industries locales dans cette région.

人口流出を止めるには，この地域に地場産業を**根づかせる**必要がある．

☐ **implanter vt** （地域に）導入する，根づかせる，設置する（= **installer**）
implanter

関連語 ☐ **implantation nf** （産業や会社などの）導入，設置（= **installation**）
例
L'implantation d'une usine crée des emplois.
「工場を設立すると雇用が生まれる」

☐ **implant nm** インプラント，移植（物）
例
implant mammaire
「豊胸手術」

103

Il y a beaucoup d'**i**_____ illégaux dans ce coin de New York.

ニューヨークのこの一角には不法**移民**が大勢いる．

☐ **immigrant, immigrante n adj** （他国からの）移民（の），外国人出稼ぎ労働者（の）（↔ **émigrant**）

 * 見出し語は「（他国から）移民してきた人（現在は手続き中）」を指す単語．すでに「（他国から）移民して定住している人（手続き済み）」あるいは「（認められた）移民労働者」は immigré, immigrée **n** という．

関連語 ☐ **immigration nf** （外国からの）入国，移住（↔ **émigration**），外国人労働者の流入
例
Ils doivent aller au bureau de l'immigration.
「彼らは入国管理局に行かなくてはなりません」

☐ **immigrer vi** （他国から）移住して来る（↔ **émigrer**），出稼ぎに来る

■「移民」に関連する語

- **politique d'immigration** nf 移民政策
- **campagne d'exclusion des immigrants** nf 移民排斥運動
- **office national d'immigration** nm 入国管理事務所
- **apatride** n 無国籍者
- **naturalisation** nf 帰化
  * 「日本に帰化する」なら se faire naturaliser japonais(e) という.
- **expatriation** nf 国外追放, 亡命
- **expulsion** nf 強制退去

104

Beaucoup de r_____ arrivent en Turquie à cause de la situation instable dans leurs pays.

自国の不安定な情勢のためにたくさんの難民がトルコにやって来る.

- **réfugié, réfugiée** n adj 難民, 避難した(人), 亡命した(人)
  * 「難民」と「移民」(émigré, immigrant)を同義としている辞書もあるが, 前者は「紛争や暴力など国際的な保護の必要性から出身国を逃れた人たち」, 後者は「理由はともあれ, 定住国を変えた人たち」を指す. なお「(被災者としての)難民」には sinistré(e) という単語を用いる.

[関連語] □ **se réfugier** vp 避難する, 逃避する

【例】
Ne vous réfugiez jamais sous un arbre quand il y a de l'orage.
「雷雨のときには絶対に木の下に避難するな」

□ **refuge** nm 避難所, 隠れ家

【例】
Chez moi, mon refuge est le grenier.
「自宅では, 私の避難所(隠れ家)は屋根裏部屋だ」

077

日本の大学で勉強するのはとてもたやすいことです．他の多くの **développé**先進国と **comparer**比べて，日本の大学は学生に多くを求めません．厳しい高校生活を終え **se détendre**緊張が解けるのは彼らにとって心地よいことですが，彼らは **carrière**キャリア に向けた十分な **se préparer**準備をして いません．その結果，大学3〜4年生になって **paniquer**あたふたする学生が大勢でてきます．

Étudier dans les universités japonaises est très facile. **Comparé** à de nombreux autres pays **développés**, l'université japonaise ne demande pas beaucoup des étudiants. Bien qu'il soit agréable pour eux de pouvoir **se détendre** après les dures années au lycée, ils ne **se préparent** pas assez pour leur **carrière**. En conséquence, nombreux sont les étudiants qui **paniquent** lorsqu'ils entrent en troisième ou quatrième année d'université.

▶ < bien que ＋ [接続法] >「(譲歩・対立)〜ではあるが，にもかかわらず (= quoique)」

On lui confiera ce travail bien qu'il soit assez jeune.
かなり若いが彼にこの仕事を任せよう．

▶ en conséquence したがって，その結果 (= par conséquent)，それ相応に

Son vol a été découvert et, en conséquence, il a été licencié.
彼は盗みが見つかり，その結果 (として) クビになった．

＊ en conséquence de *qqch* なら「〜の結果として」の意味 (例 En conséquence des nombreux passages plagiés découverts dans sa thèse, le professeur a été licencié.「論文に多くの盗用箇所が見つかった結果，その教授は解雇された」)．なお，conséquence **nf** は「一連の出来事の当然の帰結，結果」を指す．類議の résultat **nm** は「あることの最終的な結果，総決算」という意味合い，effet **nm** は「原因 cause **nf** 対する結果」を指して使われる単語．

105

Je suis fatigué(e) d'être **c**_____ à ma sœur aînée.

私は姉と比較されるのはうんざりだ.

☐ **comparer vt** (**à, avec** と)比較する *comparé(e)*

  * comparer A à B で「AをBと比べる」の意味だが, 前置詞を変えてcomparer A avec B とすると
  (　例　 comparer Paris avec Londres 「パリとロンドンを比較検討する」)いっそう厳密な比較
  対照のイメージを帯びる

  関連語 ☐ **comparaison nf** 比較, 対比
  　例
  En France, les trains sont souvent en retard, en comparaison
  avec le Japon.
  「日本と比べるとフランスでは電車はしょっちゅう遅れる」

  ☐ **comparable adj** 比較できる, 似通った(↔ **différent**)

  ☐ **comparativement adv** 比較して, 比較的に

106

L'écart entre les pays **d**_____ et les pays en développement
semble s'élargir plutôt qu'il ne se réduit.

先進国と発展途上国の間の格差は縮まるどころか, むしろ広がっているように思えます.

☐ **développé, devéloppée adj** 発達した, 発展した

  関連語 ☐ **développer vt** / **se développer vp** 発展させる, 発達させる,
  　　　　　　　　　　　　　　　　　　　　　　　　発展する, 発達する

  　例
  Vous devez développer vos compétences en communication.
  「あなたがたはコミュニケーション能力を伸ばさなくてはなりません」

  L'industrie de l'intelligence artificielle se développe à toute vitesse.
  「AI(人工知能)産業はものすごい勢いで発展している」

  ☐ **développement nm** 発展, 発達
  　例
  Le développement de l'Inde dans l'industrie de l'information est
  spectaculaire.
  「情報産業におけるインドの発展は目を見張るばかりだ」

107

Les tensions entre les deux pays ne se sont pas encore **d_____**.

両国間の緊張状態はいまだに緩和されていない.

☐ **se détendre** **vp** （弦やバネが）ゆるむ, （人が）リラックスする, （緊張状態が）緩和される **détendues**

関連語 ☐ **détendre** **vt** （バネなどを）ゆるめる, リラックスさせる（= **délasser**）

例
Regarde le ciel nocturne, ça te détendra.
「夜空を見上げてごらん, 気が休まるから」

☐ **détente** **nf** 休息, （国際情勢などの）緊張緩和

例
On a besoin d'un moment de détente.
「休養（息抜き）する時間が必要です」

108

Tu t'es **p_____** pour l'interro ?

テストの準備はしたの?

☐ **se préparer** **vp** 〜の準備を整える, 身支度する **préparé(e)**

＊ interro **nf** は interrogation「（学校での）テスト, 試験」の省略形.

別例
Ma fille met toujours des heures à se préparer.
「娘は支度をするのにいつも何時間もかかる」

関連語 ☐ **préparation** **nf** 準備, 用意, 予習

例
Il est en pleine préparation pour son prochain cours.
「彼は次の授業の準備をしています」

＊「（具体的な）支度, 準備」を意味する préparatifs **nmpl** という単語もある（**例** Les préparatifs bu banquet sont terminés.「宴会の準備は整った」）.

109

Le scandale a détruit sa **c**_____ et sa vie privée.
そのスキャンダルで彼(彼女)の**キャリア**と私生活はだいなしになった.

□ **carrière nf** 職業, 職歴, 経歴

> 別例
>
> Ce mannequin fait carrière dans l'industrie de la mode en France.
> 「あのモデルはフランスのファッション業界で成功を収めている」
>
> * faire carrière で「(その職業で)成功する, 出世する」の意味. なお, profession **nf** は「職業」を指す最も一般的な語で「知的な職業」という意味合いを持ち, métier **nm** は「(手先を使う)職人的な職, 仕事」を指す. 見出し語 carrière **nf** は「専門的で一生続ける仕事」のイメージが強く, vocation **nf** は「天職」をいう.

110

Si le médicament ne fonctionne pas tout de suite, ne **p**_____ pas.
薬がすぐに効かなくても, **うろたえ**ないで.

□ **paniquer vt vi** おびえさせる, おびえる, うろたえる *paniquez*

> * avoir peur, s'affoler などが同義.

関連語 □ **panique nf** 恐慌, パニック (= **affolement**, **terreur**)

> 例
>
> L'incendie criminel a causé une panique dans le quartier.
> 「放火で近隣はパニックになった」
>
> Pas de panique !
> 「慌てないで」
>
> * Pas d'affolement ! も同義.

24 一方で, テクノロジーが大いに発展して人類は **matériel** 物質的な **prospérité** 繁栄 を **jouir** 享受する ことができるようになったが, 他方で, 科学が必ずしも **bien-être** 幸福感 を **favoriser** 高める とは限らないことに気がついた.

D'une part, la technologie a tellement progressé que l'humanité est devenue **capable** de **jouir** de la **prospérité matérielle**, mais d'autre part, nous nous sommes rendu compte que la science ne **favorise** pas nécessairement notre **bien-être**.

▶ d'une part ... d'autre part ～「一方では……他方では～」(= d'un côté ... d'un autre côté [de l'autre] ～)

D'une part, je suis content(e) de sa gentillesse, mais d'autre part, c'est un peu un fardeau.
彼(彼女)の優しさは嬉しい反面, 少々負担でもあります.

▶ se rendre compte de *qqch* / que +［直説法］「～に気づく, わかる」(= réaliser, comprendre)

Je me suis rendu compte que mon collègue était parti quand j'ai vu que son ordinateur était éteint.
同僚のパソコンの電源が切れているのを見て, 彼が帰ってしまったことに気づいた.

111

Si la maladie continue à progresser, je ne serai bientôt plus c de marcher
このまま病気が進行すると, やがて自分は歩くことができなくなります.

☐ **capable adj** （能力があって）できる（↔ **incapable**）

関連語 ☐ **capacité nf** 能力,（容器の）容量

例

Sa capacité à s'adapter à n'importe quelle situation
est incroyable.
「どんな状況にも適応する彼（彼女）の能力は信じられないほどです」

Ce réservoir a une capacité de 5 000 litres.
「このタンクは5000リットルの容量がある」

■ [類義語追記] 能力・才能

capacité はそもそも「物を受け入れる容器」で，そこから広く「あること
を具体的に行なう能力」を指すようになった．類義の **faculté nf** は「個人
的な特殊な才能」（**例** Elle a la faculté d'écrire des deux mains
en même temps.「彼女は両手で同時に文字を書く能力がある．」）を指
し，**talent nm** は「生まれつきの能力，才能」（**例** Les grands talents
mûrissent sur le tard.「大器晩成」）の意味．**compétence nf** が指し示
す「能力，有能さ」には「特定分野における判断や決定」（**例** On ne
conteste pas sa compétence dans ce domaine.「この分野での彼（彼
女）の能力は皆が認めています」）という前提が付されるケースが多い．

---

112 ■■■

L'aventurier j＿＿＿＿＿＿ de sa réussite en regardant le ciel étoilé.

冒険家は星空を見上げながら成功の喜びに浸っていた．

□ **jouir** **vi** （deを）楽しむ，享受する，（deに）恵まれている *jouissait*

別例

Mon grand-père jouit d'une bonne santé.
「祖父は健康に恵まれている」

関連語 □ **joie** **nf** 喜び，嬉しさ（= **plaisir, bonheur** ↔ **chagrin**）

例

Le joueur a poussé un cri de joie après avoir gagné.
「勝利を手にしたあと，選手は歓喜の声を上げた」

＊ rabat-joie **nm**「他人の喜びを邪魔する人，座を白けさせる人」という単語もある．

□ **jouissance** **nf** 悦楽，オルガスムス（= **jouissance sexuelle**）

083

113

Un mauvais gouvernement menace la **p**＿＿＿＿＿ du pays.

悪政がその国の繁栄を脅（おびや）かしている.

☐ **prospérité nf** （主に経済面での）繁栄, （個人の）幸運

＿別例＿

Je vous souhaite bonheur et prospérité.
「ご多幸とご繁栄をお祈りいたします」

＿関連語＿ ☐ **prospérer vi** 繁栄する, 発展している（＝ **péricliter**）

＿例＿

L'industrie pharmaceutique prospère ces dernières années.
「製薬業界はここ数年好況だ」

☐ **prospère adj** 繁栄している, 栄える, 恵まれた

＿例＿

Son occupation secondaire est de plus en plus prospère.
「彼（彼女）の副業はますます順調だ」

114

La civilisation **m**＿＿＿＿＿ est un terme utilisé de manière critique comme antonyme de civilisation spirituelle.

物質文明は精神文明の対義語として批判的に用いられる用語です.

☐ **matériel, materielle adj** 物質の, 具体的な

＿関連語＿ ☐ **matériel nm** （集合的に）用具, ハードウェア

＊ コンピュータ用語, 英語 *hardware* に相当する仏語. *software*「ソフトウェア」は logiciel **nm** という.

☐ **matériaux nmpl** （集合的に）（建築などの）材料, 資材

☐ **matière nf** 物質, 素材, 科目

＿例＿

L'univers se compose de divers types de matière.
「宇宙は多様な種類の物質からなっている」

De quelle matière est fait cet oreiller ?
「この枕の素材は何ですか」

115

Cette nouvelle loi **f_____** l'extension économique.

この新しい法律は経済の進展に好都合だ.

☐ **favoriser** **vt** 優遇する(↔ **défavoriser**), (物事が)有利に働く,
促進する ***favorise***

別例

Le vent m'a favorisé(e) lors d'une partie de golf.

「ゴルフのラウンド中,風が私の味方をしてくれた」

＊ Le vent était de mon côté lors d'une partie de golf. といった言い換えも可.

関連語 ☐ **favorable** **adj** 好意的な, 好都合な(↔ **défavorable**)

例

Le temps est favorable pour faire une randonnée.

「ハイキングをするにはもってこいの天気だ」

☐ **favorablement** **adj** 好意的に, 有利に

例

Notre demande de subvention a été reçue favorablement.

「私たちの助成金申請は好意的に受け入れられた」

☐ **faveur** **nf** (特別の)好意, (力をもつ者からの)特別の引き立て

例

L'acteur a la faveur du grand public..

「その俳優は大衆にとても人気がある」

Elle a fait une donation en faveur des enfants défavorisés.

「彼女は恵まれない子どもたちのために寄付をした」

＊ en faveur de *qqn*「～のために,～のためを思って」の意味.

116

Le patron d'un syndicat de la drogue vivait dans le **b_____**.

麻薬組織のボスは何不自由なく暮らしていた.

☐ **bien-être** **nm** 満足感, 幸福, (物質的・経済的な)充足

25

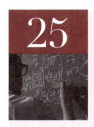

Marie Curie はポーランド生まれでフランスに **naturalisé** 帰化した **physicien** 物理学者 であり **chimiste** 化学者 だ. 1867年にワルシャワで生まれた彼女は, 1891年にパリに赴き, ソルボンヌ大学で学んだ. 1895年, 物理学者 Pierre Curie と結婚. ふたりは古い **cabane** 掘ったて小屋 でウランの **rayonnement** 放射線 を研究し, 1898年にラジウムを発見した. 彼らは1903年にノーベル **physique** 物理学 賞を **remporter** 獲得した.

Marie Curie était une **physicienne** et **chimiste** d'origine polonaise **naturalisée** française. Née à Varsovie en 1867, elle se rendit à Paris en 1891 pour étudier à l'université de la Sorbonne. En 1895, elle se maria avec le physicien *Pierre Curie*. Ils étudièrent le **rayonnement** de l'uranium dans une vieille **cabane** et découvrirent le radium en 1898. Ils **remportèrent** le prix Nobel de **physique** en 1903.

* 文書の性格に鑑みこの例文にだけ意識的に直説法単純過去を採用した.

117

La compétence d'un **p**_____ semble être proportionnelle à sa compétence en mathématiques.

物理学者としての力量はその人の数学的な力量と比例するようだ.

☐ **physicien, physicienne n 物理学者**
  * 接頭辞を添えて, たとえば astrophysicien(ne) なら「天体物理学者」の意味.

関連語 ☐ **physique** **nf** 物理学

例

Mon père enseigne la physique à l'université depuis 20 ans.
「父は大学で物理学を教えて20年になる」

☐ **physique** **adj** 物質の, 物理的な, 身体の

118

En tant que **c_____**, je ne peux pas faire confiance à cette analyse de l'eau de mon puits.

化学者として, 自分は自宅のこの井戸水の分析を信頼できません.

☐ **chimiste** **n** 化学者

関連語 ☐ **chimie** **nf** 化学

例

J'ai un test de chimie demain.
「明日, 化学のテストがある」

☐ **chimique** **adj** 化学の

例

Mémoriser des formules chimiques est une tâche amusante pour moi.
「化学式の暗記は私には楽しい作業です」

119

Les personnes **n_____** sont confrontées à une discrimination injuste dans la région.

この地域では, 帰化した人たちが不当な差別を受けている.

☐ **naturalisé**, **naturalisée** **adj n** 帰化した(人)

関連語 ☐ **naturaliser** **vt** (人を)帰化させる

例

Mon oncle s'est fait naturaliser américain il y a 10 ans.
「おじは10年前にアメリカに帰化した」

＊ なお, naturaliser un animal なら「(動物を)剥製にする」(= empailler)の意味になる がこれは盲点になりやすい.

087

☐ **naturalisation** **nf** 帰化

例

Au Japon, les demandes de naturalisation ne sont pas
facilement acceptées.
「日本では帰化申請がなかなか認められない」

120

Le **r**＿＿＿＿ solaire peut être une arme mortelle.

太陽の**放射線**はときに凶器となり得る.

☐ **rayonnement** **nm** 放射, 放射線, 威光

関連語 ☐ **rayonner** **vi** （光や熱が）放射する, 波及する, （放射状に）広がる

例

Les rues rayonnent en étoile à partir de la place.
「道路は広場から放射状に広がっている」

☐ **rayon** **nm** 光線, 光明

＊ rayon **nm** は「（デパートの）売り場, （本棚などの）棚板」あるいは会話で「（得意な）分
野」（ 例 Ce n'est pas mon rayon. 「それは私には関係ない（←自分の領域ではな
い）」の意味でも使われる.

121

Les petits appartements au Japon sont parfois assimilés à des
c＿＿＿＿ à lapins.

日本の狭いアパルトマンはときにウサギ**小屋**とたとえられることがある.

☐ **cabane** **nf** （木でできた）小屋, 掘立て小屋

＊ un petie cabane「小さな小屋」なら un cabanon という. なお, 「ウサギ小屋」は un clapier とも
呼ばれる.

122

L'acteur de théâtre a **r**＿＿＿＿ un succès brillant en jouant le rôle
d'un mendiant.

その舞台俳優は物乞いの役を演じてすばらしい**成功を収めた**.

088

□ **remporter vt** （賞や勝利などを）獲得する，勝ち取る（＝ **gagner**），もち帰る，（元
の場所へ）戻す *remporté*

別例

Je peux remporter les fleurs ?
「花をもって帰っていいですか」

＊ remporter は当該の場所まで「もってきた」apporter ものを，その場から再び「もって行く」の意
味．単純に商品などを「（自宅などに）もち帰る」と表現するなら，たとえば「ハンバーガーもち帰り
でください」なら Un hamburger à emporter, s'il vous plaît. といった言い方をする．

基本語の射程
「得る，
手に入れる」

□ **remporter**
（賞や勝利などを）勝ち取る，獲得する

Napoléon **a remporté** de nombreuses victoires
grâce à sa stratégie militaire.
ナポレオンは自らの軍事戦術のおかげで数々の勝利を勝ち得
た．

□ **gagner**
（働いて金銭や利益を）得る，
（勝負や賭けなどで）勝ち取る

Il **a gagné** beaucoup d'argent aux courses.
彼は競馬で大金を手に入れた．

□ **obtenir**
（望んでいる金品や資格などを）獲得する，手に入れる

Elle **a obtenu** de sa mère l'argent nécessaire pour
s'acheter un vélo.
彼女は自転車を買うのに必要なお金を母からもらった．

□ **acquérir**
（購入，相続などで所有者となり）手に入れる

J'**ai acquis** le studio pour en faire un bureau.
オフィスにするためにワンルームマンションを手に入れた．

□ **se procurer**
（自ら努力して）獲得する，手に入れる

Le propriétaire du magasin a passé plusieurs années
à **se procurer** des clients.
店のオーナーは数年かけて顧客を獲得していった．

089

26

ダイヤモンドの **valeur** 価値 はその **qualité** 品質 とサイズによって決まり，言うまでもなく一部のダイヤモンドは法外な値段になります．**posséder** 所有している と不幸を招くと言われるブルーダイヤモンドもあります．そのダイヤは9世紀にインドで **extraire** 産出 されたもので，数々の **tragédie** 悲劇 の **attribuer** 原因となった にもかかわらず，**ironiquement** 皮肉にも 「ホープダイヤ」と称されています．

La **valeur** d'un diamant dépend de sa **qualité** et de sa taille, et il va sans dire que certains diamants sont hors de prix. Il y a même un diamant bleu dont on dit qu'il porte malheur à ceux qui le **possèdent**. Il a été **extrait** en Inde au 9ème siècle, et est **ironiquement** appelé "*Hope Diamond*" malgré les nombreuses **tragédies** qui lui sont **attribuées**.

▶ il va sans dire que +［直説法］「～は言うまでもない」

Il va sans dire que la santé l'emporte sur la richesse.
健康が富に勝ることは言うまでもない．
＊ただし，この言い回しを冗長だとして避ける人も少なくない．

▶ hors de prix「法外な値段の」(= à un prix exorbitant)

Je rêve de compléter ma collection de cartes Pokémon, mais celles qui me manquent sont malheureusement hors de prix.
ポケモンカード・コレクションのコンプリートを夢見ていますが，残念ながら欠けているものは高価です．

(注) 例文中，不幸の伝説をもつダイヤを皮肉ったネーミングとして「ホープ」の名を挙げたが，そもそもはこのダイヤを所有していたロンドンの銀行家の苗字に由来するようだ．

123

Ce tableau n'a aucune **v** _____ artistique.

この絵にはまったく芸術的**価値**はない.

□ **valeur** **nf** （物や人の）価値, 価値観 , 有効性

 * ちなみに英語は *value* は「他のものと比較して決められる価値」と *worth*「社会的に認められた価値」を分けますが, フランス語はどちらも valeur（動詞なら valoir）を用いる.

QUESTION 07

Dans chacune de ces quatre villes a lieu, chaque année, une manifestation artistique importante.

1. Angoulême 2. Avignon 3. Cannes 4. Nice

a. carnava   b. festival de cinéma
c. festival de la bande dessinée   d. festival de théâtre

別例

Ne laissez pas d'objets de valeur dans votre valise.
「スーツケースに貴重品は入れないでください」

* 「貴重品」は objet de valeur **nm** あるいは objet précieux **nm** ともいう.

関連語 □ **valoriser** **vt** 価値を上げる, 評価を上げる（↔ **dévaloriser**）

例

Le développeur a commencé la construction de l'infrastructure pour valoriser ces terrains résidentiels.
「開発業者がインフラの整備を始めたらこの住宅地の価値が上がった」

124

Ce vin rouge a été élaboré à partir de raisin de haute **q** _____.

この赤ワインは高**品質**のブドウから作られた.

□ **qualité nf** 質, 品質（↔ **quantité**）,
              （人や物の）長所（= **mérite**, **vertu** ↔ **défaut**）

別例

Cette fille est bien élevée et intelligente ; elle a beaucoup de qualités.
「この娘さんは躾がよく, 聡明だ. 彼女にはたくさんの長所がある」

解答 **Q.07 1. c 2. d 3. b 4. a**

091

関連語 ☐ **qualitatif, qualitative adj** 質的な, 質に関する (↔ **quantitatif**)

---

125 ◾◾◾

Ce célèbre designer **p_____** plusieurs maisons à Tokyo.

あの著名なデザイナーは東京に何軒か家を持っている.

☐ **posséder vt** 所有する, (能力や資質などを)持っている *possède*

別例

Elle possède de grandes qualités artistiques.
「彼女は芸術的な天分がある」

関連語 ☐ **possession nf** 所有, 所有物, 財産

例

Mon voisin de palier a été contrôlé par la police et arrêté pour possession de drogue.
「同じ階の住人が警察の検査を受け,麻薬所持で逮捕された」

---

126 ◾◾◾

Ils vont **e_____** du pétrole dans une des plus belles mers du monde.

世界でもっとも美しい海のひとつで彼らは石油を採掘しようとしている.

☐ **extraire vt** 引き抜く, (鉱物などを)採掘する, 抽出する *extraire*

別例

L'huile d'olive est extraite en pressant les olives dans une machine spéciale.
「オリーブの実を専用の機械で圧搾してオリーブオイルを抽出します」

関連語 ☐ **extraction nf** 抽出, 採掘

例

La France interdit l'extraction du gaz de schiste.
「フランスはシェールガス(新天然ガス)の採掘を禁じている」

≒ 2017年に炭化水素の研究・開発を禁ずる法律を世界に先がけて制定した. なお, この単語は文章語として「素性,家柄」(= ascendance)の意味でも用いる.

127 ◻ ◻ ◻

Cet article de journal critique **i**＿＿＿＿＿ le monde politique japonais.

この新聞記事は日本の政界を**皮肉を込めて**批判している.

◻ **ironiquement adv** 皮肉に, 皮肉をこめて

　　関連語 ◻ **ironique adj** 皮肉な (= **narquois**)

　　　　例

　　　　Les choses ont des rebondissements ironiques.
　　　　「物事には皮肉な巡り合わせというものがある」

　　◻ **ironie nf** 皮肉, 反語
　　　　例

　　　　Je dis ça sans ironie.
　　　　「当てこすりでなく (真面目に) そう申しています」
　　　　＊ moquerie **nf**「あざけり, 揶揄」, raille **nf**「冷やかし」が類語となる一方で,「(個人を
　　　　傷つける悪意のある) 皮肉」sarcasme **nm** とは少々趣を異にする. たとえば une
　　　　réflexion pleine d'ironie なら humour **nm**「ユーモア, 諧謔」を含意する「軽やかな皮
　　　　肉」となる.

---

128 ◻ ◻ ◻

Je m'intéresse à la **t**＿＿＿＿＿ française du XVIIe siècle.

17世紀のフランス**悲劇**に関心があります.

◻ **tragédie nf** 悲劇 (作品) (↔ **comédie**)

　　関連語 ◻ **tragique adj** 悲劇的な, 悲惨な (= **dramatique**)
　　　　例

　　　　La situation de ces enfants est tragique.
　　　　「この子供たちの置かれている状況は痛ましい」

---

129 ◻ ◻ ◻

On a **a**＿＿＿＿＿ cet accident de la circulation à la négligence du chauffeur de taxi.

あの交通事故はタクシー運転手の過失による**ものとされた**.

◻ **attribuer vt** (A à B で) B に A の原因があるとする,
　　　　　　　　　　(権限などをもって) 与える, 割り当てる *attribué*

093

別例

Le metteur en scène a attribué le rôle principal du film à une actrice.
「監督はある女優に映画の主役を割り当てた」

関連語 □ **attribution nf** （単数で）割り当て, 付与, （複数で）権限, 職権

例

Cela ne rentre pas dans nos autorités.
「それは我々の権限外です」

27

商店街がもうすぐ **disparaître** 消える というのは **exagérer** 言い過ぎ でしょうか. いくつかのオンライン **détaillant** 小売業者 は, 購入ボタンを押してから数分以内に無人 **drone** ドローン が **consommateur** 消費者 の玄関に **produit** 商品 を届けるシステムを開発しています. 無人輸送業界の **aube** 夜明け が急速に近づいています.

Est-il **exagéré** de dire que les rues commerçantes vont bientôt **disparaître** ? Plusieurs **détaillants** en ligne développent des systèmes dans lesquels des **drones** sans pilote livrent des **produits** à la porte d'un **consommateur** quelques minutes après avoir appuyé sur le bouton d'achat. L'**aube** de l'industrie du transport sans humain approche <u>à grands pas</u>.

▶ à grands pas 大股で（↔ à petits pas）, 足早に, 急速に（= à pas de géant）
Les logiciels informatiques ont avancé à grands pas.
コンピュータソフトは長足の進歩を遂げた.

130 ■ ■ ■

Les gens ont tendance à **e**＿＿＿＿＿ leur salaire lorsqu'ils parlent devant des inconnus.

人は知らない人の前で話をするとき, つい自分の給料を割増しする傾向がある.

☐ **exagérer** **vt** **vi** 誇張する, 度を越す *exagérer*

　＊「ふくらます」gonfler も「誇張する」の意味で使われる.

　〔別例〕

　Vous arrivez presque tous les jours en retard, vous exagérez un peu.

　「あなたはほとんど毎日遅刻です, いささか度が過ぎますよ」

　〔関連語〕 ☐ **exagération** **nf** 誇張（↔ **mesure**, **modération**）

　　　　　〔例〕

　　　　　parler avec exagération

　　　　　「大げさに話す」

131 ■ ■ ■

Je cherche mon chat qui a **d**＿＿＿＿＿ il y a une semaine.

飼い猫を探しています, 1週間前にいなくなりました.

☐ **disparaître** **vi** （人や動物が）いなくなる（↔ **apparaître**）, （物が）見えなくなる *disparu*

　〔関連語〕 ☐ **disparu**, **disparue** **adj** 見えなくなった, 消失した, 死亡した

　　　　　〔例〕

　　　　　Cinq personnes sont portées disparues depuis le naufrage.

　　　　　「その海難事故で現在5名が行方不明だ」

　　　　☐ **disparition** **nf** 見えなくなること, 消失（＝ **extinction**）, 死亡

132 ■ ■ ■

Le **d**＿＿＿＿＿ va ouvrir un nouveau magasin en banlieue parisienne.

その小売業者はパリ郊外に新しい店舗をオープンします.

☐ **détaillant**, **détaillante** **adj** **n** 小売りをする, 小売商（業者）

095

関連語 ☐ **détailler vt** 〜を小売りする, 詳しく説明する

例

Les résultats de la recherche sont détaillés dans le dernier numéro de la revue.
「研究結果は雑誌の最新号に詳しく載っている」

☐ **détail nm** 細部, 詳細, 小売り

例

Le professeur a expliqué sa théorie en détail.
「教授は自分の理論を詳細に説明した」

* vendre au détail なら「小売（ばら売り）する」, vendre en gros は反意で「卸売りする」の意味になる.

---

133 ☐☐☐

Les **d**＿＿＿＿＿ ont rendu la photographie aérienne beaucoup plus facile.

ドローンのせいで空撮がずっと容易に行なわれるようになった.

☐ **drone nm** ドローン

---

134 ☐☐☐

Quels sont les principaux **p**＿＿＿＿＿ de cette région ?

この地域の主な産物は何ですか.

☐ **produit nm** 生産物, 製品, (労働などの)成果

別例

C'est un vrai produit de son temps.
「彼は時代の申し子だ」

関連語 ☐ **production nf** 生産, 産物

例

Le coût peut être réduit par la production de masse.
「大量生産することでコストダウンが図れる」

* La production de masse permet d'abaisser les prix. と書き換えられる.

☐ **producteur, productrice n** 生産者(↔ **consommateur**)

☐ **produire vt / se produire vp** 生産する, (事態や結果などを)生じる

096

> 例
L'usine automobile n'a pas encore commencé à produire.
「その自動車工場はまだ生産を開始していない」

Il s'est produit une aventure extraordinaire hier soir.
「昨晩, ちょっとすごいことが起きた」

* arriver あるいは avoir lieu と類義.「急に生じる, 突発する」なら survenir という動詞
が使われる.

135

Les c＿＿＿＿＿＿ ne semblent pas satisfaits de notre nouveau produit.

消費者はわが社の新製品に満足していないようだ.

□ **consommateur, consommatrice** **n** 消費者(↔ **producteur**),
（カフェやレストランなど飲食店の）客

....

関連語 □ **consommer** **vt** 消費する,（ガスや電気などを）使う,
（カフェなどで）飲食する, 燃料を消費する

> 例
Ce sèche-linge consomme beaucoup d'électricité.
「この乾燥機はたくさんの電力を消費する」

□ **consommation** **nf** 消費(量), 飲食

> 例
Il faut réduire notre consommation d'énergies non-renouvelables.
「再生不能なエネルギーに対する消費量を減らす必要がある」

payer les consommations
「飲食代を支払う」

136

Il n'est pas exagéré de dire que cette invention est la plus étonnante
depuis l'a＿＿＿＿＿＿ de l'humanité.

この発明は人類出現以来もっとも驚くべきものと言っても過言ではない.

□ **aube** **nf** 夜明け, 黎明期, 初期, 発端(＝ **aurore**)

> 別例
Nous avons quitté le terrain de camping à l'aube.
「私たちは夜明けにキャンプ場を出発した」

28

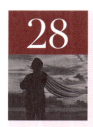

アメリカ映画は善に **récompenser** 報い, 悪を **punir** 罰する(勧善懲悪の) **tendance** 傾向 が強い. フランス映画はそうではない. **mystérieux** 謎めいた **insoluble** 解決のつかない エンディングが数多く存在する. 好みの問題だが, 善良な人がいつも勝利するという **modèle** 型(モデル) は **réalité** リアリティーを欠く. あなたはどう思われますか.

Les films américains ont une forte **tendance** à **récompenser** le bien et à **punir** le mal. Ce n'est pas le cas du cinéma français. Il existe de nombreuses fins **mystérieuses** et **insolubles**. C'est une question de goût, mais le **modèle** dans lequel les bonnes personnes gagnent toujours manque de **réalité**. Qu'en pensez-vous ?

137

Ma petite-fille a t_____ à blâmer les autres pour tout.
私の孫娘は何でも他人のせいにする傾向があります.

☐ **tendance** nf 傾向, 風潮, 性向

　＊ avoir tendance à + *inf*.「～する傾向がある」の意味.

別例

Mon mari a une certaine tendance à la paresse.
「夫は怠惰なところがある」

関連語 ☐ **tendre** vi 傾向がある, ～する方向に向かっている

例

Cette région tend à se dépeupler.
「この地域の人口は減少傾向にある」

138

Ce prix **r**_____ les performances créatives des acteurs.

この賞は俳優たちの独創的な演技を褒賞するものです.

☐ **récompenser** **vt** 報いる, (人に)褒美(報酬)を与える(↔ **punir**)
　　　　　　　　　　　　récompense

別例

Elle a été récompensée de sa patience.

「彼女の辛抱が報われた」

関連語 ☐ **récompense** **nf** 報酬, 褒美(↔ **punition**)

例

Il s'attendait à une grosse récompense de la part de son patron.

「彼は上司からの大きな報酬を期待していた」

139

Ils ont été **p**_____ pour avoir intimidé certaines des écolières.

彼らは何人かの女子小学生をいじめたために罰せられた.

☐ **punir** **vt** (悪事に対する応酬として)罰する(↔ **récompenser**) *punis*

別例

C'est le ciel [le bon Dieu] qui l'a puni.

「彼に天罰があたった(自業自得だ)」

関連語 ☐ **punition** **nf** 罰, 処罰(↔ **récompense**)

例

La punition infligée à mon fils était sévère.

「息子に課せられた処罰は厳しいものだった」

140

Elle est **m**_____ sur sa vie privée.

彼女の私生活は謎めいている.

☐ **mystérieux, mystérieuse** **adj** 不思議な, 謎の(↔ **clair, évident**)

関連語 ☐ **mystère** **nm** 謎, 神秘

例

Sa mort était entourée de mystère.
「彼（彼女）の死は謎に包まれていた」

141

La congestion routière dans les grandes villes est l'un des problèmes les plus **i_____**.

大都市における交通渋滞はもっとも**解決できない**問題のひとつだ.

□ **insoluble adj** （問題などが）解決（説明）できない, 不溶性の

関連語 □ **insolubilité nf** 解決不能, 不溶性

142

Cet ordinateur est le dernier **m_____**.

このパソコンは最新**モデル**です.

□ **modèle nm** （見習うべき）規範, （製品の）型, モデル

＊「ファッションモデル」 a fashion model は仏語では un mannequin となる（ただし, 英語 a mannequin も「モデル」の意味で使われる）. なお, 関連語として modélisme **nm** 「模型製作」（さらに細かに aéromodélisme **nm** 「模型飛行機製作（操縦）」）といった単語もある.

143

Le poète semble osciller entre fantasme et **r_____**.

あの詩人は空想と**現実**の間を揺れ動いているように思える.

□ **réalité nf** 現実, 現実性, リアリティー

別例

La réalité dépasse la fiction.
「事実は小説より奇なり」

Mon fils a acheté un casque de réalité virtuelle.
「息子がヴァーチャルリアリティ・ヘッドセットを買った」

関連語 □ **réaliste adj n** 現実主義の, リアリズムの, 現実主義者

□ **réel, réelle adj** 現実の（↔ **irréel**）, 本当の

□ **réaliser vt** 実現する, 実行する, 監督する

29

lecture 読書の bienfait 利点を prêcher 説き勧める人は大勢いますが, その危険性を souligner 強調する人はほとんどいません. ちょっと réfléxion 考えてみるとわかると思いますが, passif 受け身で読書をすると, (自分で) 考えることを忘れて, 他人の頭の中を走り回ってそれでおしまいという危険性があるからです. これは, ときとして je-sais-tout 知ったかぶりをする高齢者に見られるものです.

Beaucoup de gens **prêchent** les **bienfaits** de la **lecture**, mais peu en **soulignent** les dangers. Comme vous pouvez le comprendre avec un peu de **réflexion**, à lire de manière **passive**, vous risquez d'oublier de penser et de finir par courir dans la tête des autres. Cela se retrouve parfois chez les personnes âgées **je-sais-tout**.

144

Ce moine se tient au coin d'une rue et p_____ l'impermanence du monde.

あの僧侶は街角に立って世の無常を説いている.

☐ **prêcher** **vt vi** (神の教えなどを)説く, 説き勧める, 説教する *prêche*

別例
prêcher dans le désert
「聴衆に相手にされない, 馬の耳に念仏」(←砂漠で説教する)

145

Cette entreprise jouit des **b**＿＿＿＿＿ de la nouvelle réforme fiscale.

この会社は新税制改正の恩恵に浴している.

□ **bienfait** **nm** 恩恵（↔ **méfait**「害」）

関連語 □ **bienfaisant, bienfaisante** **adj** 恩恵をもたらす（↔ **malfaisant**）

例
la pluie bienfaisante
「恵の雨, 慈雨」

□ **bienfaiteur, bienfaitrice** **n** 恩人

146

Mon fils a découvert le plaisir de la **l**＿＿＿＿＿ à dix ans.

息子は10歳で読書の喜びを見出した.

□ **lecture** **nf** 読書, 読み物, 朗読

関連語 □ **lecteur, lectrice** **n** 読者, 読書家

例
Cet essayiste sait éveiller la curiosité de ses lecteurs.
「このエッセイストは読者の好奇心を刺激する方法を知っている」

147

S＿＿＿＿＿ tous les verbes en rouge, s'il vous plaît.

すべての動詞に赤で下線を引いてください.

□ **souligner** **vt** （文章などに）下線を引く, 強調する *Soulignez*

別例
Je tiens à souligner que c'est mon assistant qui a réalisé cette étude.
「この研究を成し遂げたのは私の助手だと強く言っておきたい」

関連語 □ **soulignage / soulignement** **nm** アンダーラインを引くこと, 下線

例
Les soulignages［soulignements］dans ce livre représentent des idiomes.
「本書内の下線は熟語を示しています」

102

148

Il y a un temps pour la **r**_____ et un temps pour l'action.

熟慮の時と行動の時とがある.

□ **réflexion** **nf** 熟考 (↔ **étourderie, irréflexion**)

〔別例〕

Réflexion faite, je préfère rester ici.

「あれこれ考えた末, 自分はここに残ることにします」

* réflexion faite で「熟慮の末」(= tout bien considéré, après réflexion) という成句.

〔関連語〕 □ **réfléchir** **vi** よく考える, 熟考する

〔例〕

Mon ex-mari a l'habitude d'agir sans réfléchir.

「前の夫はよく考えずに行動する癖がある」

149

Les dangers du tabagisme **p**_____ ont été soulignés à plusieurs reprises.

受動喫煙の危険性は繰り返し指摘されている.

□ **passif, passive** **adj** 受け身の, 受動的な, 消極的な (↔ **actif**)

〔関連語〕 □ **passivité** **nf** 受動性, 無気力 (↔ **activité, dynamisme**)

150

Personne n'aime les **j**_____.

知ったかぶりをする人を好きな人はいない.

□ **je-sais-tout** **adj** (無変化) **n** (男女同形) 知ったかぶり, 知ったかぶりをする人

103

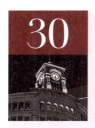

30

およそ400年前、日本は世界の銀の **tiers** 3分の1 を産出していた. その **précieux** 貴重な **métal** 金属 は日本の **mine** 鉱山 から採掘されて、全世界へと **se répandre** 広がり、各 **continent** 大陸 に経済発展をもたらした. 東京の「銀座」の名は銀の精錬所にちなんだもので、かつては銀の中心地だった. 当然の成り行きとして、今では世界有数の **attractif** 魅力あふれる 高級ショッピング街のひとつとなっている.

Il y a environ 400 ans, le Japon produisait un **tiers** de l'argent mondial. Le **métal précieux** a été extrait des **mines** du Japon et **s'est répandu** dans le monde entier, apportant le développement économique à chaque **continent**. Le quartier *Ginza* à Tokyo, dont le nom vient d'une fonderie d'argent, était autrefois le centre de l'argent et, <u>à juste titre</u>, est devenu l'un des quartiers commerçants de luxe les plus **attractifs** au monde.

(追記) 過去の「銀座」と現在の「銀座」を比較したこんな言い回しがある.

Ginza était autrefois un endroit où l'argent était frappé en monnaie, mais aujourd'hui, c'est un endroit où l'argent est dépensé.
銀座はかつて銀をお金に鋳造する場所だったが、現在はお金を使う場所なのだ.

＊ fonderie **nf**「製錬所」

▶ à juste titre 正当に (～するのは当然のことだ) (= à bon droit, avec raison)

Vous avez protesté à juste titre. Bien sûr, c'était fou de se garer dans un tel endroit.
あなたが抗議したのは当然だ、あんな場所に駐車するなんてどうかしてる.

151

Je déclare un **t**＿＿＿＿＿ de mes revenus divers comme dépenses nécessaires.

雑所得の**3分の1**を必要経費として申告しています.

☐ **tiers** **nm**　3分の1

> 　**分数** **fraction** **nf**
>
> ☐ **le dénominateur**　分母
> ☐ **le numérateur**　分子
> ☐ **une moitié**　2分の1
> ☐ **un tiers**　3分の1
> ☐ **deux tiers**　3分の2
> ☐ **un quart**　4分の1
> ☐ **trois quarts**　4分の3
> ☐ **un cinquième**　5分の1（この先は分母に序数を使う）

152

Les voitures hybrides sont fabriquées avec des **m**＿＿＿＿＿ rares.

ハイブリッドカーには希少**金属**（レアメタル）が使われている.

☐ **métal** **nm** / **métaux** **pl**　金属

> 関連語 ☐ **métallique** **adj**　金属（製）の, 金属のような

153

Rien n'est plus **p**＿＿＿＿＿ que le temps.

時間ほど**貴重な**ものはない.

＊ Le temps est plus précieux que tout. と書き換えることもできる.

☐ **précieux**, **précieuse** **adj**　貴重な, 高価な, 価値のある, 大事な

> 別例
> Son fils lui est très précieux.
> 「彼（彼女）にとって息子はかけがえのないものだ」

une pierre précieuse

「（宝石の中でも特に高価で珍重される）貴石」

＊「貴石」の判断（判定）には微妙な定義の違いはあるものの Un bijou n'est pas une pierre précieuse. とするのが通常の考え方.

関連語 □ **précieusement adv** 大切に, 念を入れて, 気どって

---

154 ■ ■ ■

Les chances de tomber sur une **m**＿＿＿＿ d'or sont vraiment astronomiques.

金鉱を掘り当てる確率（チャンス）はまさに天文学的だ.

□ **mine nf** 鉱山, 炭鉱（= **mine de charbon**）, (鉛筆の)芯, 地雷

別例

Trouver où les mines sont enterrées n'est pas facile.

「地雷がどこに埋まっているかを見つけ出すのは容易ではない」

＊「地雷除去」は déminage **nm** という.

---

155 ■ ■ ■

Cette nouvelle s'est **r**＿＿＿＿＿ instantanément sur les réseaux sociaux.

そのニュースはソーシャルネットワーク上で即座に広まった.

□ **épandre vt** / **se répandre vp** まき散らす, こぼす, (ニュースなどが)広まる

répandue

別例

Ma femme a répandu de la soupe sur sa robe blanche.

「妻は白いワンピースにスープをこぼした」

関連語 □ **répandu, répandue adj** まき散らされた, 一般に行きわたった

例

C'est l'une des opinions répandues.

「それは世間に流布している意見のひとつです」

156

Chaque anneau du drapeau olympique représente un **c**_____.

オリンピック旗のそれぞれのリング(輪)は大陸を表している.

☐ **continent** **nm** 大陸

QUESTION 08

Lequel de ces continents n'est pas représenté par un des cinq anneaux olympiques ?

Afrique　Amériques　Asie　Europe　Eurasie　Océanie

関連語 ☐ **continental, continentale** **adj** / **continentaux** **mpl** 大陸の

例
Je préfère le petit déjeuner continental.
「コンチネンタルブレックファーストが好みです」

157

Cette actrice est populaire en raison de sa personnalité **a**_____.

あの女優さんが人気なのは彼女の魅力的な人柄ゆえだ.

☐ **attractif, attractive** **adj** 魅力のある, 引きつける力

関連語 ☐ **attraction** **nf** (遊園地などの)アトラクション,
(人を引きつける)名所, 引力

例
Il existe de nombreuses attractions touristiques dans cette région.
「この地方には多くの観光名所がある」

解答　**Q.08**　Eurasie

31

そもそも **crypto-monnaie** 仮想通貨は **informatique** コンピューターシステムを介して金を **échanger** 交換する(やり取りする) 新しい手段として **apparaître** 登場した ものだ. おそらく一番最初の仮想通貨は日本人の **programmeur** プログラマー によって作成されたのだろうが, それは不確かである. なぜなら, その人物は **absolu** 完全な **anonymat** 匿名性を **maintenir** 維持することに成功したからだ.

Les **crypto-monnaies** sont **apparues** à l'origine comme un nouveau moyen d'**échanger** de l'argent via des systèmes **informatiques**. La première a peut-être été créée par un **programmeur** japonais, mais c'est loin d'être certain car il a réussi à **maintenir** un **anonymat absolu**.

▶ à l'origine 初めは, そもそもは (= au début, en premier lieu)

À l'origine, notre société était dans le domaine de l'immobilier.
当初, うちの会社は不動産関係の仕事をしていました.

▶ loin de + *inf.*「〜するにはほど遠い」

La rénovation domiciliaire est loin d'être finie.
自宅の改装が終わったと言うにはほど遠い状態だ.

158 ■ ■ ■

Mon oncle a beaucoup investi dans la **c** _____ mais a tout perdu.

おじは仮想通貨（暗号通貨）に多額の投資をしたが，全部失った.

☐ **crypto-monnaie** **nf** 暗号通貨, 仮想通貨 (= **monnaie virtuelle**)

　　＊ cryptomonnaie とも綴る.

159 ■ ■ ■

Le soleil est **a** _____ derrière les nuages.

太陽が雲のうしろから顔を出した.

☐ **apparaître** **vi** 現われる, 明らかになる, 〜のように見える（思える） *apparu*

　　関連語 ☐ **apparence** **nf** 外見, 外観

　　　　　例
　　　　　Il ne faut pas se fier aux apparences.
　　　　　「外見を信用してはならない」

　　　☐ **apparition** **nf** 出現 (↔ **disparition**)
　　　　　＊ réapparition **nf** なら「再出現, 再登場」.

　　　☐ **apparent, apparente** **adj** 明白な, 見かけの
　　　　　例
　　　　　Le chef a changé d'avis sans raison apparente.
　　　　　「主任ははっきりした理由なしに意見を変えた」

160 ■ ■ ■

Les enfants **é** _____ leurs cartes Pokémon dans la cour de l'école.

子どもたちが校庭でポケモンカードを交換している.

☐ **échanger** **vt** （商品などを）交換する, （意見を）交換する *échangent*

　　別例
　　échanger des informations [des cartes de visite]
　　「情報［名刺］を交換する」

　　échanger des vœux
　　「挨拶を交わす」

109

関連語 □ **échange** nm 交換

例

C'est une étudiante en échange.
「彼女は交換留学生です」

C'est pour un échange.
「(店側に非があるケースで)交換してください」

□ **échangeur** nm インターチェンジ

* 4方向の道路をつなぐ「(高速道路の)クローバー型のインターチェンジ」は changeur en trèfle と呼ばれる.

161

Notre entreprise a décidé d'entrer dans l'industrie **i**_____ dans un proche avenir.

わが社も近い将来情報産業に参入することが決定した.

□ **informatique** adj 情報処理の, コンピュータの

関連語 □ **informatique** nf 情報科学, 情報処理, コンピュータ

例

Mon ami travaille pour une société d'informatique.
「友人はコンピュータ会社に勤めています」

□ **informatiser** vt (組織や業務を)コンピュータ化する,
(データなどを)コンピュータで処理する

□ **informatisation** nf コンピュータ化, コンピュータ処理

例

Il existe également une forte opposition à l'informatisation au sein de l'entreprise.
「社内のコンピュータ化に対しては反対の声も根強くある」

162

Quel genre de travail font les **p**_____ informatiques ?

コンピュータプログラマーはどんな仕事をするのですか.

□ **programmeur**, **programmeuse** n (コンピュータの)プログラマー

関連語 □ **programme** **nm** プログラム, 番組, 授業計画, (仕事などの)計画

（例）

Voici le programme de notre voyage en Europe.
「これは私たちのヨーロッパ旅行のプログラムです」

□ **programmer** **vi** **vt** （コンピュータの）プログラミングする,
（装置などを）プログラミングする

（例）

J'ai appris à programmer à l'école quand j'avais onze ans.
「学校でプログラミングを学んだのは11歳のときです」

□ **programmation** **nf** プログラミング, (テレビやラジオの)番組編成

163

Ils voulaient **m**_____ le statu quo, c'est-à-dire pas changer.

彼らは現状を**維持する**ことを望んでいた, つまり望んでいるのは変化ではない.

□ **maintenir** **vt** / **se maintenir** **vp** （現状を）維持する,
（同じ状態に）保つ, 支える（= **garder**）,
維持される, 保たれる *maintenir*

別例

Il a pris la tête de la course et s'est maintenu en tête jusqu'à la fin.
「彼はトップをとり, そのままレースの終わりまで先頭を保ち続けた」

＊ maintenir は「現状をそのまま維持, 保持する」の意味. 類義語 entretenir は「良好な状態を手入れ
をしながら続ける」ことを指し, conserver は「性質・習慣など一定の状態を維持する, 保つ」とい
う意味合いで用いられる.

関連語 □ **maintien** **nm** 維持, 保持

（例）

maintien de l'ordre public
「治安の維持」

□ **maintenance** **nf** （機械の）メンテナンス, 保全

（例）

Ils ont un contrat de maintenance pour leur système de
conditionnement d'air.
「彼らは空調システムの保守契約を結んでいます」

＊ 保守契約は「製品やサービスが安定的に稼働するよう, メンテナンス, 修理などを行
なってもらうための契約」を指す.

111

164

Cet homme continue de blâmer les autres sous couvert de l'a_____.

あの男は匿名にかこつけて他人を非難し続けている.

☐ **anonymat** **nm** 匿名, 無名

＊例文中の「匿名で」は副詞 anonymement に置き換えられる. なお, イタリア語由来の副詞 incognito「身分（名前）を隠して」という類義語もある.

〔関連語〕☐ **anonyme** **adj** 匿名の, 作者不明の

〔例〕

Il n'est pas juste de calomnier quelqu'un tout en restant anonyme.

「自分は匿名のままでいながら, 誰かを誹謗中傷するのはフェアーでない」

接尾辞 -(o)nyme（ギリシア語「名」に由来）で終わる名詞

☐ **anonyme** **n** 匿名の人物, 作者不詳（の作品）

☐ **antonyme** **nm** 反対語, 反意語

☐ **homonyme** **nm** 同音（形）異義語 / **n** 同名の人（町）

☐ **pseudonyme** **nm** 偽名, ペンネーム（= **nom de plume**）

☐ **synonyme** **nm** 同意語, 同義語

165

C'est un non-sens a_____.

それはまったくナンセンスだ.

☐ **absolu, absolue** **adj** 絶対の, 絶対的な

〔関連語〕☐ **absolument** **adj** 絶対的に（↔ **relativement**）,
（返事）まったくその通り

〔例〕

- C'est une bonne idée？　- Absolument.

「これグッドアイデアですか」「もちろんです」

＊この副詞は1語で Oui. の強調として使われ, 逆に「いいえ, 全然」「とんでもない」などと Non. を強く打ち消す感覚で返事をするなら Absolument pas. という. なお, フランス語の副詞語尾 -ment はラテン語の「精神」mens に由来するもので, absolument なら「絶対の"精神で"」がそもそもの意味. ちなみに, 英語の副詞を作る接尾辞 -ly は「〜のような体」「形が似ている」というゲルマン祖語の lika に由来する.

112

32

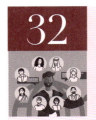

dirigeant リーダー にとって **intelligence** 知性 がもっとも重要な資質だと **considérer** 考える 人たちがいます。おおむねこの **point de vue** 見解 に賛成ですが、今日の **globalisé** グローバル化した世界では、広い **interculturel** 異文化間の **compréhension** 理解 といった他の **trait** 特性 も同じく価値があるものだと私は考えます。

Certains **considèrent** que l'**intelligence** est la qualité la plus importante pour un **dirigeant**. Je suis généralement d'accord avec ce **point de vue**, mais je pense que dans le monde **globalisé** d'aujourd'hui, d'autres **traits** de caractère tels qu'une large **compréhension interculturelle** sont également précieux.

166

Je c_____ qu'elle a raison, à en juger par ses remarques dignes.
毅然とした発言からして、私は彼女が正しいと思う。

☐ **considérer** **vt** （多様な角度から）考慮する（= **examiner**）、
考える、検討する　*considère*

別例

Avant de prendre une décision importante, il faut considérer la situation sous tous ses aspects.
「重要な決定を下す前に、あらゆる角度から状況を検討してみる必要がある」

関連語 ☐ **considération** **nf** 考慮、配慮、（動機となる）考え

113

例

Merci beaucoup pour votre considération.
「ご検討のほどよろしくお願いします」

167

L'**i**_____ artificielle a clairement changé nos vies.

人工知能（AI）は明らかに私たちの生活を変えた.

☐ **intelligence nf** 知能, 知性

関連語 ☐ **intelligent**, **intelligente adj** 頭がいい（↔ **bête**, **stupide**）,
理解力がある

例

Mon frère est intelligent en affaires.
「兄（弟）はビジネスの才がある」

☐ **intellectuel**, **intellectuelle adj** 知的な, 知性的な

例

À mon avis, le travail intellectuel ne doit pas être opposé au travail manuel.
「頭脳労働が肉体労働の反意とされるべきではないと思います」

＊ intelligent(e) は「生まれもった知能の高さ, 理解力」を指し, intellectuel(le) は「教育
などによって培われた知性, 知的なものへの興味」を形容する語. 「知識や経験に裏打
ちされ判断が賢明」な sage（**例** prendre une sage décision「賢い決定を下す」）
を, 「資質や成果が卓越している」なら brillant(e)（**例** un brillant scientifique「非
常に優秀な科学者」）を, 「知的・芸術的な面などで優れている」のなら remarquable
（**例** un pianiste de jazz remarquable「傑出したジャズピアニスト」）といった語
を用いる.

168

Les **d**_____ japonais et chinois ont fait des efforts pour reprendre le dialogue.

日中のリーダーは対話を再開すべく努力した.

☐ **dirigeant**, **dirigeante n** 指導者, リーダー

関連語 ☐ **diriger vt** / **se diriger vp** 指導する, 向かって進む,
（乗り物を）操縦する

114

> 例

diriger une équipe de football
「サッカーチームの監督をする」

Un yacht se dirige lentement vers le port.
「大型のヨットが港に向かってゆっくりと進んでいる」

☐ **dirigeable adj** 操縦できる

  ＊ 男性名詞として「飛行船」(＝ ballon dirigeable)の意味にもなる.

---

169 ■ ■ ■

Est-ce que vous partagez mon **p**＿＿＿＿＿？

あなたは私と同じ**考え**ですか.

☐ **point de vue nm** （特定の立場からの）観点, 見方, 考え

  ＊ partager le point de vue de *qqn* で「～と同じ見解である」の意味.

> 別例

Du point de vue scientifique, votre article n'a aucune valeur.
「学問的観点に立てば, あなたの論文は何の価値もありません」

基本語の射程
「着眼, 考え」

☐ **idée nf**

  ［心の浮かんだ］ **考え, 着想, アイデア**

  C'est une bonne **idée**.
  それはいい考えだ.

☐ **pensée nf**

  ［思考されたはっきりした］ **考え, 思考**

  Organisez vos **pensées** avant de parler.
  話す前にあなたの考えを整理してください.

☐ **opinion nf**

  ［広く一般的なあるいは自分がこう思った］
  意見, 世論

  Nos **opinions** sont basées sur des faits.
  私たちの意見は事実に基づいています.

115

□ avis nm
［個人の］意見

Quel est ton **avis** sur ce point？
この点に関して君の意見はどうですか.

□ réflexion nf
熟考，［個人に対する不愉快な］意見

Après réflexion, j'ai décidé d'annuler ma commande.
よく考えて，注文をキャンセルすることにした.

□ inspiration nf
インスピレーション，思いつき

Mon frère agit toujours selon l'inspiration du moment.
兄（弟）はいつもその場の思いつきで行動する.

---

170 ■■■

Une perspective **g**＿＿＿＿＿ est essentielle pour l'économie.

経済には**グローバル化**した視点が不可欠です.

□ **globalisé**，**globalisée** adj　グローバル化した，地球規模に広げられた

· ·

関連語 □ **globaliser** vt　グローバル化する（＝ **mondialiser**），
全体的にとらえる

□ **globalisation** nf　全体化，グローバリゼーション
（＝ **internationalisation**，**mondialisation**）

□ **global**，**globale** adj / **globaux** mpl　地球全体の（＝ **mondial**），
全体の（＝ **total** ↔ **partiel**，
local）

□ **globalement** adv　全体として，ひとまとめに（＝ **en bloc**）

□ **globe** nm　地球（＝ **le globe terrestre**），地球儀，世界

□ **globalité** nf　全体性，総体（＝ **totalité**）

171

La générosité est un **t**＿＿＿＿＿＿ de caractère important de ma mère.

おおらかさが私の母の大事な性格上の特徴です.

☐ **trait nm** 特色, (描かれた比較的短い)線, (複数で)顔立ち

> 別例

Cette jeune mannequin a des traits fins et une élégance naturelle.
「この若いモデルは端正な顔立ちと自然な優雅さを備えています」

**基本語の射程
「特色, 特性,
性格」**

☐ **trait nm**
　　人や物を特徴づける要素を指し,
　　形容詞（相当語）を伴うケースが大半.

　　Votre sens de l'humour est votre meilleur **trait**.
　　ユーモアのセンスはあなたの最大の特色です.

☐ **caractère nm**
　　「性格」, あるいは人や物について「特徴, 特性」の意味で
　　広く使われる.

　　Mes deux filles ont des **caractères** complètement
　　différents.
　　私の二人の娘はまるで性格が違う.

　　＊ なお,「生まれつき備わった性格, 本性」には nature **nf** を,「考え方や,
　　　行動パターンを含めた人格」の意味なら personnalité **nf** を,「気質,
　　　性分」なら tempérament **nm** を用いる.

☐ **caractéristique nf**
　　主に機械などの技術的な特性を指す.

　　Une **caractéristique** du nouveau moteur est une
　　efficacité énergétique au-delà de l'imagination.
　　新型エンジンの特徴は想像を超える燃費性能です.

☐ **particularité nf**
　　物の特殊性, その具体的な説明.

　　Ce virus a la **particularité** de ne pas s'activer en
　　dessous de 10°C.
　　このウイルスは10°C以下では活性化しない特徴をもつ.

117

□ **propriété nf**

物体に固有の物理的,化学的な特徴をいう.

Les **propriétés** physiques de ce métal le rendent idéal pour construire des fusées.

この金属がもつ物理的特性はロケットを製造するのに理想的だ.

172

Peu de gens ont une bonne **c** _____ de cette formule.

この(数学の)公式をきちんと理解している人はほとんどいない.

□ **compréhension nf** 理解(力),知識(↔ **incompréhension**)

関連語 □ **comprendre vt** 理解する

例

Je ne peux pas comprendre son attitude.
「彼(彼女)の態度が腑(ふ)に落ちない」

□ **compréhensif, compréhensive adj** (他人に対して)理解のある,包容力のある
(↔ **incompréhensif**)

□ **compréhensible adj** 理解しやすい
(↔ **incompréhensible, obscur**)

例

Ses explications sont facilement compréhensibles.
「彼(彼女)の説明はとてもわかりやすい」

173

Mon domaine d'intérêt actuel est la communication **i** _____.

現在自分が関心のある分野は異文化コミュニケーション(異なる文化背景をもつ人々の間のコミュニケーション)です.

□ **interculturel, interculturelle adj** 異文化間の

別例

Les échanges interculturels sont le meilleur moyen de lutter contre l'ethnocentrisme.
「異文化交流はエスノセントリズム(自民族中心主義)と闘う最善の方法です」

118

33 SUSPENSE

フランス映画を **sous-titre** 字幕 なしで見るのはフランス語を **améliorer** 向上させる 良い方法ですが, そのためには **intensément** 徹底的に **se concentrer**（神経を）集中する 必要があります. そうなると映画の **intrigue** プロット（筋）が **ambiguë** 曖昧 になりかねず, たとえば **suspense** サスペンス 映画なら **coupable** 犯人 が誰かを見失う可能性があります. これで, はたして映画を見る価値があるでしょうか.

Regarder* des films français sans **sous-titres** est un bon moyen d'**améliorer** votre français, mais pour ce faire, vous devez vous **concentrer intensément**. Cela peut rendre l'**intrigue** du film **ambiguë**, et dans un film à **suspense**, par exemple, vous pourriez perdre de vue qui est le **coupable**. Dans ce cas, <u>vaut-il la peine de</u> regarder des films ?

▶ valoir la peine de + *inf.*「〜する価値がある」
Ce livre philosophique vaut la peine d'être lu.
この哲学書は読むに値します.

sous-titre

基本語の射程
「見る」

□ **regarder**

（意識的にちゃんと）見る

Mon mari aime bien **regarder** la télévision.
夫はテレビを見るのが好きです．

□ **voir**

見る，見てとる，（自然に）目に入る

J'**ai vu** cet accident de ski de mes yeux.
そのスキー事故をこの目で見ました．

QUESTION 09

De ces cinq stations de ski, laquelle n'est pas française ?

1. Chamonix   2. Courchevel   3. Megève
4. Saint-Moritz   5. Val d'Isère

□ **contempler**

見入る，熟視する

Elle **contemplait** le Mont Fuji avec admiration.
彼女は感嘆して富士山を眺めていた．

□ **examiner**

（検査でもするように）しげしげ見る，
（何かを発見するために）眺めまわす

Le mécanicien **a examiné** de près chaque partie de
la voiture.
整備士は車のすべてのパーツを細かに注意してみた．

□ **observer**

観察する，注視する，（行動を）じっと見ている

Observez comment il nage.
彼がどのように泳ぐかを見ていなさい．

□ **dévisager**

（じろじろと）人の顔を見る

Les passants **ont dévisagé** ma femme.
通行人たちは私の妻の顔をじろじろ見ていた．

☐ **lorgner**
横目でちらっと見る, 物欲しげに見る
Il **a lorgné** la fiche de paie de son collègue.
彼は同僚の給与明細を横目で見た(盗み見た).

174

Il était inquiet de la mauvaise traduction des **s＿＿＿＿** et il a perdu le cours du film.

彼は字幕の下手な訳が気になって映画の流れがわからなくなってしまった.

☐ **sous-titre nm** （映画の）字幕, サブタイトル
  ＊「字幕入れ, 字幕化」は sous-titrage **nm**,「字幕を入れる」という他動詞 sous-titrer もある.

▌接頭辞 sous-「下」の別例

☐ **sous-sol nm** 地階, 地下
☐ **sous-culture nf** サブカルチャー
☐ **sous-évaluation nf** 過小評価(↔ **surévaluation**, **surestimation**)
☐ **sous-vêtement nm** （多くは複数で）下着, 肌着
☐ **sous-peuplement nf** 人口過疎(↔ **surpeuplement**)
☐ **souterrain nm** 地下道

175

A＿＿＿＿ les conditions de travail est notre objectif immédiat.
労働条件を改善することがわれわれの当面の目標です.

☐ **améliorer vt / s'améliorer vp** 改善する, 向上させる, 改善される, （健康や天候が）回復する *Améliorer*

〔別例〕

Son français s'améliore de jour en jour.
「彼（彼女）のフランス語は日々上達している」

解答 **Q.09 4** ＊スイスで有数の観光・保養地.

関連語 ☐ **amélioration** **nf** 改良, 改善, 向上 (↔ **détérioration**, **démolition**)

例

Notre entreprise se consacre à l'amélioration de la qualité de nos produits.
「わが社は製品の品質向上に余念がない」

☐ **améliorable** **nf** 改良 (改善) できる, 改善すべき

176

Je dois me c＿＿＿＿＿ sur ce problème.

私はこの問題に集中して取り組まなくてはなりません.

☐ **concentrer** **vt** / **se concentrer** **vp** （精神を）集中する,
                     1箇所に集める (↔ **disperser**),
                     （一点に）集まる **concentrer**

別例

Les deux tiers de la population de la ville sont concentrés sur cette colline.
「町の人口の3分の2があの高台に集中している」

関連語 ☐ **concentration** **nf** 集中 (力), 濃縮

例

Trop de concentration dans votre travail peut affecter votre équilibre entre travail et vie personnelle.
「あまりに仕事に集中しすぎると, ワークライフバランスに影響を与える可能性があります」

177

Pendant six mois, il a étudié l'hébreu i＿＿＿＿＿ du matin au soir.

半年間, 彼は朝から晩まで徹底的にヘブライ語を学んだ.

☐ **intensément** **adv** 強烈に, 徹底的に (= **à fond**)

関連語 ☐ **intensif**, **intensive** **adj** 集中的な, 徹底した

例

lecture intensive
「精読」

J'ai reçu trois semaines de formation intensive.
「3週間の集中トレーニングを受けた」

178

L'i_____ du scénario est si compliquée que même les acteurs ne comprennent pas l'histoire.

脚本の**プロット**が複雑すぎて出演者にさえ話がわからなくなっている.

□ **intrigue** **nf** （小説や劇などの）筋, プロット, 陰謀, 策略

　別例

La politique n'est qu'une suite d'intrigues sordides pour décider qui arrivera au pouvoir.

「政治は誰が権力の座につくかを決める卑劣な陰謀の連続にすぎない」

・・・

関連語 □ **intriguer** **vt** 不審に思わせる, 気がかりにさせる

　例

Ça m'intrigue, ce qu'elle a dit quand nous nous sommes séparés.

「彼女が別れ際に口にしたことがどうにも気にかかる」

179

Son comportement est toujours **a**_____.

彼（彼女）の言動はいつも**曖昧**だ.

□ **ambigu, ambiguë** **adj** 曖昧な（↔ **clair, net**）

＊ この単語は国民教育省が2016年に導入した「新つづり字」la nouvelle orthographe では女性形を ambigüe としている.

・・・

関連語 □ **ambiguïté** **nf** 曖昧さ, 両義性, 多義性

　例

Ce rapport est encore plein d'ambiguïtés.

「このレポートはまだたくさん曖昧な点がある」

＊ 「新つづり字」では ambigüité となっている.

［語形成］ amb(i)-「あちこち」の意味で, ambiguïté は「あちこち走りまわり一向に目的地に着かない様」から. **ambition nf** 「野心, 渇望」（←ローマの公職志願者が当選の誉を得ようと歩いて投票を訴えたことから「名誉欲」→「野心」といった意味）へと広がった. **ambulance nf** 「救急車」は, そもそもは「軍隊とともに移動する"野戦病院＝移動衛生班"」のことで, 負傷兵を運ぶ車から, 負傷者や病人のために市中をあちこち走り回る車と転じた.

123

180

Avez-vous des romans à **s**_____ à recommander ?

お薦めの**サスペンス**小説はありますか.

- [ ] **suspense nm** （小説や映画などの）サスペンス
    * en suspens「宙ぶらりんの（不安定な状況）」から suspense が「不安, サスペンス（はらはらさせる場面）」の意味になる.

181

Au final, qui est le **c**_____ dans cette affaire ?

結局, この事件の**犯人**は誰なのですか.

- [ ] **coupable n** 犯人, 罪人

- 関連語 [ ] **coupable adj** 有罪の, 罪のある（↔ **innocent**）, （行動や考えが）非難すべき

    例

    L'accusé a plaidé non coupable devant le tribunal.
    「被告人は法廷で無罪を主張した」

- [ ] **culpabilité nf** 有罪, 罪状（↔ **innocence**）

    例

    sentiment de culpabilité
    「罪悪感」
    *「罪悪感を与えること, 罪悪感」を意味する culpabilisation **nf** という単語もある.

- [ ] **culpabiliser vt** 罪悪感を抱かせる
    * 自動詞ないしは代名動詞 se culpabiliser なら「罪悪感を抱く」の意味になる.

34

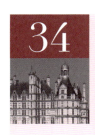

シャンボール城はフランソワ1世によって **construire** 建てられた. 彼の計画は金に糸目をつけない **audacieux** 大胆なもので, かつ **ambitieux** 野心的だった. ロワール川の流れを **détourner** 変えさせて, その川が城の前庭を **baigner** 洗うようにしたのだ. 国王の **égoïsme** エゴイズムが **étendue** どれほどのものか(大きさ), **ordinaire** 並の人間には想像もできない.

Le château de Chambord a été **construit** par François 1er. Son projet était bien **audacieux** et ambitieux, <u>sans égard pour l'argent</u>. Il a **détourné** le cours de la Loire pour que le fleuve vienne **baigner** les terrasses de son château. L'**étendue** de l'**égoïsme** du roi ne peut être imaginée par les hommes **ordinaires**.

▶ sans égard pour *qqch/qqn*「〜を考慮せずに, 〜に頓着せずに」
 (= sans considération de *qqch/qqn*)

La décision a été prise sans égard pour les oppositions.
その決定は反対意見を考慮せずに下された.

182 ■ ■ ■

Le gouvernement va **c** _____ un nouvel aéroport près de la capitale.

政府は首都近郊に新空港を建設しようとしている.

□ **construire** **vt** 建てる(＝ **bâtir**),製造する *construire*

　別例

Ils vont faire construire une maison à la campagne.
「彼らは田舎に家を建てようとしている」

基本語の射程 | □ **construire**

[広く一般に] 建てる,製造する **nf** *construction*

On **a construit** de nombreuses usines dans cette zone.
この地区にはたくさんの工場が建設された.

＊「[巨大な建造物を]建造する」édifier(　**例**　édifier un palais「宮
殿を建立する」)とか,「[記念碑や像など垂直に]建立する」ériger
(　**例**　ériger un monument「記念碑を建てる」)といった動詞もある.

QUESTION 10

**Quatre villes françaises et l'un de leurs monuments
célèbres.**

1. Avignon　2. Marseille　3. Nîmes　4. Paris

a. La Maison carrée　b. Le Louvre　c. Le Palais des Papes
d. Notre-Dame de la Garde

□ **bâtir**

建てる,建設する **nm** *bâtiment*

Il s'est fait **bâtir** une maison en bois au bord du lac.
彼は湖畔にログハウスを建てた.

＊ construire よりも改まった単語.

□ **détruire**

破壊する **nf** *déstruction*

Le village **a été détruit** par l'inondation.
その村は洪水で壊滅した.

＊「(建物・街などを) 取り壊す,解体する」は démolir という.

126

関連語 ☐ **constructif, constructive adj** 建設的な, 積極的な

例

Le meeting de ce matin a été très constructif.
「今朝のミーティングはとても建設的だった」

☐ **construction nf** 建築, 建設, 建造物

例

La construction de ce pont a pris trois ans.
「この橋の建設には3年かかりました」

基本語の射程
「建物」

☐ **construction nf**
（家屋だけでなく橋やダムなども含めた）建造物

Cette ville possède de très belles **constructions** : églises, palais, ponts etc.
この都市は教会, 宮殿, 橋などとても美しい建造物を有している.

☐ **bâtiment nm**
（広く一般的に）建物, 建造物, ビルディング

C'est un **bâtiment** traditionnel à Dijon.
これはディジョンの伝統的な建物です.

☐ **édifice nm**
（記念建造物など外観が壮観で大きくて立派な）大建造物

Cette tour est l'un des **édifices** les plus importants du département.
この塔は県内有数の重要建造物のひとつだ.

* tour **nf** が「高層ビル」を指すこともある（ *例* la tour Monparnasse「モンパルナスタワー」）.

☐ **immeuble nm**
（居住用マンション, あるいはオフィスと共用の）ビル

Un **immeuble** de bureaux sera construit dans ce grand terrain vacant.
この広い空き地にはオフィスビルの建築が予定されています.

解答 **Q.10** 1. c 2. d 3. a 4. b

☐ **gratte-ciel nm**

高層ビル

Mon passe-temps est de photographier des **gratte-ciel** avec des drones.

ドローンを使って高層ビルを撮影するのが趣味です.

＊「高層ビル」は専門用語で immeuble de grande hauteur (I.G.H.) だが, 日常的には tour と呼ぶことが多い.

☐ **architecture nf**

建築, 建築学

Je m'intéresse à l'**architecture** gothique.

ゴシック建築に興味があります.

---

183 ◼◻◻

Votre projet d'abandonner le poste de président et de devenir pêcheur est extrêmement **a_____**.

社長職を投げうって漁師になるというあなたの計画は極めて大胆です.

☐ **audacieux, audacieuse adj** 大胆な, 斬新な (= **peureux**)

関連語 ☐ **audace nf** 大胆, 厚かましさ (= **hardiesse, aplomb**)

例

Cette entreprise était pleine d'audace.

「この企ては実に大胆だ」

＊ Cette entreprise était très audacieuse. としても同義.

---

184 ◼◻◻

Il s'est fixé un objectif aussi **a_____** parce qu'il voulait motiver ses élèves.

学生たちのやる気を引き出したかったので, 彼はこうした野心的な目標を設定しました.

☐ **ambitieux, ambitieuse adj** 野心的な, 大げさな

関連語 ☐ **ambition nf** 野心, 野望, (強い) 願望

例

Son ambition est de devenir un musicien célèbre.

「彼の野心は有名なミュージシャンになることだ」

185

On a **d** _____ la rivière pour que les rizières puissent avoir de l'eau.

稲田に水が入るように，川の流れる方向を**変えた**.

☐ **détourner vt / se détourner vp** （方向や向きなどを）変えさせる，方向（進路）
を変える，顔をそむける **détourné**

関連語 ☐ **détour nm** 回り道，迂回（↔ **raccourci**）

例

J'ai fait un petit détour pour conduire mon mari à son bureau.
「私は少し回り道して夫をオフィスまで車で送りました」

186

La mer **b** _____ doucement la côte.

海が岸辺をやさしく**洗っている**.

☐ **baigner vt vi / se baigner vp** 入浴させる，（海水や川などが）打ち寄せる，
（**dans** に）浸る，泳ぐ **baigne**

別例

Il est interdit de se baigner sur cette plage.
「この浜辺での遊泳は禁止されている」

QUESTION 11

Parmi ces cinq villes, laquelle n'a pas de plage ?

1. Cannes   2. Biarritz   3. Les Sables d'Olonne   4. Le Touquet   5. Nancy

関連語 ☐ **baignoire nf** バスタブ，浴槽

例

Tu peux nettoyer la baignoire, s'il te plaît ?
「浴槽をきれいにしてもらえる」

＊「浴槽」に関連して「（浴槽の）栓，流し口」は bonde **nf**，「バスマット」は tapis de bain
nm，「入浴する」なら prendre un bain という.

解答 **Q.11** 5

187

Levant les yeux, il y avait une vaste é_____ de ciel bleu clair.

見上げるとそこには青く澄んだ広大な空の広がりがあった．

☐ **étendue** **nf** 広がり, 範囲, 大きさ

関連語 ☐ **étendre** **vt** / **s'étendre** **vp** 広げる (= **élargir**), 広がる, 横になる

Au pied de la montagne s'étend une vaste forêt.
「その山の麓には広大な森が広がっている」
* こぼれて「広がる」感覚なら se répandre を用いる (例 L'encre s'est répandue sur le bureau.「インクが机に広がった」).

188

Je ne supporte pas votre é_____.

あなたの利己主義には耐えられません．

☐ **égoïsme** **nm** 利己主義, エゴイズム (↔ **altruisme**)

関連語 ☐ **égoïste** **adj** **n** (人や態度などが)利己的な, 自分勝手な, 利己主義の人

189

Le discours du politicien était très o_____.

その政治家の演説は実に月並みだった．

☐ **ordinaire** **adj** 普通の, ありふれた (↔ **extraordinaire**, **supérieur**)

基本語の射程
形容詞
「普通の」

☐ ordinaire

「平凡な, ありふれた」という意味

Elle était habillée pour la fête mais lui portait toujours ses vêtements **ordinaires**.
彼女はパーティーのためにドレスアップしていましたが, 彼は相変わらずいつも通りの服のままだった.

＊ この lui は文頭で3人称男性 (il) の意味.

☐ habituel, habituelle

「日常的な, 慣習的な」.
経験的によくある事柄に対して「普通は」の意味.

La chaleur d'aujourd'hui est **habituelle** pour le mois d'août.
今日の暑さは8月並みです.

☐ général, générale

「概して, 一般的に, 多くの人に当てはまる」
という意味.

L'opinion **générale** est d'accord avec le gouvernement.
世論（一般の意見）は政府に賛成です.

☐ normal, normale

ルールなどから外れていない,
「普通の, 標準の」を意味する.

J'entends un bruit étrange dans le garage ; ce n'est pas **normal**.
ガレージで妙な音が聞こえます, 普通じゃありません.

- -

関連語 ☐ **ordinaire** nm 普通の状態（水準）, 月並み

例

Les capacités de votre fille sont loin d'être ordinaires.
「あなたの娘さんの能力は非凡です」

☐ ordinairement adv ふだんは, 普通は（＝ généralement）

例

Ordinairement, je suis chez moi le week-end.
「ふだん, 週末は家にいます」

131

35

お気に入りのレストランは，自分が **natal** 生まれた 町にある **chic** おしゃれな イタリアンレストラン Superbo です．すばらしい料理と **attentionné** 配慮の行き届いた サービスを提供してくれます．たとえば，地元の新鮮な **ingrédient** 食材 を使った **authentique** 本格的な 料理を **raisonnable** リーズナブルな 価格で提供してくれます．その上，スタッフはフレンドリーで **poli** 礼儀正しく，いつでも私のニーズに応えようとする並々ならぬ **disposé** 気構え でいてくれるのです．

Mon restaurant préféré est le *Superbo*, un restaurant italien **chic** dans ma ville **natale**. On y offre une excellente cuisine et un service **attentionné**. Par exemple, on y propose toujours des plats **authentiques** à base d'**ingrédients** frais locaux à un prix très **raisonnable**. De plus, les membres du personnel sont sympathiques et **polis** : ils sont plus que **disposés** à répondre à mes besoins à tout moment.

---

190 ☐☐☐

Cette robe noire c_____ lui va très bien.

彼女にはこのシックな黒のドレスがよく似合う．

☐ **chic**（男女同形）（複数形は **chic, chics**） **adj** （人や洋服などが）粋な，洗練された，（物事が）すばらしい

* 見出し語は，流行を追った少々派手な服装でも使われる「おしゃれな」，その「おしゃれ」が「品がよく洗練されている，エレガントな」なら élégant(e) を用いる．bien habillé(e) は「エレガントな」の類義であるとともに，「晴れ着を着ているおしゃれ」という意味合いでも使われる単語．

191

Les travailleurs immigrés n'oublient jamais leur pays **n**_____.

移民労働者たちはけっして**生まれ**故郷を忘れない.

□ **natal, natale adj** / **natals mpl**　生まれた, 生まれた場所の
　　* 男性形複数は ~~nataux~~ とはならないので注意したい.

　　関連語 □ **natalité nf**　出生数, 出生率(= **taux de natalité**)

　　　　　 □ **prénatal, prénatale adj**　産前の
　　　　　　　 例
　　　　　　　 Les femmes enceintes passent des examens prénatals.
　　　　　　　 「妊婦は出生前診断を受ける」

192

Cette infirmière en chef est vraiment **a**_____ envers ses patients.

あの婦長さんは患者に対して実に**思いやりがある**.

□ **attentionné, attentionnée adj**　思いやりのある, 親切な

　　関連語 □ **attention nf**　注意(力), (多くは複数で)思いやり, 心遣い
　　　　　　 例
　　　　　　 Mon fiancé a toujours des attentions délicates pour mes parents.
　　　　　　 「婚約者はいつも私の両親に細やかな心遣いをしてくれる」

193

On peut se demander si la photo prise par le drone est **a**_____.

ドローンで撮られた写真が**本物**であるかは疑わしい.

□ **authentique adj**　正真正銘の, 本物の(= **sincère** ↔ **faux**)

　　関連語 □ **authenticité nf**　本物であること, 真実性

> **例**
> La maison d'enchère doit vérifier l'authenticité de cette lettre de Winston Churchill avant de la vendre.
> 「オークションハウス（オークションを行なう会社）は売却前にウィンストン・チャーチルからの手紙が本物であることを証明しなければならない」
> * 形容詞を用いて La maison d'enchère doit vérifier que cette lettre de Winston Churchill est authentique avant de la vendre と書き換えられる.

---

194 ■ ■ ■

Savez-vous quels types d'i_____ sont utilisés pour ce plat ?

この料理がどんな**食材**を使っているかお分かりですか.

☐ **ingrédient nm** （食品や薬の）原料, 成分, 要素

---

195 ■ ■ ■

Il n'est pas **r**_____ de tousser autant et de ne pas porter de masque.

そんなに咳き込んでマスクをしていないなんて**分別**がない.

☐ **raisonnable adj** 理性的な, 思慮分別のある（↔ **déraisonnable**, **insensé**）, （価格が）ほどほどの

> **別例**
> La cuisine est bonne et le prix est raisonnable.
> 「料理はおいしくて, 値段も手ごろです」

....

関連語 ☐ **raison nf** 理由, 理性, 思慮, 動機, 割合
> **例**
> Vous n'avez aucune raison de vous excuser.
> 「あなたが謝る理由は何もありません」

☐ **raisonnement nm** 理性の働き, （正しい結論を導く）推論
> **例**
> Ton raisonnement est faux depuis le début.
> 「君の推論は初めから間違っています」

☐ **raisonner** **vi** **vt**　推論する,（人に）言い聞かせる

▸例
Vous raisonnez mal.
「あなたの考えは間違っている」
＊ résonner「響く,反響する」は類音語（paronyme）.

196　　　　　　　　　　　　　　　　　　　　■ ■ ■

On dit souvent que les Japonais sont **p**＿＿＿＿＿ et gentils.

日本人は礼儀正しく親切だとよく言われる.

☐ **poli, polie** **adj**　礼儀正しい, 行儀のよい（= **courtois** ↔ **impoli**）

関連語 ☐ **politesse** **nf**　礼儀, 礼儀正しさ（= **courtoisie**）

☐ **poliment** **adv**　丁寧に, 礼儀正しく（= **courtoisement**）

▸例
Elle a poliment refusé l'offre d'emploi.
「彼女はその就職の口を丁重に断った」

［類義語追記］副詞「しばしば, 時々」

souvent　しばしば, よく：以下ざっくりした目安だが, 1週間のうち3〜4回程度の頻度を指す. **trop souvent** で「あまりに頻繁に」, **peu souvent** なら「たまに」の意味になる.

fréquemment　たびたび, 頻繁に：**souvent** と同頻度だがやや改まった言い方. 短期間で行動が繰り返される際に用いられることが多い.

parfois　時に, 時折：おおむね週2〜3回程度の頻度. **quelquefois** もほぼ同義. 必ずしも厳密な区別ではないが, 「時々」に規則性（定期性）が感じられるなら **de temps en temps** を用いることが多い. なお, 「規則的に」と明示するなら **régulièrement**, 「定期的に」なら **périodiquement** といった副詞が使われる.

occasionnellement　時折, 不定期に：**parfois** より頻度は下がり, 週に1度ぐらい.

135

197

Nous sommes tout **d**＿＿＿＿＿ à vous aider.

私たちはいつでも喜んでお手伝いいたします.

☐ **disposé**, **disposée adj** 配置された,
(**être disposé à** + **inf**. で)〜する気になっている

〔別例〕

Comment votre maison est-elle disposée ?
「あなたの家はどんな間取りですか」

〔関連語〕 ☐ **disposer vt vi** （順序立てて）並べる（= **arranger**）,
〜する気にさせる,（物や時間を）自由に〜できる

〔例〕

Les fleurs étaient disposées avec goût dans le petit vase.
「花が小ぶりの花瓶にセンスよく生けられていた」

Ma tante dispose de beaucoup d'argent.
「おばは大金を自由にできる」

☐ **disponible adj** （物が）自由に使える, 手があいている（↔ **occupé**）

〔例〕

Aujourd'hui, je ne suis pas disponible.
「今日は暇がありません（忙しくてお相手できかねます）」

Toutes les créatures, y compris les êtres humains, peuvent vivre sur la terre, car trois choses sont disponibles, l'air, l'eau et la terre.
「人間を含むすべての生き物は空気, 水, 土の3つが自由に手に入るので地球上で生きることができる」

☐ **disponibilité nf** 自由に処分できること,
（考え方の）自由さ（↔ **indisponibilité**）

〔例〕

Mon patron a une grande disponibilité d'esprit.
「上司はとても柔軟な精神の持ち主です」
＊ un esprit très flexible としても同義になる.

136

36

日本人の **esthétique** 美的 感覚の **racine** 根源 には自然を **respect** 尊び, **admiration** 賛美 する意識が強く存在している. 四季が **distinct** 明瞭な ので, それぞれの季節を **profiter** 活用して楽しむ 文化が生まれ育った.「旬」を味わうというのも四季の楽しみ方のひとつだ. 季節の移り変わりはどこの国にもあるが, **nourriture** 食べ物 の「旬」を意識しない人たちは多い. たとえ同じ素材でも **cuisson** 調理 法を変えて, 時を感じる. まさしく, 自然をベースに暮らしが回っているのだ.

À la **racine** du sens **esthétique** japonais, il y a un fort sentiment de **respect** et d'**admiration** pour la nature. Puisque les quatre saisons sont **distinctes**, une culture de **profiter** de chaque saison est née et s'est développée. L'une des façons de profiter des quatre saisons est de goûter la saison. Les saisons changent dans chaque pays, mais beaucoup de gens ne connaissent pas la « saison » de la **nourriture**. Même avec les mêmes ingrédients, vous pouvez changer de méthode de **cuisson** et sentir le temps. En effet, la vie tourne autour de la nature.

＊ saison には「四季」(= quatre saisons)と「旬」の意味がある.

例

Les huîtres de roche sont en saison.
岩牡蠣は今が食べ頃(旬)です.

198

Ma recherche consiste à enquêter sur les **r**_____ de la civilisation mésopotamienne.

私の研究はメソポタミア文明の根源（ルーツ）を突き詰めることです.

☐ **racine** **nf** （植物の)根, 根源, 根本

199

Le sens **e**_____ de ce romancier est de premier ordre.

この小説家の審美眼（美的感覚）は超一流だ.

☐ **esthétique** **adj** 美的な, 美容の

関連語 ☐ **esthétique** **nf** 美学, 美意識, 美容術

例
salon d'esthétique「エステティックサロン」

☐ **esthéticien, esthéticienne** **n** 美容師, エステティシャン

200

Au Japon, les gens s'inclinent pour témoigner leur **r**_____ à une autre personne.

日本では, お辞儀をして人に敬意を表します.

☐ **respect** **nm** 尊敬, 尊重（↔ **mépris, atteinte**）

別例
Je ne pense pas que cet avocat mérite le respect.
「あの弁護士は尊敬に値しないと思います」

QUESTION **12**

Laquelle des expressions suivantes n'exprime pas le respect envers quelqu'un ?

1. avoir de la vénération pour *qqn*   2. rendre hommage à *qqn/qqch*
3. tirer son chapeau à *qqn*   4. voir *qqn/qqch* d'un œil méprisant

関連語 ☐ **respecter vt** 尊敬する, 尊重する
(= **avoir du respect pour**)

☐ **respectueux, respectueuse adj** 尊敬の表れた, うやうやしい

例

Il a toujours une attitude respectueuse envers les personnes âgées.
「彼は常に年配者に対して敬意を表する態度をとっている」

☐ **respectable adj** 尊敬すべき (= **estimable, vénérable**)

---

201 ■ ■ ■

J'ai de l'**a**_____ et du respect envers toutes les femmes.

私はすべての女性に対して**賞賛**と尊敬の気持ちを抱いている.

☐ **admiration nf** 感嘆, 賞賛, 賛美

関連語 ☐ **admirer vt** 称賛する, 感心する (↔ **mépriser**)

例

Tout le monde admire le sens de la couleur du peintre.
「誰もがその画家の色彩感覚に感心します」

☐ **admirable adj** 見事な, 感嘆すべき
(= **merveilleux, remarquable**)

例

La performance du pianiste ce soir-là était divine et admirable.
「あの日の晩のピアニストの演奏は神がかっていて, 見事だった」

☐ **admirateur, admiratrice n** 賛嘆者, 崇拝者

---

202 ■ ■ ■

Elle parle d'une voix **d**_____.

彼女は**明瞭**な声で話す.

☐ **distinct, distincte adj** はっきり識別できる, 明瞭な, 異なった

解答 **Q.12** **4**「～を軽蔑の眼差しで見る」の意味.

139

関連語 ☐ **distinction** nf　区別, 差異, 気品, 栄誉

> **例**
>
> faire une distinction entre le bien et le mal
> 「善悪の区別をする」
> ＊ distinguer le bien du mal などと言い換えられる.

203　　　　　　　　　　　　　　　　　　　　　　　■ ■ ■

Vous devriez **p**＿＿＿＿＿ au maximum de votre séjour au Japon et
visiter autant d'endroits que possible.

日本滞在の機会を大いに<u>利用して</u>できるだけ多くの場所を訪問してみるべきです.

☐ **profiter** vi　（好機として **de** を）利用する, 十分に活用して楽しむ,
　　　　　　　　　　利益を得る　***profiter***

別例

À qui profite la guerre ?
「その戦争で誰が得をするのか」(← 誰も得をしない)

関連語 ☐ **profit** nm　（金銭的な）利益, 利潤, （精神的な）利点

> **例**
>
> L'an dernier notre entreprise a fait des profits substantiels.
> 「昨年, 当社は大幅な利益を上げました」
> ＊ faire profit で「利益を上げる」の意味. 見出し語は「金銭的な利益, 利得」をいう. 類義の
> avantage **nm** は「競争などで他人より自分を有利にする利点, 自分の立場を向上させ
> る利益」を指す.

☐ **profitable** adj　（**à** にとって）利益になる, 有意義な（＝ **bénefique**）

> **例**
>
> Vos conseils m'ont été très profitables.
> 「あなたのアドバイスはとてもためになりました」

204　　　　　　　　　　　　　　　　　　　　　　　■ ■ ■

Les agriculteurs des banlieues sont fiers de fournir de la **n**
à la région métropolitaine.

近郊農家の人たちは首都圏に<u>食料</u>を供給している自負があります.

☐ **nourriture** nf　食べ物, 食料

関連語 ☐ **nourrir** **vt** / **se nourrir** **vp**　食物（栄養）を与える、(精神的に)養う、
(**de** を)摂取する

例

Combien de fois par jour nourrissez-vous votre chien ?
「1日に何度犬に食事をあげますか」

☐ **nourissant, nourissante** **adj**　栄養になる、滋養のある（= **nutritif**）

☐ **nutrition** **nf**　栄養（摂取）

例

mauvaise nutrition
「栄養不足」

＊ malnutrition **nf**「栄養失調（症）、低栄養」も類義.

205　　　　　　　　　　　　　　　　　　　　　　■ ■ ■ □

Ce ragoût spécial doit demander une **c** _____ prolongée.

この特製シチューはじっくり<u>煮込む</u>必要がある。

☐ **cuisson** **nf**　焼くこと、煮ること、加熱調理

関連語 ☐ **cuire** **vt** **vt**　(食物に)火を通す、焼く、煮る、火が通る

例

Avant l'âge de pierre, les gens ne savaient pas faire cuire
le gibier.
「石器時代以前、人はジビエ(狩猟鳥獣)に火を通すことを知らなかった」

＊ この動詞は faire cuire の形で用いることが多い.

☐ **cuit, cuite** **adj**　煮えた、焼いた、火の通った（↔ **cru**）

例

Je n'aime pas la viande bien cuite.
「ウェルダンの肉(よく焼いた肉)は好きではありません」

＊ ちなみに「ステーキの焼き加減」なら店の人から Quelle cuisson, le steak, Monsieur ?
とか Comment voulez-vous votre steak ? などと打診される. 好みに応じて、À point.
「ミディアム(で)」、Saignant.「ミディアムレア(で)」(←「血の滴るような」)、Bleu.「レ
ア(で)」などと返答することになる. なお、cuisson に関して次のような動詞と温度と
のつながりがある.
　・ bouillir「沸騰する、煮る」90〜100度
　・ frire「揚げる、フライにする」120度以上
　・ braiser「(弱火で)蒸し煮にする」150〜160度
　・ poêler「蒸し焼きにする、炒める」160度程度
　・ rôtir「焼く、ローストする」200度前後

37

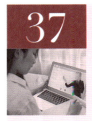

オンラインでの **apprentissage** 学習 は学生にとって **bénéfique** 有益な ものだ思います。時間や場所にとらわれることなく、学習と私生活の **équilibre** バランス を保ちつつ **flexible** 柔軟 にして **efficace** 効率的 に学べるシステムですから。しかしながら、数時間 **écran** 画面（スクリーン）の前で過ごすので、目が **fatiguer** 疲れる のは **indéniable** 否めません。

Je considère que l'**apprentissage** en ligne est **bénéfique** pour les étudiants, car le système leur permet d'étudier de manière **flexible** et **efficace**, quels que soient l'heure et le lieu, tout en maintenant un bon **équilibre** entre études et vie privée. Cependant, comme il faut passer des heures devant un **écran**, il est **indéniable** que cela **fatigue** les yeux.

▶ en ligne オンラインの（= online）、通信可能な、電話中の（= en communication）

De plus en plus de services administratifs sont disponibles en ligne.
オンラインで利用できる行政サービスがどんどん増えています。

▶ < quel(le) que + [êtreの接続法] > 「〜がどんなものであろうと、どうであろうと」

Quelle que soit leur décision, nous ferons ce qui nous semble juste.
彼らの決定がどうであれ、私たちは自分たちが正しいと思えることを行ないます。

206

La philosophie est une étude très importante pour les Français, et elle est placée au centre de leur **a**_____.

フランス人にとって哲学はとても重要な学問で, 学びの中心に据えられています.

☐ **apprentissage** **nm** 学習, 研修（期間）

QUESTION 13

Cinq philosophes français et leur siècle.

1. R. Descartes 2. M. Foucault 3. P. Leroux
4. M. de Montaigne 5. J.-J. Rousseau

a. 16e siècle b. 17e siècle c. 18e siècle d. 19e siècle e. 20e siècle

 ☐ **apprendre** **vt** 学ぶ

> Je voudrais apprendre l'anglais à partir des bases.
> 「英語を基礎から学びたい」

207

Il y a des malades auxquels, à coup sûr, l'air pur de la montagne est **b**_____.

たしかに, 山のきれいな空気がよい効果をもたらす患者がいます.

☐ **bénéfique** **adj** 有益な（= **profitable**）

＊ たとえば Il y a certainement des patients qui bénéficient de l'air pur de la montagne. といった言い換えもできる.

 ☐ **bénéficier** **vi** (**de** の)恩恵に浴する, 享受する, (**à** に)利益をもたらす

> Ce nouvel accord bénéficiera aux deux pays.
> 「この新しい合意は両国に利益をもたらすでしょう」

解答 **Q.13** 1. b 2. e 3. d 4. a 5. c

□ **bénéfice nm** 恩恵, 恩典, 利点 (= **avantage**), 利益

例

bénéfices économiques
「経済的利益」

□ **bénéficiaire adj** （融資や寄付金などを）受けている, 利益を生む

例

étudiant bénéficiaire d'une bourse
「奨学生」

208

Le magasin offre un service **f**_____ selon les besoins des clients.

その店は客の要求に応じて柔軟なサービスを提供する.

□ **flexible adj** 柔軟な, 柔軟性のある (↔ **rigide**)

別例

système d'horaires flexibles
「フレックスタイム制」

関連語 □ **flexibilité nf** しなやかさ, （性格などの）柔軟性 (= **malléabilité**)

209

Ce médicament est **e**_____ contre la grippe.

この薬はインフルエンザに効果的だ.

□ **efficace adj** （物が）有効な, 効き目のある, （人が）有能な (↔ **inefficace**)

別例

On se demande si cette nouvelle mesure sera efficace.
「この新たな対策が効果があるかは疑問だ」

関連語 □ **efficacité nf** 有効性, 効能 (↔ **inefficacité**)

例

Je ne crois pas à l'efficacité de ce vaccin.
「このワクチンが効くとは思えません」

＊ Je ne crois pas que ce vaccin soit efficace. と書き換えられる.

210

Mon mari arrive à un **é**_____ entre son travail, notre famille et ses loisirs.

夫は仕事, 家族, レジャーのバランスが取れている.

☐ **équilibre nm** バランス, 釣り合い (↔ **déséquilibre**)

別例

Ma fille a perdu l'équilibre et est tombée.
「娘はバランスを失って倒れた」

* 見出し語は「(身体, 物体, 事柄の) 平衡, (精神的な) バランス」をいう. 類義の balance **nf** は「(経済的, 政治的な) 平衡」を指すことが多い.

関連語 ☐ **équilibrer vt** バランスをとる

例

Pour équilibrer les deux plateaux de la balance, il faut ajouter un poids.
「天秤の両方のスケール (秤量皿) のバランスをとるには, おもりを追加する必要があります」

☐ **équilibré, équilibrée adj** バランスの取れた

例

une alimentation équilibrée
「バランスのとれた食事」

* un régime équilibré も同義.

211

Ce smartphone a un grand **é**_____ et est facile à utiliser.

このスマホは画面が大きくて使いやすい.

☐ **écran nm** (映画・スライドなどの) スクリーン, (パソコンなどの) 画面, ディスプレイ

パソコン関連語(周辺機器)

□ **ordinateur** nm パソコン, コンピュータ

□ **souris** nf マウス

□ **clavier** nm キーボード

□ **touche** nf キー
＊ appuyer sur la touche retour リターンキーを押す.

□ **disque dur** nm ハードディスク

□ **scanner** nm スキャナー

□ **clé USB** nf USBキー(メモリ)

□ **imprimante** nf プリンター
＊ une cartouche d'encre インクカートリッジ

□ **photocopieuse** nf コピー機

□ **logiciel** nm ソフトウェア

212

Il est **i_____** que la vie dans cette région montagneuse n'est pas facile.

この山岳地帯での暮らしが楽でないのは明らかです.

□ **indéniable adj** 否定できない, 明白な
(= **incontestable**, **indiscutable**)

例

Un couteau ensanglanté est une preuve indéniable.
「血のついたナイフが否定できない証拠品だ」

関連語 □ **indéniablement adv** 否定しがたく, 明らかに
(= **incontestablement**)

213

Cette musique bruyante me **f_____**.

このうるさい音楽にはうんざりだ.

□ **fatiguer vt / se fatiguer vp** 疲れさせる (= **épuiser**),
うんざりさせる (= **ennuyer**), 疲れる,
むきになる *fatigue*

例

Ma mère est âgée, elle se fatigue vite.
「母は高齢ですぐに疲れます」

関連語 □ **fatigué, fatiguée adj** 疲れる, 飽きる, うんざりする

例

Ce soir, je suis trop fatigué(e) pour faire à manger !
「今夜は疲れすぎていて食事を作れないよ」

＊ fatigué(e) よりさらに「疲れる」なら épuisé(e) を使い,「疲れ切った, 疲労困憊した」なら exténué(e), †harassé(e) といった形容詞を使う.

□ **fatigant, fatigante adj** 疲れさせる, うんざりな

例

Déménager est une activité fatigante.
「引越しはくたびれる作業だ」

38

外国人が日本文化を知るには,「わび」「さび」の精神を感じとることが必要なようです.「わび」は,たとえば「俳句」や「茶道」を通じて物静かな状態を **chérir** いつくしむことを意味し,「さび」は,芸術の **domaine** 域に達した **raffiné** 洗練された **simplifié** 簡素な **tranquillité** 静けさに **référence** 準ずるものです.一言で言えば,どちらも「静寂」の世界へといざなう日本的な **unique** 独自の美意識というわけです.

Il semble que les étrangers aient besoin de **ressentir** l'esprit du « wabi » et du « sabi » pour connaître la culture japonaise. « Wabi » signifie **chérir** un état calme, <u>à travers</u> les « haïku » ou la « cérémonie du thé » par exemple, et « sabi » fait **référence** à une **tranquillité raffinée** et **simplifiée** qui a atteint le **domaine** de l'art. <u>En un mot</u>, les deux sont des esthétiques japonaises **uniques** qui vous invitent dans le monde du « silence ».

▶ à travers *qqch*「〜を介して,通じて」

Cet article académique ne passe pas par la procédure de clarification du problème à travers les données.
この学術論文はデータを通じて問題点を明らかにする手続きを踏んでいない.

▶ en un mot (comme en cent) 一言で言えば,要するに(= bref, en bref)

En un mot, c'était un travail qui n'était pas pour moi.
一言で言えば,私には向かない仕事でした.

214

Pouvez-vous me dire ce que vous avez **r**_____ pendant le tsunami ?

津波の際にどんなことを感じたか教えてもらえますか.

☐ **ressentir vt** （強く）感じる, 感じとる,（感覚・感情を）覚える *ressenti*

別例

Nous ressentons de la sympathie pour elle.

「私たちは彼女に好感をもっている」

関連語 ☐ **ressentiment nm** 恨み, 遺恨（↔ **amitié**）

215

Le Dr Makino, un botaniste japonais, a passé sa vie à **c**_____ les plantes.

日本の植物学者牧野博士は植物をいつくしむ人生を送った.

☐ **chérir vt** 〜を深く愛する, 大切にする, 〜にこだわる *chérir*

関連語 ☐ **chéri, chérie adj** いとしい, 最愛の

例

L'année dernière, ma femme chérie est décédée.

「昨年, 愛妻が身罷った」

216

Tout ce qui fait **r**_____ aux données de baseball se trouve dans ce livre.

野球データにかかわるすべてがこの本の中にあります.

☐ **référence nf** 参照, 参考文献, 準拠

＊ faire référence à *qqch/qqn* で「〜を参照する, 〜に言及する, 〜にかかわる」と言う熟語（＝ se référer à *qqch/qqn*）.

別例

Il a oublié d'écrire les références de son article.

「彼は論文の参考文献を書くのを忘れた」

＊「参考文献」は un ouvrage de référence ともいう.

217

Après le tremblement de terre, la ville a retrouvé son calme et sa
t_____.

地震の後，町は平静を取り戻した.

☐ **tranquillité** **nf** 静けさ，平静（= **sérénité**），安心

〔関連語〕 ☐ **tranquille** **adj** 静かな，平静な（= **calme**），おとなしい（= **sage**），
安心した（↔ **inquiet**）

〔例〕
Laissez-moi tranquille !
「私にかまわないで（そっとしておいて）」

☐ **tranquillement** **adv** 静かに，落ち着いて
（= **calmement**, **paisiblement**）

〔例〕
Ici on ne peut pas discuter tranquillement.
「ここは落ち着いて話ができません」

218

Ses manières **r_____** ont attiré l'attention des juges.

彼（彼女）の洗練された物腰が審査員たちの注目を浴びた.

☐ **raffiné**, **raffinée** **adj** 洗練された，（石油や砂糖などが）精製された

〔関連語〕 ☐ **raffiner** **vt** （言葉遣いや物腰などの）洗練する，
（石油や砂糖などを）精製する

〔例〕
On obtient l'essence en raffinant le pétrole brut.
「ガソリンは原油を精製して得られる」

☐ **raffinement** **nm** （言葉遣いや物腰などの）洗練

☐ **raffinage** **nm** （石油や砂糖などの）精製

☐ **raffinerie** **nf** 製油所（= **raffinerie de pétrole**），
（砂糖などの）精製工場

219

Il est parfois important de **s** _____ un problème.

ときに問題を単純化することが大切だ.

☐ **simplifier vt** 単純にする, 簡略化する(↔ **compliquer**) *simplifier*

別例

simplifier une fraction
「(分数を)約分する」

関連語 ☐ **simplification nf** 単純化, 簡略化(↔ **complication**)

☐ **simplifiable adj** 単純化(簡略化)できる

☐ **simple adj** 単純な, 簡単な, 謙虚な, 素朴な, 飾り気のない,
(名詞の前で)単なる

例

Cette question n'est pas aussi simple que vous le pensez.
「この問題はあなたが考えているような単純なものではありません」

☐ **simplement adv** 単純に, 簡単に, ただ〜だけ

例

Beaucoup de gens travaillent simplement pour l'argent.
「ただお金のためだけに働いている人が大勢いる」

☐ **simplicité nf** 単純さ, 平明さ(↔ **complication**)

220

J'ai l'impression que le professeur s'y connaît bien dans tous les
d _____.

その教授はあらゆる領域に精通している印象がある.

☐ **domaine nm** (専門)分野, 領域, 所有地

別例

Ce n'est pas (de) mon domaine.
「これは私の領分(出る幕)ではない」

151

221

Les vues depuis ce sommet sont **u**＿＿＿＿＿ au monde.

この山頂からの景色は<u>比類のない</u>ものだ.

☐ **unique** **adj** 唯一の, 独特の, 独自の, 比類のない

別例

C'est une occasion unique.
「これが唯一のチャンスだ」

基本語の射程
「独特な」

☐ **unique**
　　ただ一つのという意味で「独特な」
　　(= **exceptionnel** ↔ **banal**, **répandu**)
　　une construction **unique** au monde
　　他に例を見ない独特の建築物

☐ **particulier**, **particulière**
　　人や場所に特異なという意味で「独特な」
　　le vin **particulier** du Jura
　　ジュラ地方独特のワイン

☐ **caractéristique**
　　特徴があるという意味から「独特な」
　　le style **caractéristique** de Proust
　　プルースト独特の文体

☐ **propre**
　　固有のという意味から「独特な」
　　le bleu qui est **propre** à Picasso
　　ピカソ独特の青

☐ **original**, **originale**
　　独創的な, 個性的なという意味で「独特な」
　　un artiste **original**
　　独特(ユニーク)な芸術家

152

39

フランスで勉学に励んでいた頃,自分が **loger** 入っていた 学生 **résidence** 寮 はパリの **principal** 主要な **touristique** 観光 地の中心にありました. 凱旋門, エッフェル塔, シャンゼリゼ, コンコルド広場, ルーブル美術館はすべて徒歩で **accessible** アクセスでき たのです. ただ, 当時は文学研究のことしか考えていなかったので, 大学と図書館の **aller-retour** 往復 で時間を過ごしていました. 今になって, もっと「**impur** 不純な 」**motif** 動機 で留学する **latitude** 心の余裕 がなかったことを悔いています.

Quand j'étudiais dur en France, la **résidence** universitaire dans laquelle je **logeais** était en plein milieu de la **principale** zone **touristique** de Paris. L'Arc de Triomphe, la Tour Eiffel, les Champs Elysées, la Place de la Concorde et le Musée du Louvre étaient tous **accessibles** à pied. Cependant, à ce moment-là, je ne pensais qu'à mes études littéraires, alors j'ai passé mon temps à faire des **allers-retours** entre l'université et la bibliothèque. Je regrette maintenant de ne pas avoir eu la **latitude** d'étudier à l'étranger avec un motif plus « **impur** ».

222

Pourquoi avez-vous choisi de vivre dans une **r**_____ universitaire ?

どうしてあなたは学生寮での暮らしを選んだのですか.

☐ **résidence** nf　住居, 居住(地), 邸宅

　　＊ une résidence universitaire「(団地タイプの)学生寮」をいう.

別例

La résidence de l'ambassadeur de France est-elle ouverte au public ?

「フランス大使館公邸は一般公開されていますか」

基本語の射程
「家, 住居」

☐ **résidence** nf
　　　　　　住居, 高級マンション

Ma tante va presque tous les week-ends dans sa
résidence secondaire.

おばはほぼ毎週末には別荘(セカンドハウス)に行く.

＊ résidence secondaire は「別荘, セカンドハウス」のこと.

☐ **maison** nf
　　　　　家

Cette **maison** est vieille de 150 ans.

この家は築150年の古さです.

＊ Cette maison a 150 ans. も類義で「築150年です」となる.「一戸建ての
　　家」とはっきりさせるために une maison individuelle といった言い方
　　をすることもある.

☐ **appartement** nm
　　　　　　　(一室)アパルトマン, マンション

Nous cherchons un **appartement** en centre-ville.

町の中心街にあるマンションを探しています.

＊「3部屋のアパルトマン」なら un appartement de trois pièces あるい
　　は単に un trois(-)pièces という. 建物全体を言うなら un immeuble を
　　使う.

154

□ studio **nm**

ワンルームマンション, アトリエ, スタジオ

Mon **studio** fait 28 mètres carrés.

うちのワンルームマンションは28平方メートルです.

□ pavillon **nm**

(郊外の小さな庭つきの)一戸建て

À Lyon, j'ai loué un **pavillon** de banlieue pendant six mois.

リヨンでは, 半年間, 郊外の一戸建てを借りていました.

＊ 見出し語は日常会話では「家」や「別荘」の意味でも使われる.

□ logement **nm**

住宅, 住まい

Les problèmes de **logement** sont assez graves dans cette région.

この地域は住宅問題がかなり深刻です.

□ habitation **nf**

居住, 住居, 住宅

Mon assurance **habitation** coûte cher.

うちの住宅保険は高額です.

関連語 □ **résidentiel, résidentielle adj** 高級住宅の

例
Elle habite dans un quartier résidentiel.
「彼女は高級住宅街に住んでいる」

□ **résider vi** (改まった言い方)居住する(＝ **habiter, demeurer**)

例
Où est-ce que vous résidiez avant d'habiter dans ce quartier ?
「この地区に住む前はどこに居住していましたか」

155

223

Tu vas l_____ à quel hôtel ?

どのホテルに泊まるつもりなの.

☐ **loger** **vi** **vt** （仮の住まいに短期間滞在する）住む, 泊まる, （人を）泊める *loger*

　別例

Cette auberge de jeunesse peut loger 100 personnes.
「このユースホステルは100人宿泊できる」

関連語 ☐ **logement** **nm** 住むこと, 住宅, 宿泊施設（= **hébergement**）

　　　　例

la nourriture, les vêtements et le logement
「衣食住」

＊ これは不動の順番というわけはないが, 仏語では「食衣住」の順番に並べることが
多い.

224

Sa p_____ source de revenu est sa pension de retraite.

彼（彼女）の主たる収入は年金です.

☐ **principal, principale** **adj** / **principaux** **mpl** 主な, 主要な

　別例

Les deux principaux jeux de société au Japon sont le shogi et le go.
「日本の主だった２つのボードゲームは将棋と碁です」

関連語 ☐ **principalement** **adv** 主として, 主に

　　　　例

La fortune de mon père consiste principalement en livres.
「父の財産は主として本からなっている」

225

Paris est la ville t_____ la plus populaire du monde.

パリは世界で最も人気の観光都市だ.

☐ **touristique** **adj** 観光の

156

関連語 □ **touriste** **n** 観光客

例
Elle n'est pas à Londres en touriste mais pour affaires.
「彼女がロンドンに来たのは観光ではなくビジネスです」

□ **tourisme** **nm** 観光, 観光旅行

例
agence de tourisme
「旅行会社, 旅行代理店」
＊「観光する」faire du tourisme,「観光協会, 観光局」office du tourisme なども基本表現, 基本単語.

226

L'île est **a**_____ uniquement par bateau.

その島には船でしか行けない（船だけが近づける）.

□ **accessible** **adj** 接近できる, 近づきやすい, 入手可能な

関連語 □ **accès** **nm** アクセス, (場所への)接近, 連絡通路

例
Chaque étudiant a accès à la bibliothèque.
「学生は誰でも図書館を利用できます」
＊ アクセスは「場所や設備に近づいて利用すること」をいう.

Il y a un accès pour les fauteuils roulants ?
「車椅子用の通路はありますか」

227

Un **a**_____ pour Strasbourg, s'il vous plaît.

ストラスブールまでの往復をください.

□ **aller-retour** **nm** 往復切符, 行き来
＊「片道切符」なら un aller simple という.

228

Je lui ai laissé une certaine **l**＿＿＿＿ dans le traitement de l'affaire.

私は彼にその件の処理にある程度の**自由裁量**を与えた.

☐ **latitude nf** （行動などの）自由の幅（＝ **liberté**）,
（心の）ゆとり, 緯度（↔ **longitude**）

〔別例〕

L'aéroport de Paris-Charles-de-Gaulle (CDG) est situé à 49 degrés de latitude nord.

「パリ＝シャルル・ド・ゴール空港は北緯49度に位置している」

229

La police enquête sur le **m**＿＿＿＿ de l'infraction.

警察は犯行の**動機**を調べている.

☐ **motif nm** 動機, 理由, （芸術作品の）主題, モチーフ

＊ motivation **nf** が主に「積極的・肯定的な動機づけ, やる気」を意味する（〔例〕 Elle ne manque pas de motivation pour apprendre l'anglais.「彼女は英語を学ぶモチベーションを欠いているわけではありません」）. 対して, 見出し語は「隠れた動機, マイナスを引き起こす理由」を指すことが多い.

230

Un rubis de cette taille, même **i**＿＿＿＿,

peut vous rapporter plusieurs milliers d'euros.

このサイズのルビーならたとえ**濁り**があっても数千ユーロの価値がある.

☐ **impur**, **impure adj** 不純な（↔ **pur**）, 濁った

〔関連語〕 ☐ **impureté nf** 不純さ（＝ **contamination**）, 濁り（↔ **pureté**）,
（複数で）不純物

〔例〕

L'impureté de l'eau de la rivière est un grand problème.

「その川の水の汚れは大きな問題だ」

40

西洋では, 白は **paix** 平和 の象徴で, 通常, 白旗は戦争でもはや **se battre** 戦う **volonté** 意志 がないことを **indiquer** 示す ために使用された. 日本がこの西洋の伝統を知ったのはアメリカのマシュー・カルブレイス・ペリー提督が黒 **navire** 船 で来航し, 1853年7月8日, 日本との外交および通商関係を開始したときだった. ペリーは書簡に添えて江戸幕府へ白旗を **livrer** 届けた と言われている. そこには, 日本は米国を **vaincre** 打ち負かす ことができなかったのだから, 開国せよとする米国の **exigence** 要求 に **céder** 屈した ことを示すために自ら白旗を使用すべしと説明があったとのこと.

* commodore **nm** 提督, (アメリカの)准将

En Occident, le blanc est un symbole de **paix** et un drapeau blanc était généralement utilisé à la guerre pour **indiquer** que l'on n'avait plus la **volonté** de **se battre**. Le Japon a découvert cette tradition occidentale lorsque le commodore américain Matthew Calbraith Perry est venu au Japon avec ses **navires** noirs pour ouvrir des relations diplomatiques et commerciales avec le Japon le 8 juillet 1853. On dit qu'il a **livré** un drapeau blanc au gouvernement d'Edo avec une lettre dans laquelle il expliquait que, puisque le Japon ne pouvait pas **vaincre** les États-Unis, le drapeau blanc devrait être utilisé par le Japon pour montrer qu'il **cédait** aux **exigences** américaines d'ouvrir le pays.

231

On dit que la **p**_____ et la santé ne peuvent être appréciées qu'après avoir été perdues.

平和と健康はなくした後になってそのありがたみがわかると言われる.

☐ **paix** **nf** 平和(↔ **guerre**), (場所の)静けさ, (心の)安らぎ

別例

Depuis sa retraite, mon père vit en paix.

「退職してから, 父は静かに暮らしている」

∗ vivre en paix で「静かに(仲良く)暮らす」の意味(= mener une vie tranquille).

Les deux pays ont signé un accord de paix.

「両国は和平協定に調印した」

232

Veuillez **i**_____ sur la carte où nous nous trouvons actuellement.

私たちが今いる場所はどこなのか地図上で教えてください.

☐ **indiquer** **vt** 指し示す, 示す, 教える(= **désigner**) *indiquer*

関連語 ☐ **indication** **nf** 指図, 指示, 表示

例

Ce produit n'a pas d'indication d'origine.

「この商品には産地表示がない」

☐ **indicatif**, **indicative** **adj** (**de** を)指示する, 表示する

例

Cette odeur est indicative de la présence d'un gaz nocif.

「この臭いは有毒ガスの存在を示すものだ」

233

Cet homme politique a de la **v**_____.

この政治家は意志が強い.

☐ **volonté** **nf** 意志, 意図

∗ 例文は Cet homme politique a un caractère volontaire. などと言い換えられる.

関連語 □ **volontaire adj** 故意の, 意図的な (↔ **involontaire**), 意志の強い

例
Excusez-moi, ce n'était pas volontaire.
「すみません, 故意にやったのではありません」

---

234 ■ ■ □

Ces deux frères se **b**＿＿＿＿＿＿ sans arrêt.

あの兄弟はひっきりなしに**けんか**している.

□ **battre vt vi / se battre vp** 殴る, たたく, (打つように) 混ぜる, けんかする,
打ち負かす ***battent***

別例
Autrefois les professeurs battaient les enfants lorsqu'ils n'écoutaient
pas.
「かつて, 教師は子どもが話を聞かないと手をあげていた」

＊ battre「たたく, 打つ」は繰り返される動作をいい, 1〜2回だけ「たたく, 打つ」なら frapper を用いる. よって, ドアが風に吹かれて「バタンバタンと音を立てている」なら battre を使い, 「ドアをノックするなら」frapper à la porte という言い方をする.

関連語 □ **battement nm** (反復して) 打つこと (音), (定刻までの) 合間の時間

例
On a un battement d'une heure pour changer d'avion.
「飛行機の乗り換えには1時間の余裕がある」

□ **battant, battante n** 戦闘的な人, 闘志満々の人

例
C'est un battant.
「彼はエネルギッシュだ」(= Il est énergique.)

---

235 ■ ■ □

Quand j'étais enfant, j'ai vu un **n**＿＿＿＿＿ de guerre à Yokohama et j'ai
rêvé de devenir officier de navigation.

子供の頃, 横浜で軍**艦**を見て航海士に憧れたことがある.

□ **navire nm** (太洋航海用の大型の) 船, 船舶

＊ navire-citerne **nm** は「(石油や天然ガスなどを運ぶ) タンカー」を, navire-usine **nm** は「(魚や鯨を加工する船内設備を備えた) 工船」を指す.

161

関連語 ☐ **navigation** **nf**　航行, 航海

＊「クルージング」の意味合いなら croisière **nf** という単語を用いる.

☐ **naviguer** **vi**　航行する, 航海する

例

Inutile de dire que les navires comptent sur des GPS et autres ordinateurs pour naviguer en pleine mer.
「言うまでもなく, 船舶はGPSやその他のコンピューターを頼りに外海を航行している」

236　■ ■ ■

Pourriez-vous l＿＿＿＿＿＿ ceci à l'hôtel où je séjourne ?

私が滞在しているホテルにこれを**配達して**もらえますか.

☐ **livrer** **vt** / **se livrer** **vp**　（送り先がわかっている場所に）配達する, 届ける,
　　　　　　　　　　　　　　　　　　　専念する, （胸中を）打ち明ける　***livrer***

別例

Ma fille s'est livrée à sa meilleure amie.
「娘は親友に胸中を打ち明けた」

関連語 ☐ **livraison** **nf**　（商品の）配達, （配達された）商品

例

livraison à domicile
「宅配（便）」

237　■ ■ ■

J'ai v＿＿＿＿＿＿ le champion de l'année précédente aux échecs.

チェスで前年のチャンピオンに**勝った**.

☐ **vaincre** **vt**　（敵に）勝つ, 打ち負かす（＝ **battre**）, （困難などを）克服する　***vaincu***

＊ この動詞から派生した名詞が la victoire「勝利」となるのは意外に盲点.

別例

Ma femme a réussi à vaincre sa maladie.
「妻はなんとか病を克服した」

162

関連語 □ **vainqueur nm** 勝者, 優勝者 (↔ **perdant**, **vaincu**)

例

sortir vainqueur d'une épreuve contre la montre
「タイムトライアル(コースの走破時間を競う競走)の勝者になる」
＊ 女性にも vainqueur のまま用いる.

---

238 ■■■

Ils n'ont pas **c**＿＿＿＿＿＿ aux menaces du gang.

彼らは暴力団の脅しに屈しなかった.

□ **céder vt vi** (わがままに)譲歩する, (誘惑や脅迫に)屈する,
(圧力で物が)壊れる(＝ **se rompre**) **cédé**

---

239 ■■■

Je dois répondre aux **e**＿＿＿＿＿＿ de mes collègues.

私は同僚たちの要求に応じなくてはならない.

□ **exigence nf** (多くは複数で)要求, 要望, 要求額

関連語 □ **exiger vt** 要求する, 是非必要とする

例

Elle exige de nous des excuses.
「彼女は私たちに謝罪を求めている」
＊ 類義語 demander が「求める」, réclamer が「強く求める」のに対して exiger は「(権利や義務として命令口調で)要求する」の意味になる.

□ **exigeant**, **exigeante adj** 要求の多い, (仕事などが)厳しい

例

Cette usine agroalimentaire est très exigeante concernant
l'hygiène de ses ouvriers.
「この農作物加工工場は工員の衛生に関して要求が厳しい」

41

「エジプトはナイルの賜物」．この **célèbre** 有名な **citation** 引用 はギリシアの歴史家ヘロドトスに由来するものです．世界史の授業で，ナイル川が運ぶ **fertile** 肥沃な 土壌によって **civilisation** 文明 が **nourrir** 育まれた ことを学んだ方も多いことでしょう．事実，エジプトでは長い間，今の国土の約4％にしか **représenter** 相当し ないナイル川沿いの土地に人々が住み，その恩恵で暮らしてきました．今日では，現代のナイル川 **delta** デルタ地帯 を散策すると，塩の **dommage** 害のためにまったく異なる姿が見てとれます．

« L'Egypte est un cadeau du Nil ». Cette **célèbre citation** vient de l'historien grec Hérodote. Beaucoup d'entre vous ont peut-être appris dans votre cours d'histoire mondiale que la **civilisation** a été **nourrie** par le sol **fertile** transporté par le Nil. En fait, pendant longtemps en Égypte, les gens vivaient sur des terres tout le long du Nil, qui ne **représentaient** qu'environ 4 % du pays actuel, et vivaient de ses bienfaits. De nos jours, une promenade dans le **delta** du Nil moderne présente une image complètement différente en raison des **dommages** causés par le sel.

▶ (tout) le long de *qqch*「〜に沿って（ずっと）」「〜の間中」(= (tout) au long de *qqch*)

Mes parents se promenaient le long de la rivière.
両親は川に沿って散歩していた．

240

Le peintre est devenu c_____ après sa mort.

その画家は死後**有名**になった.

□ **célèbre adj** （ひろく名誉や称賛を受けて）有名な
　　　　　　　（= **bien connu** ↔ **inconnu**）

* 類義の bien connu(e) は「単によく知られた」の意味. fameux(se) は「評判の」（英語の famous ほど広くは用いられない）；illustre は「著名な」の含意. 店や産物が「有名な」なら réputé(e) や renommé(e) を用いる. 逆に「知られていない（未知の, 無名の）」なら inconnu(e), 「悪名高い」と言いたいなら notoire という形容詞が使われる.

【関連語】 □ **célébrer vt** （めでたいことを）祝う, 記念する

　　　〔例〕
　　　Notre entreprise a célébré son 50ème anniversaire.
　　　「当社は創立50周年を祝った」

　　□ **célébrité nf** 有名, 名声, 有名人

　　　〔例〕
　　　Cet acteur japonais est devenu une célébrité du jour au lendemain en France.
　　　「その日本の俳優はフランスでたちまち有名人（スター）になった」

　　□ **célébration nf** （祭典や儀式の）挙行, 祝賀

　　　〔例〕
　　　la célébration de son anniversaire
　　　「彼（彼女）の誕生日のお祝い」

241

Cette phrase est une c_____ de la Constitution du Japon.

この一文は日本国憲法からの**引用**です.

□ **citation nf** 引用, （法廷への）召喚状

QUESTION 14

Complétez cette citation de Pascal : « L'homme n'est qu'un roseau, le plus faible de la nature ; mais c'est un …

〔解答〕 **Q.14** roseau pensant. » (Pensées, 1670)

関連語 ☐ **citer** **vt**　引用する, (証拠として)あげる

　　例

　　Le professeur a cité un passage bien connu de Shakespeare.
　　「教師はシェイクスピアの有名な一節を引用した」

242　　　　　　　　　　　　　　　　　　　　　　　　　　　■■■

L'Orient antique est le berceau de la **c**＿＿＿＿＿＿.

古代オリエントは**文明**発祥の地だ.

☐ **civilisation** **nf**　文明, 文化

　＊ la civilisation 「文明(開化)」の反意語は la barbarie 「野蛮」.

　　関連語 ☐ **civiliser** **vt**　文明化する

　　　　例

　　　　Les colons pensaient civiliser les Indiens d'Amérique mais n'ont
　　　　apporté que la destruction de leur civilisation.
　　　　「入植者はアメリカン・インディアンを文明化しようと考えたが, もたらした
　　　　のは彼らの文明破壊だけだった」

243　　　　　　　　　　　　　　　　　　　　　　　　　　　■■■

Nous **n**＿＿＿＿＿＿ nos bébés avec du lait maternel.

私たちは赤ちゃんを母乳で**育て**ています.

☐ **nourrir** **vt**　食物(栄養)を与える, (精神的に)養う, (**de**を)摂取する　*nourrissons*

　＊ 見出し語から派生した nourrisson **nm** は「乳飲み子, 乳児」の意味, あわせて「授乳する, 哺乳する」
　　には「ミルク」lait **nf** から派生した allaiter という他動詞がある.

　　関連語 ☐ **nourrissant, nourrissante** **adj**　栄養になる, 滋養のある

　　　　例

　　　　C'est une bonne crème nourrissante pour la peau.
　　　　「これは肌にいい栄養クリームです」

　　☐ **nourriture** **nf**　滋養, 栄養, 食物

　　　　例

　　　　Il faut une nourriture saine et équilibrée.
　　　　「健康によい, バランスの取れた食物が必要だ」

166

244

La terre dans cette région est **f**_____ et le rendement du blé est élevé.

この一帯は土地が肥沃で麦の収穫量が多い.

☐ **fertile** **adj** 肥沃な(＝ **fécond** ↔ **pauvre, stérile**), (発想などが)豊かな

別例

une imagination fertile
「豊かな想像力」

- -

関連語 ☐ **fertiliser** **vt** 肥沃にする, 豊かにする(↔ **épuiser**)

例

Dans quelques années, j'espère fertiliser cette terre aride.
「数年後には, この痩せた土地を肥沃にしたいと思っている」

☐ **fertilité** **nf** 肥沃, 豊饒(↔ **stérilité**)

245

Les étrangers devraient **r**_____ environ 5% de la population japonaise dans les prochaines années.

数年先には, 日本人の人口の約 5 ％を外国人が占めるに違いない.

☐ **représenter** **vt** (数量に)相当する, (部分や割合を)占める, 表す, 代表する
représenter

別例

Ce graphique représente l'évolution des prix au cours des dix dernières années.
「このグラフは過去10年の物価変動を表したものです」

- -

関連語 ☐ **représentation** **nf** (図や記号などでの)表現, 図, 絵, (芝居の)上演

例

La représentation montre comment les bouteilles en plastique sont recyclées.
「この図はペットボトルがどのようにリサイクルされるかを示しています」

＊ この例は diagramme **nm** 「図, 図表」, organigramme **nm** 「フローチャート」などと置き換えられる.

246

Le **d**_____ de ce fleuve est un endroit très fertile.
この川の**デルタ**地帯は非常に肥沃な場所です.

☐ **delta nm** デルタ, 三角洲

247

Le typhon a causé beaucoup de **d**_____ au riz avant la récolte.
台風のせいで収穫前の米は大きな**被害**をこうむった.

☐ **dommage nm** 損害, 被害 (= **dégât**), 残念なこと, 困ったこと

別例
C'est dommage ! (= Quel dommage !)
「それは残念だ(何て残念なことだ)」

関連語 ☐ **dommageable adj** 損害を与える, 有害な

例
Une telle réforme fiscale pourrait être dommageable à la nation entière.
「こうした税制改革は国民全体の損失となりかねない」

☐ **endommager vt** 損害を与える

例
La gelée blanche a endommagé les récoltes.
「霜が作物に被害を与えた」
* この例なら ravager, saccager といった動詞が類義.

☐ **dédommagement nm** 損害賠償, 償い (= **réparation**)
* 「補償金, 賠償金」を指す indémnité **nf** は類義語. なお「(人に)損害賠償する, (人に)償う」という意味の他動詞は dédommager という.

42

多くの先進国は **natalité** 出生率 の **baisse** 低下 に苦しんでおり, 人口 **déclin** 減少 を食い止めるのはなかなか難しい. その一方で, アフリカの **démographique** 人口爆発が懸念されている. **statistique** 統計 によると, 近い将来, 世界人口の25％以上がアフリカ人になるという. しかしそうなると, **conflit** 紛争 に **sujet** 陥りやすい 地域であるため, 経済が **s'appauvrir** 活力を失い, **pauvreté** 貧困 や飢餓などの問題がさらに深刻になる可能性が高まる.

De nombreux pays développés souffrent d'une **baisse** du taux de **natalité** et il est très difficile d'arrêter le **déclin** de la population. D'un autre côté, on s'inquiète de l'explosion **démographique** en Afrique. Selon les **statistiques**, plus de 25% de la population mondiale sera africaine dans un futur proche. Cependant, si cela se produit, il est fort probable que l'économie **s'appauvrisse** et que des problèmes tels que la **pauvreté** et la faim deviennent encore plus graves, car il s'agit d'une région **sujette** aux **conflits**.

248

La **b**_____ de température de ces derniers jours est quelque peu inhabituelle.

ここ数日の気温低下はいささか異常だ.

☐ **baisse nf** 低下, (価値などの)下落 (↔ hausse)

関連語 □ **baisser vt vi** 低くする, 下げる, 下がる, 低くなる

例

Vous pourriez baisser le volume de la télé ?
「テレビの音を下げていただけますか」

Le taux de chômage a baissé grâce aux mesures de relance économique.
「景気対策が功を奏して失業率は下がった」

□ **bas, basse adj** （高さ・位置が）低い（↔ **haut**）,（価値や身分が）低い

例

Les nuages sont bas ce matin.
「今朝は雲が低くたれこめている」

---

249 ■■■

Au Japon, la **n**＿＿＿＿＿ est en baisse depuis des décennies.

日本ではここ数10年**出生率**が落ちている.

□ **natalité nf** 出生率（↔ **mortalité**）

＊「出生率」は le taux de natalité ともいう.「出生率の低下」dénatalité **nf** という語もある.

関連語 □ **natal, natale adj / natals mpl** （場所に）生まれた

例

Domrémy est le village natal de Jeanne d'Arc.
「ドンレミはジャンヌ・ダルクが生まれた村だ」

□ **naître vi** 生まれる,（事柄が）生じる

□ **naissance nf** 誕生, 出生

例

Depuis quand le nombre de naissances en France augmente-t-il ?
「フランスにおける出生数はいつから増加していますか」

---

250 ■■■

Le **d**＿＿＿＿＿ de popularité de l'acteur, qui était au faîte de sa puissance, est implacable et cruel.

飛ぶ鳥を落とす勢いだった俳優の人気の**凋落**は容赦なくかつ残酷なものだ.

□ **déclin nm** 衰退,（人生などの）終わり,（日が）傾くこと

170

関連語 □ **décliner** vi 衰える, 終わりに近づく, (日が)傾く

例

C'est très triste de voir le talent des athlètes décliner.
「スポーツ選手の才能が衰えていくのを目にするのはとても悲しいものだ」

251

La croissance **d**＿＿＿＿＿ entraînera sans aucun doute de graves crises alimentaires.

人口増加は間違いなく深刻な食糧危機を招く.

□ **démographique** adj 人口の, 人口統計学上の

関連語 □ **démographie** nf 人口統計学

252

Mon père est une autorité en mécanique **s**＿＿＿＿＿.

父は統計力学の権威です.

□ **statistique** adj 統計(学)の

関連語 □ **statistique** nf 統計, 統計学

例

Les statistiques montrent que la population du Japon diminue rapidement depuis 2009.
「統計によると日本の人口は2009年から急速に減っている」
＊「統計によると」は selon les statistiques の形でもよく使う.

□ **statistiquement** adv 統計的に

例

Statistiquement parlant, le risque de décès est faible mais pas zéro.
「統計的に言えば, 死亡リスクは低いですがゼロではありません」

253

Cette région **s'**＿＿＿＿＿ chaque année.

この地域は年々貧しくなるばかりです.

171

□ **s'appauvrir vp** 貧しくなる(↔ **s'enrichir**), 活力を失う, 衰える *s'appauvrit*

[関連語] □ **appauvrissement nm** 貧困(化)(↔ **enrichissement**)

[例]
L'appauvrissement de la jeunesse est un problème social majeur.
「若者の貧困化は大きな社会問題だ」

254

Le taux de **p**＿＿＿＿＿ dans le monde est-il en baisse ?

貧困率は世界で減りつつあるのでしょうか.

□ **pauvreté nf** 貧乏, 貧困(↔ **richesse**, **opulence**)

[関連語] □ **pauvre adj** (金・質量・才能などが)貧しい(↔ **riche**), かわいそうな

[例]
Il est né dans une famille pauvre d'agriculteurs.
「彼は貧しい農家に生まれた」

□ **pauvrement adv** 貧しく

255

Ma femme est **s**＿＿＿＿＿ à des sautes d'humeur.

妻は気分の揺れに支配されやすい(心がころころ揺れる).

□ **sujet**, **sujette adj** (**à**に)かかりやすい, 陥りやすい

256

Le **c**＿＿＿＿＿ armé entre ces deux pays dure depuis trois ans.

両国の武力紛争はここ3年間続いている.

□ **conflit nm** (軍事的な)紛争, 武力衝突, 対立

[関連語] □ **conflictuel**, **conflictuelle adj** 紛争を引き起こす, 対立の原因を孕んだ

172

43

以前, **sécurité** 防犯 カメラはプライバシーの **atteinte** 侵害 というマイナス **aspect** 面 が強調されていましたが, 今日では **sécurité** 安全性 の向上や犯罪 **dissuasion** 抑止 につながる **nécessité** 必需品 となっているようです. それにしても, 人々がプライバシーの保護を権利として積極的に **revendiquer** 主張する ようになってから, プライバシー **violation** 侵害 が急に **s'accélérer** 加速した と思うのは私だけでしょうか.

Dans le passé, l'**aspect** négatif des caméras de **sécurité** était souligné comme une **atteinte** à la vie privée, mais aujourd'hui, cela semble être une **nécessité** qui améliore la sécurité publique et conduit à la **dissuasion** du crime. Même ainsi, suis-je le seul [la seule] à penser que depuis que les gens ont commencé à **revendiquer** activement la protection de la vie privée comme un droit, les **violations** de la vie privée **se sont** soudainement **accélérées** ?

257

On doit examiner ce problème du logement sous tous les a_____.
あらゆる角度からこの住宅問題を検討しなくてはならない.

☐ **aspect nm** （問題などの）様相, 側面, 外観（= apparence）

258

Il est important de rechercher la **s**＿＿＿＿＿ alimentaire.

食の安全を追い求めることが重要です.

☐ **sécurité nf** （危険に対する心配のない）安全（＝ **sûreté**）, 安心, 保障

> 別例

ceinture de sécurité, casque de sécurité, chaussures de sécurité
「シートベルト／安全帽（作業用ヘルメット）／安全靴」

＊ de sécurité で「安全のための」の意味になる. なお,「（ドアの）防犯チェーン」を chaîne de sécurité としている辞書があるが, 通常は un entrebâilleur de porte という.

関連語 ☐ **sécuriser vt** 安心感を与える, 安全性を高める（↔ **inquiéter**）

259

Cette remarque négligente n'est rien d'autre qu'une **a**＿＿＿＿＿ à mon honneur.

この軽率な発言は私への名誉毀損に他なりません.

☐ **atteinte nf** （à に対する）侵害, 毀損

＊「名誉毀損」は diffamation **nf** ともいう.

関連語 ☐ **atteindre vt** （病気や災害などが）襲う, 損なう,（目的地に）到着する,（ある数値などに）達する

> 例

Le manque de pluie a atteint les cultures.
「雨不足が農作物に被害を及ぼした」

On va atteindre le sommet dans 20 minutes.
「あと20分で山頂に着きます」

260

La **n**＿＿＿＿＿ est mère de l'invention.

（ことわざ）必要は発明の母（窮すれば通ず）.

☐ **nécessité adj** 必要（性）, 必要なもの（こと）

別例

Les autorités ont souligné la nécessité d'agir rapidement.
「当局は迅速に行動する必要性を強調した」

関連語 □ **nécessaire** **adj** 必要な

例

Je vous donnerai les informations nécessaires.
「必要な情報をあなたに提供します」

□ **nécessiter** **vt** （物事が）必要とする

例

Ce travail va nécessiter plus de temps que prévu.
「この仕事は予想以上に時間を要します」

□ **nécessairement** **adv** 必ず，どうしても（= **obligatoirement**）

例

Être seul(e) n'est pas nécessairement une mauvaise chose.
「一人でいることは必ずしも悪いことではない」

261

La **d**_____ nucléaire contribue-t-elle à la paix mondiale ?

核兵器による抑止力は世界平和に貢献しているのだろうか．

□ **dissuasion** **nf** 抑止(力)，断念させること

* 「核兵器の抑止力」は force de dissuasion, menace dissuasive des armes nucléaires とも表現できる．

関連語 □ **dissuader** **vt** 思いとどまらせる（= **pérsuader**）

例

Il a dissuadé sa fille d'étudier en France.
「彼は娘にフランス留学を思いとどまらせた」

262

En Europe, les prostituées se mettent parfois en grève pour
r_____ un meilleur traitement.

欧州では売春婦が待遇改善を要求してストを行なうことがある．

☐ **revendiquer vt** （権利として）要求する, 主張する *revendiquer*

〔関連語〕 ☐ **revendication nf** （権利などの）要求, 主張

☐ **revendicatif, revendicative adj** （社会的な）権利要求の

263

Des v＿＿＿＿＿ des frontières nationales ont lieu ici et là, exposant les égos nationaux.

国家のエゴをむき出しにして, 国境を侵害する行為があちこちで起こっている.

☐ **violation nf** （権利の）侵害, （法や契約などの）違反

〔関連語〕 ☐ **violer vt** （法律などを）犯す, 違反する

〔例〕
Quelle qu'en soit la raison, les actes qui violent les droits de l'homme ne sont pas tolérés.
「理由はどうあれ, 人権を侵害する行為は許されない」

☐ **viol nm** 性的暴力（= **crime sexuel**）, 不法侵入, 違反（= **inobservation**）

264

La vitesse à laquelle une personne peut apprendre une langue peut être a＿＿＿＿＿ en utilisant la technologie.

テクノロジーを使用することで人が言語を習得できる速さを加速できる.

☐ **accélérer vi / s'accélérer vp** 速度を増す, 進行を速める, （アクセルを踏んで）スピードをあげる （↔ **ralentir**） *accéléré*

〔別例〕
Le temps humide a accéléré la pourriture de la nourriture.
「湿気の多い天気で食品の腐敗は加速した」

〔関連語〕 ☐ **accélération nf** 加速, 促進 （↔ **ralentissement**）

☐ **accélérateur nm** （自動車の）アクセル

44

大都会は **agitation** 喧騒 の只中にある.道にはたくさんの車が **encombré** あふれ,人々はまるで一瞬たりとも時間を無駄にできないとばかりに **trottoir** 歩道 を **se précipiter** せかせかと急いでいる. **trépidant** 慌ただしい **atmosphère** 雰囲気 が1日中ずっと界隈を **dominer** 支配している.しかし,ここを流れる時間は **insaisissable** つかみ所がなく,虚しい.時間の **esclave** 奴隷 になってまで自分がこの街にとどまる **intérêt** 意味 があるのだろうか.

La grande ville est au milieu de l'**agitation**. Les routes sont **encombrées** de voitures et les gens **se précipitent** sur les **trottoirs** comme s'ils ne pouvaient pas perdre une seconde de leur temps. Une **atmosphère trépidante domine** le quartier à toute heure de la journée. Cependant, le temps qui coule ici est **insaisissable** et vide. Y a-t-il un **intérêt** à rester dans cette ville jusqu'à ce que je devienne **esclave** du temps ?

▶ au milieu de *qqch*「〜の真ん中に,〜の最中に」

Le journaliste s'est endormi au milieu de la conférence de la célébrité.
そのリポーターは有名人の会見の最中に眠り込んでしまった.

▶ comme si + S + V[直説法]「まるで〜のように」

Elle dort comme si elle était morte.
彼女はまるで死んだように眠っている.

265

L'a_____ des rues de Harajuku a une atmosphère unique.

原宿の通りの雑踏には独特な雰囲気がある.

☐ **agitation** **nf** （人々や街頭の）ざわめき, （物の）揺れ, （心理的な）動揺

[関連語] ☐ **agiter** **vt** （小刻みに）揺り動かす, （人を）動揺させる

例

La société a été agitée par la nouvelle soudaine de sa mort.
「彼（彼女）の突然の訃報に社会は動揺した」

☐ **agité, agitée** **adj** 落ち着かない, 興奮した（↔ **calme, sage**）

例

J'ai un sommeil agité à cause des bruits de construction pendant la nuit.
「夜間工事の騒音で落ち着いて眠れない」

266

Cette boutique de souvenirs est toujours e_____ de touristes.

あの土産屋はいつも観光客でごった返している.

☐ **encombré, encombrée** **adj** （場所などが）ふさがった, いっぱいの, 混雑した

[関連語] ☐ **encombrer** **vt** （場所・道路などを）ふさぐ, （ふさいで）邪魔をする（= **embarrasser**）

☐ **encombrant, encombrante** **adj** （荷物などが）場所ふさぎな, 邪魔な

例

Ce gros carton n'est pas lourd, mais assez encombrant.
「この大きな段ボールは重くはないが, かなりかさばる」

☐ **encombrement** **nm** 交通渋滞（= **embouteillage**）, （場所などが）ふさがっていること

例

Il est généralement difficile de rester calme lorsqu'on est pris dans un terrible encombrement.
「普通, ひどい交通渋滞に巻きこまれて平静なままでいるのは難しい」

267

Ne vous **p**＿＿＿＿ pas !

慌てないで.

□ **se précipiter** **vp** 慌てて急ぐ, 突進する, 身を投げる *précipitez*

 ＊ Pas de précipitation ! も同義になる.

[別例]

Elle s'est précipitée vers moi pour m'embrasser.
「彼女は私の方へ突進してきて私にキスをした」

- -

[関連語] □ **précipitation** **nf** 大慌て, (複数で)降水量

  [例]

  Il ne faut pas agir avec précipitation.
  「慌てて行動してはならない」

  Les précipitations de la nuit dernière dans les montagnes ont
  légèrement dépassé 100 mm.
  「山間部の昨夜の降水量は軽く100ミリを超えた」

268

En règle générale, les véhicules sont interdits sur les **t**＿＿＿＿.

歩道は原則として車両進入禁止です.

□ **trottoir** **nm** 歩道

 ＊「歩道橋」は passerelle **nf** という.

[別例]

Il est dangereux de marcher rapidement sur les trottoirs roulants.
「動く歩道を急いで歩くのは危険だ」

 ＊「歩行者」は piéton **nm**(piétonne **nf** はあまり多く用いないが, 形容詞「歩行者用の」では用いられる), 「通行人, 通りがかりの人」は passant(e) **n**, 「人ごみ, 群衆」なら foule **nf** という.

269

J'aime beaucoup l'**a**＿＿＿＿ de ce restaurant populaire.

あの大衆食堂の雰囲気がとても好きだ.

179

□ **atmosphère** **nf** 雰囲気(= **ambiance**)、ムード、大気(圏)

別例

La fusée sans pilote a quitté l'atmosphère.
「無人ロケットが大気圏を離れた」

関連語 □ **atmosphérique** **adj** 大気の、大気圏の

---

270 ■ ■ ■

Je mène une vie **t**＿＿＿＿＿ depuis que j'ai commencé à travailler en avril.

4月に就職してから慌ただしい生活を送っています.

□ **trépidant**, **trépidante** **adj** 慌ただしい、小刻みに揺れる

関連語 □ **trépidation** **nf** 慌ただしさ、喧騒(= **agitation**)

例

Je suis fatigué(e) de la trépidation de la vie urbaine.
「都会暮らしの慌ただしさにはうんざりしています」

---

271 ■ ■ ■

Il n'est pas exagéré de dire que la Silicon Valley **d**＿＿＿＿＿ le monde des technologies de l'information.

シリコンバレーは情報技術の世界を牛耳っていると言っても過言ではない.

□ **dominer** **vt** **vi** 支配する(= **gouverner**)、優位を占める *domine*

別例

L'usurier croit que l'argent domine tout.
「その高利貸しは金がすべてを支配すると信じている」

関連語 □ **domination** **nf** 支配(権)、統治、覇権(= **suprématie**)、優勢

例

La domination de l'équipe jamaïquaine est incontestable.
「ジャマイカチームの優位は揺るがない」

272

La machine peut facilement repérer des différences **i**_____ pour les humains.

この機械は，人間には識別し難い差異を簡単に見つけることができます．

☐ **insaisissable adj** つかまえどころがない，識別できない（↔ **saisissable**）

273

Vous avez **i**_____ à accepter cette proposition avantageuse.

この有利な提案を受け入れた方が得策です．

☐ **intérêt nm** 利益，得，利子，（人が抱く）興味，関心，意味

* avoir intérêt à + *inf.* / il y a intérêt à + *inf.* で「〜するのが得策だ，〜するのが身のためだ」という意味．

別例

J'ai suivi votre exposé avec le plus grand intérêt.
「あなたのプレゼンテーションを実に興味深く聞きました」

Les taux d'intérêt ont de nouveau augmenté.
「また利率があがった」

C'est une découverte d'un grand intérêt scientifique.
「この発見は科学的にとても意味のあるものです」

関連語 ☐ **intéresser vt** 興味を引く

例

Non, merci. Ça ne m'intéresse pas.
「いいえ，けっこうです．興味がありません」

☐ **s'intéresser vp** 興味を持つ，関心がある

例

Mon frère s'intéresse beaucoup à la peinture abstraite.
「兄（弟）は抽象画にとても関心を持っている」

☐ **intéressant, intéressante adj** 興味深い，おもしろい
（↔ **inintéressant, ennuyeux**）

例

Je trouve que sa dernière œuvre n'est pas du tout intéressante.
「彼（彼女）の最新作はまったくおもしろくないと思う」

基本語の射程
形容詞
「おもしろい」

☐ **intéressant, intéressante**
　　［知的な興味関心を引いて］おもしろい

　　J'ai vu un documentaire très **intéressant** hier.
　　昨日とてもおもしろいドキュメンタリーを見た.

☐ **amusant, amusante**
　　［人を喜ばせる意味で］おもしろい, 楽しくさせる

　　L'histoire de l'animateur de l'émission était tellement **amusante** que toute la famille a éclaté de rire.
　　番組の司会者の話がおもしろくて家中で大笑いした.

☐ **drôle**
　　［人を笑わせる意味合いで］おもしろい, 滑稽な

　　Elle était habillée d'une **drôle** de façon pour l'halloween.
　　彼女はハロウィーンでおもしろい格好をしてしていた.

☐ **passionnant, passionnante**
　　［夢中になる感覚で］とてもおもしろい

　　C'est un roman policier **passionnant**.
　　これはとてもおもしろい推理小説だ.

274

Je ne suis pas un e_____ de l'entreprise.

私は会社の奴隷ではない.

☐ **esclave** n　奴隷

関連語　☐ **esclavage** nm　奴隷（の身分, 状態）（= **servage**）, 奴隷制
　　　例

　　Il a fallu beaucoup de temps pour abolir l'esclavage dans ce pays.
　　「この国では奴隷制廃止までに長い年月を要した」

182

45

キャッシュレスの **ère** 時代 を迎えても, 日本ではまだ現金で支払う人たちが大勢いる. 金銭授受を伴わずカードで製品を買うことに **résistance** 抵抗 **sentiment** 感 があるようなのだ. どうして日本人は現金 **paiement** 払い を好む **tendance** 傾向 が強いのか. その理由はいくつかあるが, 何よりも日本は治安がよく, 偽札が **quasiment** ほとんど ない. ATMなどの **financier** 金融 **infrastucture** インフラ も整っている. 言い換えれば, **espèce** 現金 からカードに切り替える **particulier** 特段の 理由がないからなのだ.

Même à l'**ère** du cashless, il y a encore beaucoup de gens au Japon qui paient en liquide. Il semble qu'il y ait un **sentiment** de **résistance** à acheter des produits avec une carte sans donner ni recevoir d'argent. Pourquoi les Japonais ont-ils une forte **tendance** à préférer les **paiements** en liquide ? Il y a plusieurs raisons à cela, mais surtout, le Japon est sûr et il n'y a **quasiment** pas de faux billets. Des **infrastructures financières** telles que des guichets automatiques sont également en place. En d'autres termes, il n'y a aucune raison **particulière** de passer des **espèces** aux cartes.

▶ payer en liquide「現金で払う」(= payer en espèces)
Nous demandons à nos clients de payer les petits achats en liquide.
少額のお買い上げの場合にはお客様にキャッシュ払いをお願いしております.

▶ en d'autre termes 「言い換えれば, 言葉を変えれば」(= autrement dit)
En d'autres termes, votre jugement est complètement faux.
言い換えれば, あなたの判断は完全に間違っています.

275

Nous sommes maintenant dans une **è_____** entièrement numérique.

今や完全にデジタル時代だ．

☐ **ère** nf　時代, 紀元

基本語の射程
「時代」

☐ **ère** nf
（元号あるいは新しい秩序が生み出す）時代

L'**ère** atomique est sur le point de se terminer.
原子力時代は終わりを告げようとしている．
* l'ère nucléaire とも言える．

☐ **époque** nf
（歴史上あるいは個人の人生の特定の）時代, 時期

Cette pagode à cinq étages a été construite à l'**époque** d'Edo.
この五重塔は江戸時代に建てられた．

旧寛永寺五重塔

☐ **période** nf
（**époque**と似ているがある特徴に焦点を当てた）
時期, 時代

Connaissez-vous la **période** bleue de Picasso ?
ピカソの青の時代をご存知ですか．

☐ **âge** nm

（大きな歴史的区分, 特に先史を指して）時代

Ces poteries étaient utilisées à l'**âge** du bronze.
これらの土器は青銅器時代に使われていたものだ.

---

276 ◼◻◻

En affaires, il n'y a pas de place pour les **s**＿＿＿＿＿ personnels.

ビジネスに個人的な感情が入りこむ余地はありません.

☐ **sentiment** nm 感情, 気もち

- -

関連語 ☐ **sentimental**, **sentimentale** adj / **sentimentaux** mpl
感情の, 感傷的な

例

Une fille sentimentale pleure facilement à la moindre provocation.
「おセンチな女の子はちょっとした挑発ですぐに泣く」

☐ **sentimentalisme** nm 感傷, センチメンタリズム, 涙もろさ

例

se laisser aller au sentimentalisme
「感傷にひたる」

---

277 ◼◻◻

Les manifestants ont opposé une forte **r**＿＿＿＿＿ aux forces de l'ordre.

デモ隊は警察の治安部隊（鎮圧部隊）に強く抵抗した.

☐ **résistance** nf （負けまいとする）抵抗, 反抗

＊ Les manifestants ont fermement résisté aux forces de l'ordre. とも書ける.

- -

関連語 ☐ **résister** vi （à に）抵抗する（＝ **faire résistance**）, 耐える

例

Ma fiancée a tant de charme que personne ne lui résiste.
「私の婚約者には誰も逆らえないほどの魅力がある」

＊「たまらない魅力」Ma fiancée a un charme irrésistible. などと書き換えられる.

278

La population de ce pays a **t**_____ à diminuer.

この国の人口は減少傾向にある.

☐ **tendance** **nf** 傾向, 動向, (人の)性向

＊ avoir tendance à + *inf*. で「(人や物事が)～する傾向にある」の意味.

関連語 ☐ **tendre** **vi** **vt** 傾向がある, 向かう, (ぴんと)張る

例

La situation tend clairement à s'améliorer.
「情勢は明らかに好転しかかっている」

Elle a tendu ses muscles.
「彼女は筋肉を伸ばした」

279

Peut-on procéder au **p**_____ via Paypal？

ペイパル(オンライン決済サーヴィス)で支払えますか.

☐ **paiement, payement** **nm** 支払い, 支払金

＊「給料, 給料の支払い」なら paie, paye **nf** を使う (**例** C'est le jour de paie.「今日は給料日だ」).

別例

Quelle est la date limite pour le paiement de l'impôt？
「税金の支払期限はいつですか」

関連語 ☐ **payer** **vt** (給料などを)支払う

例

Tous ceux qui travaillent ici sont payés à l'heure.
「ここで働いている人は全員時間給です」

☐ **payant, payante** **adj** 有料の(↔ **gratuit**), 採算の取れる

☐ **payable** **adj** (ある条件のもとで)支払われるべき

例

Cette commande est payable à la livraison.
「このご注文は配達時のお支払いとなります」

280

Mon fils a **q**_____ fini ses devoirs, il pourra regarder la télé après.

息子は宿題を**ほぼ**終えたので(終えたも同然なので),この後テレビを見ることができる.

☐ **quasiment adv** ほとんど,ほぼ(=**quasi**, **presque**, **pratiquement**)

    ＊ ただし,形容詞的な働きをする presque とは違って副詞なので名詞は修飾できない. たとえば 「マルタンはほとんど兄弟も同然だ」を ~~Martin est quasiment un frère.~~ とはできない. Martin est comme un frère. とする.

281

Ces dernières années, la question des **i**_____ de transport a fait l'objet d'une attention croissante.

近年,輸送**インフラ**の問題が大きく取りあげられることが増えた.

☐ **infrastructure nm** 経済基盤,インフラ(道路・鉄道網・通信網など)

    ＊ < infra-「下」+ structure「構造」> から生まれた単語. 他に infrarouge **adj**, **nm** なら < infra- + rouge「赤(の)」> で「赤外線(の)」, infrason **nm** は < infra- + son「音」> で「超低周波音」の意味.

282

Les préoccupations **f**_____ concernant les crypto-monnaies sont devenues un sujet brûlant.

仮想通貨をめぐる**金融**不安が厄介なテーマになっている.

☐ **financier**, **financière adj** 金融の,財政の

    ＊「金銭の,財政に関する」という意味で用いる pécuniaire は類義語.

    関連語 ☐ **finance nf** 金融,金融界,(複数で)財政(状態)

    ☐ **financer vt** 金を出す,融資する

        例

        La banque a décidé de financer la construction de la nouvelle usine.

        「銀行は新工場の建設に出資する決定をした」

    ☐ **financement nm** 資金供与,資金調達

283

Il donne toujours une salutation p_____.

彼はいつも独特な挨拶をする.

☐ **particulier, particulière adj** 特殊な, 特別の, 独特な

関連語 ☐ **particulièrement adv** 特に, とりわけ

例

Ma mère aime les fleurs, particulièrement le muguet.
「母は花が好きで, とりわけスズランが好きだ」

＊「とりわけ」en particulier と言い換えられる. なお, en particulier は「個人的に」の意味でも使われる (　例　 Est-ce que je peux vous parler en particulier ?「個人的にお話ししたいのですが」).

284

Je paie toujours par carte et rarement en e_____.

私はいつもカード払いで, めったに現金で支払うことはありません.

☐ **espèce nf** （複数で）現金（= **argent liquide, liquide**）,（生物の）種

別例

une espèce en voie de disparition
「絶滅危惧種」

＊「人種」は une race,「（人・物事の）種類」なら une sorte を使う.

ANIMAUX EN VOIE DE DISPARITION

Aigle royal

Ours blanc

Tigre

Éléphant de Sumatra

Saola

Papillon Monarque

46

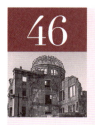

1941年12月の日本による真珠湾 **attaque** 攻撃 に端を発した太平洋戦争は, 1945年に米国が2発の原子爆弾を広島と長崎に **larguer** 投下して **se terminer** 終結した. それ以来, この **démoniaque** 悪魔の 兵器は世界のどの紛争地帯でも使用されていない. しかし, **dissuasion** 抑止力を **prétexte** 口実に, 地球を複数回 **exploser** 爆破できるほどの数の **nucléaire** 核兵器が作られている. これは完全な **contradiction** 矛盾, **logique** 論理の破綻なのではないだろうか.

La guerre du Pacifique, qui a commencé avec l'**attaque** japonaise sur Pearl Harbor en décembre 1941, **s'est terminée** en 1945 lorsque les États-Unis ont **largué** deux bombes atomiques sur Hiroshima et Nagasaki. Depuis lors, cette arme **démoniaque** n'a jamais été utilisée dans aucune zone de conflit au monde. Pourtant, sous prétexte de force de **dissuasion**, des armes **nucléaires** ont été créées en si grand nombre qu'elles pourraient faire **exploser** la Terre plusieurs fois. N'est-ce pas une totale **contradiction** et un échec **logique** ?

285 ◻◻◻

Comment survivre à une a＿＿＿＿ atomique ？

核攻撃からいかにして生き残るか.

☐ **attaque** **nf** 攻撃(↔ **défense**), 発作

別例

Elle a des attaques de panique depuis son accident de voiture.
「車の事故以来, 彼女はパニックの発作が起こります」

関連語 ☐ **attaquer** **vt** 襲う, 攻撃する(↔ **défendre**)

例

L'armée napoléonienne a attaqué la Russie en 1812.
「1812年, ナポレオン軍はロシアを攻撃した」

286 ◻◻◻

Notre contrat se t＿＿＿＿ dans une semaine.

私たちの契約は1週間後に終了します.

☐ **terminer** **vt** / **se terminer** **vp** （あらかた終わっているものを）終える
（↔ **commencer**）, 終わる　*terminera*

別例

J'ai terminé ce roman policier en t'attendant.
「君を待っている間にこの推理小説を読み終えました」

Ma fille termine le lycée l'année prochaine.
「娘は来年リセを卒業です」

基本語の射程
「終える,
終わる」

☐ **terminer**

はっきりした意思決定をもって
終わらせる場合に用いることが多い.

Ils **ont terminé** le débat en une heure.
彼らは1時間で討論を終えた.

☐ **finir**

terminer の類義語だが **terminer** の方が意味合いが強い.
一般的に広く「終える」(↔ **commencer**)の意味で用いる.

Mon père **a fini** son repas.
父は食事を終えた.

190

□ **achever**

> 完成・完了のイメージを伴い, 多くは長い期間を要する仕事に
> ついて用いられる.

> Ils **ont achevé** les travaux d'excavation du tunnel.
> 彼らはトンネルの掘削工事を終えた.

関連語 □ **terminal, terminale adj** / **terminaux mpl** 最終の, 最後の

□ **terminal nm** (空港と連絡する)シティー・エアターミナル, ターミナル駅
 * 女性名詞 terminale は「(リセの)最終学年」(= classe terminale)を指す.

287

Le capitaine a décidé de **l**_____ les parachutistes.

隊長は落下傘部隊を投下することを決定した.

□ **larguer vt** (飛行機から)投下する *larguer*

関連語 □ **largage nm** (飛行機などからの)投下, 投棄, (口語で)首切り

例
> Il y a eu un problème au moment du largage du satellite par
> la fusée.
> 「衛星がロケットから切り離されるときに問題が生じた」

288

Cet escroc a parfois recours à des procédés **d**_____ pour arriver
à ses fins.

この詐欺師は, 目的を達成するためにときとして悪魔のような手段に訴えることがあります.

□ **démoniaque adj** 悪魔のような, 悪魔に取り憑かれた
 * 常に否定的な意味合いで使う. 類義語 diabolique, satanique は「悪魔のような」の意味でも, 「悪魔
 の」の意味でも用いる. また, infernal(e) は「地獄の, 悪魔的な」という意味.

関連語 □ **démon nm** 悪魔(= **diable**), 悪魔のような人

例
> L'entraîneur semble être possédé par un démon pendant
> les matchs.
> 「監督は試合中はまるで悪魔に取り憑かれているかのようだ」

289

Mon mari a pris un jour de congé sous **p**＿＿＿＿ qu'il était malade.

夫は体調が悪いという**口実**で 1 日仕事を休んだ.

☐ **prétexte nm** 口実, 言い訳

`別例`

C'est un mauvais prétexte.

「それは下手な言い訳だ」

`関連語` ☐ **prétexter vt** ～を口実にする

`例`

J'ai prétexté un appel avec un client pour ne pas assister à la réunion.

「私はクライアントとの通話を口実に会議に出席しなかった」

＊ Sous prétexte d'un appel avec un client, je n'ai pas assisté à la réunion. と書き換えられる.

290

L'idée de la force nucléaire de **d**＿＿＿＿ est-elle vraiment justifiée ?

核**抑止**力という考え方ははたして真っ当なものなのか.

☐ **dissuasion nf** 抑止, 思いとどまらせること

＊「核兵器による抑止力」は 形容詞 dissuassif(ve)「抑止効果のある」を用いて la menace dissuassive des armes nucléaires とすることもできる.

`関連語` ☐ **dissuader vt** （人に）～を思いとどまらせる

`例`

J'ai dissuadé mon fils de cette folie.

「そんなバカな考えを息子に思いとどまらせた」

291

L'énergie **n**＿＿＿＿ a toujours été controversée.

核エネルギー（原子力）は今もなお論争の的となっている.

☐ **nucléaire adj** 原子核の, 核の

192

関連語 □ **nucléarisation** **nf** （エネルギーの）原子力化, 核エネルギー化

□ **thermonucléaire** **adj**　原子核融合反応の, 熱核反応の

例

Une bombe thermonucléaire, c'est une bombe atomique à l'hydrogène, très puissante.
「熱核爆弾は非常に強力な水素原子爆弾だ」

□ **nucléon** **nm**　（原子核を構成する陽子と中性子を指す）核子

＊ < nuclé- > は「核, 原子力」を意味する接頭辞.

292　■ ■ □

Les feux d'artifice ont **e**＿＿＿＿＿＿ dans le ciel nocturne.

夜空に花火がパーンと広がった.

□ **exploser** **vi**　爆発する, 感情を爆発させる, 爆発的に増える

＊ 主に化学で使われる déflagrer **vi**「突燃する, 爆熱する」(déflagration **nf**「（激しい）爆発, 爆熱」) という単語もある.

関連語 □ **explosion** **nf**　爆発, 急激な増加（発展）

例

Il y a eu une explosion due à une fuite de gaz à proximité.
「近所でガス漏れによる爆発があった」

explosion démographique
「人口爆発」

□ **explosif**, **explosive** **adj**　爆発（性）の, 爆発的な

例

La population de la périphérie de la nouvelle ville augmente de façon explosive.
「新都市郊外の人口が爆発的に増えている」

□ **explosif** **nm**　爆発物

例

Un explosif a été découvert près de l'hôtel.
「爆発物がホテルの近くで発見された」

193

293

Il y a de nombreuses **c**＿＿＿＿ dans ce que vous dites.

あなたの話には数多くの矛盾がある.

☐ **contradiction nf** 矛盾 (= **paradoxe**), 反論

関連語 ☐ **contradictoire adj** 矛盾した (= **paradoxal**), 相いれない, 反対の

例

C'est une théorie contradictoire au sens commun.
「それは常識とは相いれない理論だ」

☐ **contredire vt** (主張などが) 食い違う, (人の意見に) 反対する

例

Ma fille ainée me contredit toujours.
「長女はいつも私と反対のことを言う」

294

Les arguments du responsable du personnel sont **l**＿＿＿＿
et clairs.

人事部長の議論は筋が通っていて明快だ.

☐ **logique adj** 論理的な, 筋の通った

関連語 ☐ **logique nf** 論理 (学), 筋道, 当然の帰結

例

La démission des fonctionnaires corrompus est dans la logique
des choses.
「汚職官僚の辞任は当然の成り行きだ」

Il est difficile d'agir avec logique.
「筋の通った行動をするのは難しい」
＊ avec logique = logiquement「論理的に」となる.

☐ **logiquement adv** 論理的に, 本来なら

例

Logiquement, en travaillant plus, on gagne plus.
「理屈で言えば, もっと働けばもっと金が入る」

47

長期的な人類の **présence** 存在(現存) を **assurer** 保証する ために，火星の **colonisation** 植民地化 を求めている **chercheur** 研究者 がいます．環境的な **catastrophe** 大惨事，核爆発，または **imprévu** 予期せぬ **céleste** 天体 事象により，地球は **inhabitable** 居住できなくなる ことがあり得るからです．**extinction** 絶滅 を避けるために，研究者は人類が別の **planète** 惑星 に **s'établir** 居をかまえる よう勧めているのです．

Certains **chercheurs** appellent à la **colonisation** de Mars pour **assurer** une **présence** humaine <u>à long terme</u>. Une **catastrophe** environnementale, une explosion nucléaire ou un événement **céleste imprévu** pourraient rendre la Terre **inhabitable**. Pour éviter l'**extinction**, ils recommandent que les humains **s'établissent** sur une autre **planète**.

▶ à long terme「長期の」

Le projet à long terme de cette université est extrêmement ambitieux.
この大学の長期計画は極めて野心的なものだ.
＊「短期の」は à court terme,「中期の」なら à moyen terme という.

295

Une équipe de c＿＿＿＿＿ japonais a gagné le prix Nobel de chimie.

日本の研究者チームがノーベル化学賞を受賞した.

☐ **chercheur, chercheuse** **n** 研究者

296

La c＿＿＿＿＿ des pays africains a encore aujourd'hui de nombreux effets néfastes.

アフリカ諸国の植民地化は, 今日でも数多くの悪影響を及ぼしている.

☐ **colonisation** **nf** 植民地化, 植民地開発 (↔ **décolonisation**)

関連語 ☐ **colonie** **nf** 植民地, (動物の) コロニー

例
Autrefois, Macao était une colonie portugaise.
「かつてマカオはポルトガル領だった」

☐ **coloniser** **vt** 植民地化する, 入植する

例
Comment ces îles du sud ont-elles été colonisées ?
「どのようにしてこうした南の島々が植民地化されたのか」

☐ **colonial, coloniale** **adj** / **coloniaux** **mpl** 植民地の

例
Cette zone a été sous la domination coloniale britannique pendant longtemps.
「この一帯は久しくイギリスの植民地支配下に置かれていた」

297

Les forces de police ne peuvent plus a＿＿＿＿＿ la sécurité.

警察部隊はもはや治安を確保できなくなっている.

☐ **assurer** **vt** (自信を持って) 断言する, 保証する, 確保する *assurer*

別例

Elle m'a assuré qu'elle voulait bien le faire.
「彼女は必ずそうしようと思っていると断言した」

関連語 ☐ **assurance nf** 自信(↔ **timidité**), 確信, 保証

例

J'ai l'assurance qu'elle réussira.
「私は彼女が成功すると確信しています」

298

La **p**＿＿＿＿＿ d'amiante a été confirmée dans ce bâtiment.

そのビルでアスベストが使われていることが確認された.

☐ **présence nf** 存在, 出席(↔ **absence**)

関連語 ☐ **présent, présente adj** 出席している(↔ **absent**), 存在する, 現在
の, 今の(＝ **actuel**)

299

À la suite de la **c**＿＿＿＿＿, l'économie du pays s'est soudainement
arrêtée.

大災害をきっかけに, その国の経済は一気に失速した.

☐ **catastrophe nf** 大災害(＝ **calamité**), 大惨事, 大変な事態

別例

On a raté le train, quelle catastrophe !
「電車に乗り遅れたよ, 大変だ」

関連語 ☐ **catastrophique adj** 大災害の, 悲惨な(＝ **désastreux**)

例

Depuis le début de la crise financière, la situation de notre
entreprise est catastrophique.
「金融危機が始まってから, わが社の置かれている状況は壊滅的だ」

197

300

Notre fils veut un globe **c**＿＿＿＿＿ pour son anniversaire.

うちの息子は誕生日に天球儀を欲しがっている.

☐ **céleste adj** 空の, 天の, 天空の(↔ **terrestre**)

301

Les accidents **i**＿＿＿＿＿ sont inévitables.

不慮の事故は避けられない.

☐ **imprévu, imprévue adj** 思いがけない, 意外な, 不慮の(＝ **inattendu**)

関連語 ☐ **imprévu nm** 予想外のこと, 意外な出来事

例

Les voyages à l'étranger sont pleins d'imprévus.
「海外旅行は意外性に富んでいる」
＊「予測できない要因, 不確定要素」を指す impondérable **nm** という類義語もある.

302

Cette zone est devenue **i**＿＿＿＿＿ à cause de la pollution de l'eau.

この地域は水質汚染のために人が住めなくなった.

☐ **inhabitable adj** 住めない, 住みにくい(↔ **habitable**)

＊ inhabité(e) なら「人が住んでいない, 無人の」(例 l'îlot inhabité「無人島」)の意味.

303

Maintenant au 21ème siècle, de nombreuses espèces sont en danger d'**e**＿＿＿＿＿.

21世紀の現在, 数多くの生物種が絶滅の危機に瀕している.

☐ **extinction nf** 消滅(＝ **annihilation**), 絶滅, 消灯

関連語 ☐ **éteindre vt** (電気, 火, 明かりなどを)消す(↔ **allumer**)

例

Les pompiers ont éteint le petit incendie ce matin.
「今朝, 消防団が小火(ぼや)を消し止めた」

304

Après avoir obtenu son diplôme universitaire, il s'est é_____ en province.
大学卒業後, 彼は地方に居をかまえた.

□ **s'établir** **vp** （場所に）居を定める（= **s'installer**）, 開業する, 確立する　*établi*

[別例]

La liberté de la presse ne pourra pas s'établir dans ce pays tant que la dictature ne sera pas renversée.
「この国では独裁政権が打倒されるまで報道の自由は確立されまい」

Elle s'est établie à son compte il y a six mois.
「彼女は半年前に独立して商売を始めた」
＊ s'établir à son compte は「独立して店をもつ」の意味.

[関連語] □ **établissement** **nm**　施設, 設立, 機関, （公共の）建物

[例]

établissement scolaire
「教育施設」
＊「学校（の建物）」のこと.

305

Combien de **p**_____ y a-t-il dans notre système solaire ?
太陽系には惑星がいくつありますか？

□ **planète** **nf**　惑星, 遊星, 地球（= **planète Terre**）

[関連語] □ **planétaire** **adj**　惑星の, 地球規模の（= **mondial**, **global**, **terrestre**）

[例]

expansion planétaire du nouveau virus
「新型ウイルスの世界的拡大」

48

オゾン **couche** 層は紫外線を **absorber** 吸収し，地球上の生命を守る役割を果たしている．しかし，1980年代以降，南極上空でオゾンの量が **diminuer** 減少し，**soi-disant** いわゆる **trou** ホール の出現を引き起こしていることが明らかになった．その **détente** 引き金 を引いたのはフロン．**initialement** 当初，このガスは人体や動物にとって **inoffensif** 無害なもの だと考えられており，**réfrigérant** 冷媒 ガスとして広範囲に使用されていた．理想的な気体と呼ばれていたのだ．ところが，そうした **préconçu** 先入 観は **s'effondre** 崩れ，一転，フロンガスは諸悪の根源となった．

La **couche** d'ozone **absorbe** les rayons ultraviolets et joue un rôle dans la protection de la vie sur terre. Cependant, depuis les années 1980, il est devenu évident que la quantité d'ozone a ***diminué******** au-dessus de l'Antarctique, ce qui a causé l'apparition d'un **soi-disant** trou. C'est le fréon qui a appuyé sur la **détente**. Ce gaz était **initialement** considéré comme inoffensif pour les humains et les animaux, et était utilisé <u>à grande échelle</u> comme gaz **réfrigérant**. On l'appelait un gaz parfait. Cependant, ces idées **préconçues se** sont **effondrées** et les chlorofluorocarbures sont devenus la racine de tous les maux.

＊ chlorofluorocarbone **nm** フロンガス ＊CFCと略す．

▶ à grande échelle「広範囲に，大規模に」(= sur une grande échelle)

Ce groupe devrait assumer la responsabilité d'actes de terrorisme à grande échelle.

このグループは大規模なテロ行為について責任を取るべきだ．

＊ 形容詞を入れ替えて，たとえば à l'échelle mondiale なら「世界的規模で」となる．

306

Il y a une **c**_____ de cendres volcaniques sur plusieurs mètres autour d'ici.

この辺りは火山灰の層が数メートルを超える.

☐ **couche nf** (地質的な)層, (社会的な)階級

* ただし, 日常使われる la couche は「おむつ」. たとえば Elle change la couche de sa fille.「彼女は娘のおむつを取り替えた」は盲点になりやすい.

QUESTION 15

乳幼児関連の次の単語をフランス語にしてください.
1. 哺乳瓶　2. 母乳　3. 乳児用ミルク　4. おしゃぶり

307

Ce chiffon en fibres synthétiques **a**_____ beaucoup d'huile.

この化学繊維でできた雑巾はたくさんの油を吸い込む.

☐ **absorber vt** (物が液体や光などを)吸い込む, 吸収する, 飲食する　*absorbe*

　　関連語 ☐ **absorption nf** 吸収, (有毒物の)摂取

　　　例

　　　Cet acteur a tenté de se suicider par absorption d'un poison à cause du scandale.
　　　「あの俳優はスキャンダルのせいで服毒自殺を図った」

308

Êtes-vous en train de dire que la menace nucléaire a **d**_____ ces dernières années ?

近年, 核の脅威は減ったとおっしゃっているのですか.

解答 Q.15　**1.** biberon **nm**　**2.** lait maternel **nf** ＊「母乳で育てる」なら nourrir au sein という.　**3.** lait infantile **nm** ＊「人工乳」lait artificiel **nm** ともいう.　**4.** sucette **nf** ＊「棒付きキャンディー」の意味でも使う単語. なお, tétine **nf**, tototte **nf** も「おしゃぶり」のこと.

□ **diminuer** **vi vt**　減る, 減らす, 減少する（↔ **augmenter**）,（時間などを）短くする（＝ **réduire**）, 短くなる（＝ **raccourcir**）　*diminué*

別例

J'ai l'impression que ma force physique diminue avec l'âge.
「年齢とともに体力の衰えを感じます」
＊ la diminution des forces「体力の減退」とも書ける.

Nous sommes en automne, les jours diminuent.
「秋です, 日がどんどん短くなっていきます」

基本語の射程
「減じる,
下がる」

□ **diminuer**
　　（力・数量・可能性などが）減る,
　　減らす（↔ **augmenter**）
　　Le nombre de personnes infectées **a diminué**.
　　感染者数は減少した.

□ **baisser**
　　（光, 熱, 値段などが）下がる, 下げる,
　　低くなる（↔ **hausser**）
　　Le prix du riz **a baissé**.
　　米価が下がった.

□ **décroître**
　　（自然に徐々に）減少する
　　Le niveau d'eau du barrage **décroît** lentement
　　et progressivement.
　　ダムの水位がゆっくり, 少しずつ下がっている.

□ **réduire**
　　（数量化できる物や重要性, 影響などを意図的に）
　　減らす
　　Comment puis-je **réduire** mon poids ?
　　どうやったら体重を減らせますか.

関連語 □ **diminution** **nf**　減少, 低下（↔ **augmentation**）

309

Mon oncle est un s_____ rat de bibliothèque.

おじはいわゆる本の虫です.

☐ **soi-disant adj** （物事）いわゆる, 〜と言われている, (身分などの)自称の

310

Il y avait un gros t_____ dans le mur de la chambre de mon fils.

息子の寝室の壁には大きな穴が空いていた.

☐ **trou nm** 穴, ホール, (衣服の)裂け目, 欠落

別例

un trou noir
「ブラックホール」

un trou de ver
「ワームホール」

avoir un trou de mémoire
「ど忘れする」

311

Après avoir terminé ce travail, je veux prendre quelques jours de d_____.

この仕事を終えたら, 数日息抜きがしたいと思っています.

☐ **détente nf** （拳銃の)引き金, 休息, くつろぎ, (国際情勢などの)緊張緩和

＊（注記）48 の例文中では「誘因となったのはフロンだ」という言い回しとして appuyer sur la détente「引き金を引く」という比喩を使った.

関連語 ☐ **détendre vt / se détendre vp** （引っ張っていたものを)緩める, 緊張をほぐす, リラックスする, なごむ

例

La réunion de rédaction s'est détendue grâce aux plaisanteries de la directrice.
「編集会議が部長の冗談のおかげでなごんだ」

312 ■ ■ ■

Il a dépensé deux fois plus d'argent pour la rénovation de sa maison
qu'il avait **i**_____ prévu.

彼は家の改築に<u>当初</u>計画していた金額の2倍を費やした.

☐ **initialement adv** 当初, 初めは, 最初に

━━━

関連語 ☐ **initial**, **initiale adj** / **initiaux mpl** 最初の, 冒頭の

☐ **initiale nf** イニシャル, 頭文字 (= **lettre initiale**)

☐ **initialiser vt** 〜を初期化する

例
initialiser un disque dur
「ハードディスクを初期化する」

☐ **initiation nf** 入門 (指導) (↔ **perfectionnement**)

例
cours d'initiation au latin
「ラテン語入門講座」

☐ **initier vt** / **s'initier vp** 手ほどきをする, (**à** の) 初歩を身につける

313 ■ ■ ■

Les blagues **i**_____ peuvent être nuisibles si elles sont poussées
trop loin.

<u>罪のない</u>冗談も度が過ぎれば害になりうる.

☐ **inoffensif**, **inoffensive adj** 無害の (↔ **dangereux**), 不快感を与えない,
(薬物などが) 副作用のない (↔ **nuisible**)

314 ■ ■ ■

Qu'est-ce que le mélange **r**_____ ?

<u>寒</u>剤とは何ですか.

☐ **réfrigérant**, **réfrigérante adj** 冷却用の, 温度を下げる, 冷淡な

＊ 例文は Qu'est-ce que le cryogène ? とも言い換えられる. ちなみに「寒剤」とは「たとえば, 氷と食塩
のように混合する事で低温が得られる 2 種以上の物質の組み合わせをいう」をいう.

関連語 □ **réfrigérateur** **nm** 冷蔵庫
* 日常では frigidaire **nm**, frigo **nm** を使うことが多い.
なお,「冷凍庫」は congélateur **nm** という.

□ **réfrigérer** **vt** 冷却する, 冷蔵する
* 類語の congeler は「冷凍する」. surgeler は「急速冷凍する」の意味になる.

□ **réfrigération** **nf** 冷却, 冷蔵
*「冷凍」は congélation **nf** という.

315

Il n'est pas facile de se débarrasser de ses idées **p**_____.

先入観を捨てるのはなかなか容易なことではありません.

□ **préconçu, préconçue** **adj** 予断された, 前もって構想された
*「先入観」には prévention **nf**,「偏見」なら préjugé **nm** といった単語も使われる.

316

Il est possible que ce pont construit à la hâte **s'**_____.

突貫工事で造られたこの橋は崩れ落ちる
可能性がある.

□ **s'effondrer** **vp** うちのめす, 崩壊する, 崩れ落ちる (= s'écrouler) *s'effondre*

別例

Ma fille s'est effondrée en larmes dans mes bras.
「娘は私の腕のなかで泣き崩れた」

関連語 □ **effondrement** **nm** 崩壊, 瓦解 (= **écroulement**),
　　　　　　　　　　　　　　意気消沈 (= **dépression**)

例

Ma grand-mère craint l'effondrement des banques, et garde donc tout son argent dans un coffre-fort.
「祖母は銀行の破綻を恐れ, お金をすべて金庫に保管しています」

49

hiéroglyphe 象形文字(神聖文字,ヒエログリフ) は1000年以上の間 **illisible** 読むことができない ままでした. 18世紀末, ナポレオンのエジプト **expédition** 遠征 中に, 異なる3つの言葉で文章が **gravé** 刻まれた「ロゼッタストーン」と呼ばれる黒い石の **dalle** 板 が発見され, イギリスとフランスの2人の **érudit** 碩学 が **déchiffrer** 読み解き に **entreprendre** 着手しました. ヒエログリフの **déchiffrement** 解読 は, 両国の **prestige** 威信 をかけた **ultime** 究極 の競争だったのです.

Les **hiéroglyphes** sont restés **illisibles** pendant plus de 1000 ans. À la fin du 18ème siècle, lors de l'**expédition** de Napoléon en Égypte, une **dalle** de pierre noire appelée « Pierre de Rosette » sur laquelle un texte était **gravé** en trois langues différentes, et deux **érudits** d'Angleterre et de France ont **entrepris** de la **déchiffrer**. Le **déchiffrement** des hiéroglyphes était la course **ultime** au **prestige** des deux pays.

* ちなみに, この石の解読に成功したのはフランスのジャン=フランソワ・シャンポリオン. 彼はヒエログリフが表意文字ではなく表音文字と見抜き, 古代ギリシア語に近いコプト語の知識を生かして読み解きに成功したとされる.

317

Champollion a passé la majeure partie de sa courte vie de 41 ans à déchiffrer des **h**_____.

シャンポリオンは41年という短い一生のほとんどをヒエログリフの解読に費やした.

☐ **hiéroglyphe** **nm** ヒエログリフ, (古代エジプトの)象形文字, 聖刻文字

318

Les notes de mon patron sont parfois **i**_____.

上司のメモ書きがときどき判読不能だ.

☐ **illisible adj** 読めない, 読みにくい (↔ **lisible**, **déchiffrable**)

[関連語] ☐ **illisibilité nf** 判読不能

319

Au printemps dernier, on a envoyé une **e**_____ scientifique sur le Mont Everest.

昨年春, エベレストに学術探検隊が派遣された.

☐ **expédition nf** 探検(隊), 遠征(隊), 配達

[別例]
Votre commande est prête pour l'expédition.
「ご注文品は発送準備が整っています」

[関連語] ☐ **expédier vt** 送る, 発送する
[例]
Je voudrais expédier ce colis en Chine par bateau.
「この小包を船便で中国に送りたい」

320

Je recherche des **d**_____ de pierre pour mon jardin.

庭に敷く板石を探しています.

☐ **dalle nf** 板, (舗装用の)敷石, 墓石 (= **dalle funéraire**, **pierre tombale**)

[関連語] ☐ **dallage nm** (タイルなどによる)舗装(工事)

321

Les lettres **g**_____ sur la plaque de cuivre avaient complètement disparu.

銅板に彫り刻まれた文字はすっかり消えてしまっていた.

☐ **gravé**, **gravée** **adj** 彫り刻まれた

〔関連語〕 ☐ **graver** **vt** 〜を彫る, (**CD**などに)データを書き込む

〔例〕
Ma femme a fait graver ses initiales sur la bague.
「妻は指輪にイニシャルを彫ってもらった」

---

322 ■ ■ ■

C'est une tendance étrange de considérer le roi du quiz comme une personne é_____.

クイズ王を学識豊かな人だと考えるのは奇妙な風潮だ.

☐ **érudit** **adj n** 学識豊かな(人), 博学な(人)

〔別例〕
L'auteur de cette étude est un historien érudit.
「この研究書の著者は博学な歴史学者です」

〔関連語〕 ☐ **érudition** **nf** 学識, 学殖

---

323 ■ ■ ■

Le nouveau président est déterminé à e_____ de réformer le système de l'entreprise.

新社長は社内体制の改革に取り組む決意を固めている.

☐ **entreprendre** **vt** (困難な事業などに)着手する, 取りかかる, 〜しようと企てる
entreprendre

〔関連語〕 ☐ **entreprenant**, **entreprenante** **adj** 進取の気性に富む

〔例〕
C'est une femme entreprenante.
「彼女は行動的な人です」

☐ **entrepreneur**, **entrepreneuse** **n** (建築などの)請負業, 起業家

☐ **entreprise** **nf** 企て, 企業, 会社

208

324

Mon oncle gagne sa vie en **d** _____ des documents anciens.

おじは古文書の解読を生業にしている.

☐ **déchiffrer vt** 解読する, 判読する, (意図などを)読み解く **_déchiffrant_**

別例

Elle ne se laisse pas aisément déchiffrer.

「彼女の心の中は容易にはつかめない」

＊「(暗号や符号を)解読する」なら décoder (↔ encoder「暗号にする」)という動詞が使われる.

関連語 ☐ **déchiffrement nm** 解読(＝ **déchiffrage**), 判読

☐ **déchiffrable adj** 解読できる

325

Le président soutient que les armes nucléaires sont l'**u** _____
moyen de dissuasion contre la guerre.

大統領は核兵器こそ究極の戦争抑止力だと主張する.

☐ **ultime adj** 最終的な, 最後の, 究極の

別例

Quel est le but ultime de la vie ?

「人生の最終的な目標とは何だろう」

関連語 ☐ **ultimatum nm** 最後通牒

326

C'est un auteur de **p** _____ international.

彼は国際的な名声のある作家です.

☐ **prestige nm** 威信, 高い評判, 名声(＝ **renommée**)

関連語 ☐ **prestigieux, prestigieuse adj** 誉れ高い, 名声を得た

209

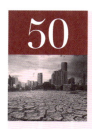

50

地球 **réchauffement** 温暖化 の影響により, **sécheresse** 干ばつ, **désertification** 砂漠化, **torrentiel** 集中豪雨, **inondation** 洪水, 森林火災など, さまざまな災害が **provoquer** 発生しています. しかし, 台風や猛暑などの自然災害は実際には増えていないという研究者もいます. また, 国の資金を **carbone** 炭素 **réduction** 削減 に **dépenser** 費やす代わりに, まずは **sinistré** 被災した 地域のことをいろいろ気にかけるべきだと **soutenir** 主張する 人たちもいます.

Les effets du **réchauffement** climatique **provoquent** diverses catastrophes : **sécheresses**, **désertification**, pluies **torrentielles**, **inondations**, feux de forêt, etc. Cependant, certains chercheurs affirment que les catastrophes naturelles telles que les typhons et la chaleur extrême n'augmentent pas réellement. Certains **soutiennent** qu'au lieu de **dépenser** l'argent national pour la **réduction** du **carbone**, nous devrions d'abord nous occuper des zones **sinistrées**.

327

La principale cause du r_____ climatique est l'effet de serre.
地球温暖化の主な原因は温室効果です.

☐ **réchauffement** **nm** （気候などが）再び暖かくなること,（冷えたものを）再び温めること

＊「地球温暖化」は le réchauffement de la Terre [de la planète] といった言い方も使われる.

関連語 □ **réchauffer** **vt** （冷えたものを）温め直す

□ **réchauffage** **nm** 再加熱

328

La déclaration du Premier ministre a **p**＿＿＿＿＿＿＿ des critiques
généralisées.

首相の発言は広い範囲に及ぶ批判を引き起こした.

□ **provoquer** **vt** 引き起こす, 挑発する *provoqué*

QUESTION 16

Comment le Premier ministre est-il désigné en France ?

1. élu au suffrage universel
2. élu par les ministres
3. choisi par l'Assemblée nationale
4. nommé par le président de la République

別例
Elle essaie toujours de nous provoquer.
「彼女はいつも私たちを挑発しようとする」

関連語 □ **provocation** **nf** 挑発

例
Il se fâche à la moindre provocation.
「彼はちょっと挑発するとすぐ怒る」

□ **provocant**, **provocante** **adj** 挑発的な, 扇情的な

329

La **s**＿＿＿＿＿ a complètement asséché l'oasis.

干ばつでオアシスが完全に枯れた.

□ **sécheresse** **nf** 乾燥, 干ばつ

解答 **Q.16** 4

- 関連語 □ **sécher** **vt** **vi**　乾かす, 乾く
  - 例
  - Si vous suspendez votre linge à la fenêtre du côté sud, il sèchera au soleil.
  - 「南側の窓に洗濯を干すと日にあたってよく乾く」

330

La **d**_____, par laquelle la terre s'assèche, s'accélère dans cette zone.

この地域では土地が干上がる砂漠化が急速に進行している.

- □ **désertification** **nf**　砂漠化, 過疎化

- 関連語 □ **désert** **nm**　砂漠
  - 例
  - Le quartier des bureaux à minuit est un désert.
  - 「真夜中のオフィス街はまるで砂漠だ(人けがない)」

- □ **se désertifier** **vp**　砂漠化する, 過疎化する

331

Des signes d'érosion **t**_____ peuvent être vus ici et là le long de la rivière.

川沿いのあちこちに激しい侵食の跡が見受けられる.

- □ **torrentiel**, **torrentielle** **adj**　急流の, 滝のような, 猛烈な

- 関連語 □ **torrent** **nm**　急流, 早瀬
  - 例
  - Il pleut à torrents.
  - 「どしゃ降りの雨だ」
  - ＊「どしゃ降り」には Il pleut à verse. とか Il pleut des cordes, あるいは少々下品な表現だが Il pleut comme vache qui pisse ! といった言い回しも使われる.

332 ■■■

Notre entreprise est submergée par l'i_____ de produits étrangers.

わが社は溢れだす大量の外国製品に圧倒されている.

☐ **inondation nf** 洪水, (商品などの)氾濫

- -

【関連語】 ☐ **inonder vt** 洪水を起こす, 水浸しになる

例

La cave a été inondée à cause du typhon.
「台風で地下室が浸水した」

333 ■■■

Elle s_____ qu'elle a raison.

彼女は自分が正しいと言い張っている.

☐ **soutenir vt** (倒れないように)支える, 維持する,
　　　　　　　　 ～であると主張する *soutient*

別例

Le gouvernement soutient la reconstruction de la région.
「政府はその地域の復興を支援している」

- -

【関連語】 ☐ **soutien nm** 支え, 支持, サポート

例

Votre soutien m'est très précieux.
「あなたのサポートは私にとってとても貴重なものです」

334 ■■■

Mon mari d_____ tout son salaire chaque mois !

夫は毎月給与を全部使いはたしてしまう.

☐ **dépenser vt** (金などを)使う,
　　　　　　　　 (電力などを)消費する(= consommer) *dépense*

- -

【関連語】 ☐ **dépense nf** 出費, 消費

> **例**

regarder à la dépense
「出費を抑える（必要以上に高価なものは買わない）」

* この熟語を économiser「節約する, 貯金する」と同義としている参考書類があるが同じ意味ではない.

---

335 □□□

En France, la **r**_____ du temps de travail n'a pas toujours été une bonne chose.

フランスでは, 労働時間の短縮は必ずしもよいことではなかった.

□ **réduction** **nf** 減少, 削減 (↔ **augmentation**), ディスカウント, 値引き

> **別例**

Avec la carte étudiant, on a des réductions.
「学生証があれば割引の特典があります」

- -

関連語 □ **réduire** **vt** 減らす (= **diminuer** ↔ **augmenter**), 割引する, 縮小する

> **例**

Nous avons été obligés de réduire le nombre d'employés.
「弊社は従業員数を減らさざるを得ない」

---

336 □□□

Qu'est-ce qu'une taxe **c**_____ ?

炭素税とはどのようなものですか.

□ **carbone** **nm** 炭素, カーボン紙 (= **papier carbone**)

* < carbo- > は「炭, 石炭」の意味をもつ語形成要素. ちなみに「炭素（元素記号C)」は carbone **nm**, 「黒焦げにする, 炭化させる」なら carboniser **vt** という.

---

337 □□□

Des représentants du gouvernement sont finalement arrivés dans la région **s**_____.

政府関係者がやっと被災地に到着した.

□ **sinistré, sinistrée** **adj** **n** 災害に見舞われた, 罹災した, 被災者

- -

関連語 □ **sinistre** **nm** (地震・火事・洪水などの) 災害

1章のエッセイをさらに広げる

2章

1章の各エッセイの内容に則したキーワードに改めて照準を当て, 重複をいとわず細かに周辺単語を拾いました. DALF C1, C2 レベルの単語でもジャンル内の単語であればこれを積極的に扱っています.「覚えること」に重きを置いたため, 例文や注記は最低限に抑え (ただし, 語源を軸に広がる単語の自由な展開はそれを意識しながら), 単語の「一網打尽」を意識して作成しました. なお, 一部はエッセイをあらたに書き足し, 見出し語によって簡単な練習問題を加える形もとりました. フランス関連の QUESTION も設えています.

01 | 13 辞書・辞典

□ **dictionnaire** nm
　* 話し言葉では dico と略される.
辞書

　□ **dictionnaire électronique** nm
　　* monnaie électronique nf「電子マネー」.
電子辞書

　□ **dictionnaire en ligne** nm
　　* hors ligne は「オフラインの」の意味.
オンライン辞書

　□ **dictionnaire bilingue** nm
　　* < bi > はラテン系接頭辞で「2」を意味し, **bigamie** nf は「重婚」, **biscuit** nm は「ビスケット(←2度
　　焼かれたもの)」のこと. なお, < uni > は「1」なので dictionnaire unilingue は「一言語辞典」となる.
二言語辞典 (2か国語対訳辞典)

　□ **dictionnaire biographique** nm
　　* biographie nf「伝記」.
人名辞典

　□ **dictionnaire étymologique** nm
語源辞典

　□ **dictionnaire inversé** nm
　　* inverser l'ordre des mots なら「語順を倒置する」.
逆引き辞典

【語源展開】cic「言う・示す」

□ **dictionnaire**
辞書 ←(言われるもの＝"言葉"を集めた書物)

□ **diction** nf
発声法, 話し方 ←(話をするスタイル)

□ **prédiction** nf
　* prédire「予言する」←(物事が起こるより pré <前に> 話す)
予言

□ **bénédiction** nf
祝福 ←(béné <よく, 正しく>
[別例 **bénéficier** vt「(de の)恩恵に浴する」,
bénévole n「ボランティア」])

□ **malédiction** nf
呪いの(言葉), (宿命的な)不運
←(mal <悪・不良・不全>)

EX.01 語頭が mal で始まる次の語(女性名詞)をフランス語にしてください.

1. 栄養不良　　2. 汚職行為, 収賄　　3. 不潔, 下品な言動.
[注] 2章のEXはDELF B1, B2レベルからDALF C1も視野に入れて作成しています.

□ **contradiction** nf
反論, 矛盾 ←(contre <相反することを> 話す)

□ **verdict** nm
(陪審員の)評決, 審判 ←(ver <真実の> 言葉)

☐ **encyclopédie** **nf**	百科事典	
☐ **lexique** **nm**	用語集	
☐ **lexicographie** **nf**	辞書編集法, 辞書学	
☐ **travail lexicographique** **nm**	辞書編纂（作業）	
☐ **vocabulaire** **nm**	単語集, 語彙	
☐ **glossaire** **nm**	(巻末の)用語解説, 語彙集	
☐ **cahier de vocabulaire [mots]** **nm**	単語帳, 単語ノート	

* carnet de vocabulaire [mots] ともいう.

☐ **consulter un dictionnaire**	辞書をひく
☐ **chercher un mot dans un dictionnaire**	辞書で単語を調べる
☐ **enrichir son vocabulaire**	語彙を増やす
☐ **étymologie** **nf**	語源 (= origine d'un mot)

* **étymologiste** **n** 「語源学者」.

☐ **rechercher l'étymologie d'un mot**	単語の語源を調べる
☐ **grammaire** **nf**	文法

* **règle de grammaire** **nf** 「文法規則」. **grammatical(e)** **adj** qui concerne la grammaire.

☐ **ponctuation** **nf**	句読法

* **signe de ponctuation** **nm** 「句読点」.

☐ **orthographe** **nf**	(語の正しい)綴り, 正字法

* **faute d'orthographe** **nf** なら「スペリングミス」の意味. < ortho > は「正しい, まっすぐの」.

EX.02 次の単語の意味を答えてください.

1. orthodoxe **n**   2. orthopédie **nf**   3. orthophonie **nf**

☐ **ordre des mots** **nm**	語順

* par ordre alphabétique 「アルファベット順に」.

解答　**EX.01** 1. malnutrition　2. malversation　3. malpropreté

　　　EX.02 1. 正統派　2. 整形外科　3. 発音矯正

02 | 03 言語 cf.13

langage nm   **(1) 言語, 言語活動　(2) 言語記号**
(1) faculté humaine d'utiliser les structures linguistiques
(2) n'importe quel code pour communiquer

EX.03 「言語」と無関係の単語を1つ選んでください.

1. anesthésie générale　2. grammaire générative　3. linguistique cognitive
4. oxymore　5. phonétique

langue nf   言語, 国語
＊ l'une des variétés linguistiques parlées ou écrites par les humains

  langue parlée nf   口語, 話し言葉

  langue écrite nf   書き言葉

  langue maternelle nf   母語

  langue officielle nf   公用語

  langue morte nf   死語

parole nf   言葉, 発言

dialecte nm   方言
＊ 狭い地域で使われる「田舎言葉」などは **patois nm** という.

accent nm   訛(なま)り
＊ avoir l'accent marseillais「マルセイユ訛りがある」.

lettre nf   文字

signe nm   記号
＊ < sign >「(意味を伝える)印, 書く」:**panneaux de signalisation nm**「交通標識」, **signature nf**「署名」, **signer vt**「サインする」.

signe orthographique nm   綴り字記号

prononciation nf   発音

prononcer vt   発音する, (言葉を)発する

[語源展開] noncer「告げる, 宣言する」

☐ **pro**noncer
発音する ←(前方に言葉を告げる)

☐ **an**noncer **vt**
知らせる ←(〜に告げる)

☐ **re**noncer **vt**
あきらめる, 断念する ←(元に戻すように告げる)

☐ **dé**noncer **vt**
(不正などを)暴く, 密告する
←(格を下へ下げるよう告げる)

☐ **é**noncer **vt**
(はっきりと)述べる ←(完全に告げる)

☐ **articuler vt**
はっきり発音する
* 「関節(**articulation nf**)で分けられ個々の音を明瞭に発言する」という意味合い.

☐ **voyelle nf**
母音, 母音字

☐ **voyelle nasale nf**
鼻母音

☐ **semi-voyelle nf**
半母音
* 複数形は semi-voyelles となる. < semi >「半分」:**semi-conducteur nm**「半導体」, **semi-circulaire adj**
「半円形の」. 接頭辞 hemi も「半」の意味(**例** **hemisphère nm**「(特に地球の)半球」).

☐ **consonne nf**
子音, 子音字

☐ **syllabe nf**
音節

☐ **accent nm**
アクセント

☐ **intonation nf**
イントネーション

☐ **antonyme nm**
反意語, 反義語
* < onyme, nyme > は「名前」の意味. Les adjectifs « beau » et « laid » sont des antonymes.

☐ **synonyme nm**
同義語, 類義語
* « Désigner » et « montrer » sont des synonymes.

☐ **homonyme nm**
同音異義語
* « Mer » et « mère » sont des homonymes.

☐ **polysémie nf**
(言語の)多義性

解答 **EX.03** **1. anesthésie générale 全身麻酔** 2. 生成文法 3. 認知言語学
4. 撞着語法(類義の oxymoron nm「矛盾語法」は現在用いない) 5. 音声学

☐ **rhétorique** **nf**	修辞学, レトリック
☐ **hyperbole** **nf**	誇張法

[**語形成**] hyper- は「超, 過度に」を意味する接頭辞. hyperboleは「超えて投げること」→ exagération の意味. supermarché を凌駕する, 売り場面積2500㎡超の「巨大大型スーパー」は **hypermarché** **nm** と呼ばれ,「過敏症, 知覚過敏」は **hypersensibilité** **nf** という. また, ultra- や super- もラテン語派生で「超」の意味合い.「紫」を「超える」と **ultraviolet** **nm** で「紫外線」, また「音を超えて」**ultrason** **nm** なら「超音波」, **supersonique** **nm** なら「超音速機」の意味になる.

☐ **personnification** **nf**	擬人法
☐ **figure de style** **nf**	文の綾
☐ **métaphore** **nf**	メタファー, 隠喩
☐ **comparaison** **nf**	直喩, たとえ
☐ **métonymie** **nf**	換喩

＊「直喩」は「まるで〜のようだ」と喩える言い方（■例■ 上司はまるで鬼だ）,「隠喩」は「違うものに類似性を見出した表現」（■例■「顔が曇った」）, 換喩は「近いものを喩えてすぐには比喩と気づかない言い回し」（■例■ ピカソ（の作品）を鑑賞した）.

☐ **onomatopée** **nf**	擬声語, オノマトペ

＊ 形容詞「擬声音の」は onomatopéique という.

[語源展開] nom, nomin, nomen 「名前」

☐ **onomatopée**	オノマトペ ←（古代ギリシアでは対象の特徴を示す音で名づけを行なっていたため）
☐ **onomastique** **adj** **nf**	固有名詞の, 固有名詞研究（の）
☐ **nominal(e)** **adj**	(1) 名前の (2) 名ばかりの
☐ **nominaliser** **vt**	名詞化する
☐ **nomenclature** **nf**	専門用語, (辞書の)語彙

☐ **communication** **nf**	コミュニケーション
☐ **communication non verbale** **nf**	言葉を用いないコミュニケーション
☐ **communication interculturelle** **nf**	異文化コミュニケーション
☐ **communication de masse** **nfpl**	マスコミ

☐ conversation **nf**	会話
☐ dialogue **nm**	対話

EX.04 dialogue（＝conversation à deux）の類義語を1つ選んでください.

1. babillage　2. discours　3. entretien　4. palabres　5. parloir

［語源展開］ log 話す・言葉・スピーチ

☐ dia<u>log</u>ue **nm**	対話 ←（2人で言葉をかわす）
☐ mono<u>log</u>ue **nm**	独白 ←（1人でしゃべる）
☐ pro<u>log</u>ue **nm**	序文, プロローグ ←（前置きする言葉）
☐ <u>log</u>ique **nm**	論理 ←（スピーチの運び方）
☐ cata<u>log</u>ue **nm**	目録, カタログ ←（一覧にしてきちんと話すこと）

☐ page **nf**	ページ
☐ paragraphe **nm**	段落, パラグラフ

＊ そもそもは「段落を示すために余白に（側に：para）書かれた（graphe）線, その線による段落」を指していた.

［語源展開］ graph, graphie 書く

☐ para<u>graph</u>e	パラグラフ ←（傍に書いた印）
☐ bio<u>graph</u>ie **nf**	伝記 ←（生涯を書き綴った記録）
☐ autobio<u>graph</u>ie **nf**	自叙伝 ←（自分の生涯の記録）
☐ géo<u>graph</u>ie **nm**	地理（学）←（土地の記録）
☐ photo<u>graph</u>ie **nm**	写真（術）←（光で書いた記録）

☐ ligne **nf**	行, ライン
☐ phrase **nf**	文章, 文

解答　**EX.04**　**3. entretien**　対話, 対談　他は「1.（たわいない）おしゃべり　2. スピーチ　4. 長話（この単語はときに男性名詞としても使われる）5. 談話室」.

□ section **nf**	節, 段

□ passage **nm**	一節

□ locution **nf**	句

＊ 詩の場合には **vers nm** を使う.

□ mot **nm**	単語, 語

□ vocabulaire **nm**	語彙

> **EX.05** vocabulaire の「豊富さ, 乏しさ」を表す際に通常は用いない形容詞を 1 つ選んでください.
>
> 1. gros 2. indigent 3. large 4. petit 5. riche

---

02 道具・器具

□ instrument **nm**	道具, 器具, 楽器 (＝ instrument de musique)
■ instrument de précision **nm**	精密器具
■ instrument de travail **nm**	勉強道具
■ instrument chirurgical **nm**	手術用器具
□ outil **nm**	道具, 工具
■ boîte à outils **nf**	工具箱
■ outil de charpentier **nm**	大工道具
■ outil de jardinage **nm**	園芸用具
□ outillage **nm**	道具一式
□ ustensile **nm**	家庭用品, 用具
■ ustensile de cuisine **nm**	炊事道具
□ appareil **nm**	器具, 装置
■ appareil ménager **nm**	家電製品, 家庭用品

＊ 「洗濯機」**machine à laver nf** や「掃除機」**aspirateur nm** (「掃除機をかける」**passer l'aspirateur**) など.

☐ appareil électrique **nm**	電気器具

instruments (pour les mathématiques)

☐ règle **nf**	定規
▨ règle à calcul **nf**	計算尺
☐ compas **nm**	コンパス
☐ rapporteur **nm**	分度器
☐ calculatrice **nf**	計算機, 電卓

instruments (de musique)

☐ violon **nm**	**violoniste** **n** Personne qui joue du violon.
☐ guitare **nf**	**guitariste** **n** Personne qui joue de la guitare.
☐ clarinette **nf**	**clarinettiste** **n** Personne qui joue de la clarinette.
☐ flûte **nf**	**flûtiste** **n** Personne qui joue de la flûte.
☐ trompette **nf**	**trompettiste** **n** Personne qui joue de la trompette.
☐ piano **nm**	**pianiste** **n** Personne qui joue du piano.

03 | 15 各国語 *cf.*15

langues d'Europe

☐ allemand **nm**	*German*
	(その言葉が主に使われている国・地域) **Allemagne** **nf** / (首都) **Berlin**
	Autriche **nf** / **Vienne**
	Suisse **nf** / **Berne**

解答　**EX.05** **1. gros** ＊un gros mot なら「卑語」の意味で使うが un gros vocabulaire とは言わない. なお, vocabulaire indigent は比喩的な言い方で vocabulaire pauvre [insuffisant] と類義になる.

☐ anglais **nm**	*English* **Royaume-Uni nm / Londres** **Irlande nf / Dublin**
☐ basque **nm**	*Basque* **le Pays basque**
☐ bulgare **nm**	*Bulgarian* **Bulgarie nf / Sofia**
☐ catalan **nm**	**Andorre nf / Andorre-la-Vieille**

* Le catalan est aussi parlé dans les régions appelées Catalogne en Espagne et en France.

☐ danois **nm**	*Danish* **Danemark nm / Copenhague**
☐ espagnol **nm**	*Spanish* **Espagne nf / Madrid**
☐ finlandais / finnois **nm**	*Finnish* **Finlande nf / Helsinki**
☐ français **nm**	*French* **France nf / Paris** **Belgique nf / Bruxelles** **Luxembourg nm / Luxembourg** **Suisse nf / Berne**
☐ grec **nm**	*Greek* **Grèce nf / Athènes**
☐ néerlandais **nm**	*Dutch* **Pays-Bas nmpl** (= † **Hollande nf**)/ **Amsterdam**
☐ †hongrois **nm**	*Hungarian* †**Hongrie nf / Budapest**
☐ italien **nm**	*Italian* **Italie nf / Rome** **Suisse nf / Berne**
☐ norvégien **nm**	*Norwegian* **Norvège nf / Oslo**
☐ polonais **nm**	*Polish* **Pologne nf / Varsovie**
☐ portugais **nm**	*Portuguese* **Portugal nm / Lisbonne**
☐ roumain **nm**	*Romanian* **Roumanie nf / Bucarest**
☐ russe **nm**	*Russian* **Russie nf / Moscou**
☐ suédois **nm**	*Swedish* **Suède nf / Stockholm**
☐ tchèque **nm**	*Czech* **République Tchèque, Tchéquie nf /** **Prague**

☐ turc **nm**	*Turkish* Turquie **nf** / Ankara

QUESTION 17

Laquelle des langues suivantes ne fait pas partie des quatre langues parlées en Suisse ?

1. espagnol   2. français   3. italien   4. romanche   5. suisse allemand

autres langues beaucoup parlées dans le monde

☐ afrikaans **nm**	*Afrikaans* Afrique **nf**
☐ arabe **nm**	*Arabic* Arabie **nf**
☐ bengali **nm**	*Bengali* Bengale **nm**
☐ chinois **nm**	*Chinese* Chine **nf** / Pékin
☐ hindi **nm**	*Hindi* Inde **nf** / New Delhi
☐ japonais **nm**	*Japanese* Japon **nm** / Tokyo
☐ malgache **nm**	*Malagasy* Madagascar {**nf**} / Antananarivo (= la République de Madagascar)

＊ Chaque pays a une forme longue (République française, etc.) qu'il faudrait ajouter à tous les pays de cette liste, mais qui n'est généralement pas utilisée.

☐ persan **nm**	*(modern)* **Persian** Perse **nf** (＊ Iran **nm** の旧称) / Téhéran
☐ swahili **nm**	*Swahili* la côte est de l'Afrique
☐ urdu, ourdou **nm**	*Urdu* Pakistan **nm** ; Inde **nf**

cf. **punjabi, pendjabi nm** *Punjabi, Panjabi*

QUESTION 18

Comment s'appellent les habitants ... ?

1. du Bangladesh   2. de Chypre   3. du Liechtenstein
4. du Mayotte   5. du Yémen

解答	**Q.17**	**1. espagnol**
	Q.18	**1. Bangladais(e)** **2. Chypriote** **3. Liechtensteinois(e)**
		4. Mahorais(e) **5. Yéménite**

04 -isme

文学用語の例
設問1 isme に着目して和訳してください。(解答例はp.290)

L'histoire de la littérature française aux XIXe et XXe siècles peut être considérée comme une période d'apparition et de disparition de différents « **isme** », un bouquet de fleurs d'isme. Le « **romantisme** » représenté par Victor Hugo, le « **réalisme** » par Stendhal, Balzac et Flaubert, le « **naturalisme** » prôné par Zola, et le « **symbolisme** » par des poètes qui se sont concentrés sur les symboles et l'intériorité. Au XXe siècle, des concepts tels que le « **surréalisme** », « l'**existentialisme** » et « l'**anti-romantisme** » sont nés.

☐ idéologie nf	イデオロギー
☐ politique nf	政治, 政策
☐ féodalisme nm	封建制度 (= régime féodal), 封建制
☐ impérialisme nm	帝国主義
☐ communisme nm	共産主義
☐ socialisme nm	社会主義
☐ capitalisme nm	資本主義
☐ libéralisme nm	自由主義
☐ nationalisme nm	国家主義, 国粋主義
☐ patriotisme nm	愛国主義, 愛国心
☐ monothéisme nm	一神論, 一神教

* mono は＜1, 単一＞を意味するギリシア系の接辞で, multi- の反意. monotone は「単調な, 変化のない」を意味する形容詞, **monologue nm** は「独り言」, "単一の場"に集中すれば **monopole nm**「独占」とあいなる. ちなみにラテン系の＜1, 単一＞を表すのは uni で形容詞 unicolore は「単色の」(= monochrome), unilatéral(e) なら「一方的な」といった意味になる.

☐ **panthéisme nm** 　汎神論

* pan- は「全～, 汎～」を意味する接頭辞. たとえば, 1991年まで営業していた航空会社

PANAM は **panaméricain(e)** **adj**「アメリカ大陸全体の」の意味から. また, **panacée** **nf** は「万能薬」,
panthéon **nm**「パンテオン」は古代ギリシア・ローマの万神殿を指す.

☐ **polythéisme** **nm**	多神教

［語源展開］poly「多数の, 満たす」

☐ **polythéisme**	**多神教** (←「多数の」+「神」+「教義」)
☐ **Polynésie** **nf**	(太平洋のほぼ中央)**ポリネシア (諸島)**
cf. **Polynésie française**「フランス領ポリネシア」.	←(nesia は「島々」を指すので文字通り「多島海」ということ)
☐ **polygamie** **nf**	**一夫多妻制, 一妻多夫制**
cf. **monogamie** **nf**「一夫一婦婚」.	←(たくさんの gamie「男・女」から)
☐ **polygone** **nm**	**多角形** ←(多 + gone「角形」から)
cf. **hexagone** **nm**「6 角形」. ＊l'Hexagone なら「フランス本土 (国の形から)」を指す.	
☐ **polype** **nm**	(医学:粘膜に隆起した)**ポリープ** ←(多数の足を持つ)

> **EX.06** 病理学に関係のある < -isme > が並んでいます, どんな意味でしょうか.
>
> 1. alcoolisme　2. cocaïnisme　3. gigantisme　4. morphinisme

イデオロギー（形容詞）の例

設問2 -iste（形容詞）に着目して和訳してください. (解答例はp.290)

Que l'on vive dans une société **communiste**, **socialiste**, **capitaliste** ou
aristocratique, la réalité quotidienne des gens ordinaires n'est pas beaucoup
affectée. Certains rêvent d'une vraie démocratie où ils pourraient participer
à toutes les décisions qui les concernent, mais la réalité est bien différente.

［語源展開］viv「生きる」

☐ **vivre**	**生きる** ←(「生きる, 暮らす」)
☐ **survivre** **vt**	**生き残る, 生きながらえる** ←(sur <超えて> 生きる)
☐ **revivre** **vt**	**生き返る, 元気を取り戻す** ←(re <再び> 生きる)
☐ **vivant(e)** **adj**	**生きている, 活発な** ←(生きている)

解答　**EX.06** 1. アルコール中毒（依存症）　2. コカイン中毒　3. 巨人症　4. (慢性)モルヒネ中毒

[語源展開] cert「篩（ふるい）にかけられてはっきり定まった」→「確かな」

☐ <u>cert</u>ain(e)	確かな ←（「確かな, 確信して」）
☐ in<u>cert</u>ain(e) **nf**	不確かな ←（「確か」でない）
☐ <u>cert</u>ificat **nm**	証明書 ←（確かだと「証明」＋「〜したもの」）
☐ <u>cert</u>itude **nf**	確実性, 確信 ←（「確かな」＋itude「状態（抽象名詞語尾）」）

05 | 06 環境 *cf.* 48, 50

☐ environnement **nm**	環境
☐ dégradation de l'environnement **nf** ＊ **dégrader vt**「悪化させる, 破損する」.	環境悪化
☐ destruction de l'environnement **nf** ＊ **détruire vt**「破壊する, 破滅させる」.	環境破壊
☐ études environnementales **nfpl**	環境学（＝ les études sur l'environnement）

EX.07 次の単語の中で「環境学」に関係のある単語を１つ選んでください.

1. capacité vitale　2. sanctuaire de la faune　3. thérapie hypnotique

[語源展開] struct「積み重ねる」

☐ de<u>struct</u>ion **nf**	破壊, (破壊による)被害 ←（積み上げたものを下に引く）
☐ <u>struct</u>ure **nf**	構造, 建造物 ←（積み重ねた結果）
☐ con<u>struct</u>ion **nf**	建設(業), 建造物 ←（<みんなで>共に積み上げること）
☐ recon<u>struct</u>ion **nf**	再建, 復興 ←（<再び>積み上げること）
☐ infra<u>struct</u>ure **nf**	(建築物などの)基礎工事, 下部組織 ←（<下に>積み重ねられたもの）
☐ super<u>struct</u>ure **nf**	(建築物の土台より上)上部構造 ←（<土台の上に>積み重ねられたもの）
☐ in<u>struct</u>ion **nf**	教育, 教養 ←（<人の中に>知識などを積み重ねる）

228

☐ **instrument nm**　道具 ←（積み重ねる"=築く"手段）

■ **protection de l'environnement nf**　環境保護
　* protéger「保護する, 守る」.

☐ **écologiste n**　生態学者, 環境保護論者
　* < logiste, logue >「学者, 研究者」.

EX.08（難）次の単語をフランス語にしてください.

1. 気象学者　2. 腫瘍学者（癌研究者）　3. 動物学者

☐ **papier recyclé nm**　再生紙

☐ **économie d'énergie nf**　省エネ

☐ **changement climatique nm**　気候変動（= changement de climat）

☐ **réchauffement de la Terre nm**　地球温暖化（= réchauffement climatique）

EX.09「地球温暖化」を定義した下記の文の空欄に入る単語を答えてください.

Le « réchauffement climatique » est un p＿＿＿＿＿ dans lequel de grandes quantités de gaz à effet de serre sont libérées dans l'atmosphère en raison des activités humaines, provoquant une augmentation continue de la t＿＿＿＿＿ de la Terre et perturbant l'équilibre du monde naturel, y compris le climat et les êtres vivants.

☐ **effet de serre nm**　温室効果

■ **gaz à effet de serre nm**　温室効果ガス
　* réduire les émissions de gaz à effet de serre「温室効果ガスを抑制する」.

解答　**EX.07** 2. sanctuaire de la faune　野生動物保護区　1. 肺活量　3. 催眠療法

EX.08 1. météorologiste（= météorologue）　2. oncologue（= cancérologue）
3. zoologiste（= zoologue）

EX.09 phénomène / température（訳）人の活動によって, 温室効果ガスが大量に大気中に放出され, 地球上の**気温**が上昇し続け, 気候や生物など自然界のバランスを崩している**現象**を「地球温暖化」と呼ぶ.

☐ **smog photochimique** nm | 光化学スモッグ

☐ **substances toxiques** nfpl | 有毒物質

EX.10 次のうち「有毒物質」とされていないのはどれ.

1. antioxydant　2. arsenic　3. cadmium　4. mercure　5. plomb

［語源展開］tox「毒」

☐ **toxique** adj | 有毒の, 毒性の
cf.「(蛇などが)有毒な」. **adj** venimeux, venimeuse

☐ **toxicologie** nf | 毒物学 l'étude des poisons

☐ **toxine** nf | 毒素 tout poison produit par un être vivant

☐ **détoxication** nf | 解毒(作用) éliminer le poison du corps

☐ **désintoxication** nf | 解毒, (中毒の)治療
le processus de sevrage de l'alcool ou d'une drogue addictive

---

☐ **conditions météorologiques extrêmes** nfpl | 異常気象

☐ **combustibles fossiles** nfpl | 化石燃料

☐ **décarbonation / décarbonisation** nf | 脱炭素化

　☐ **société décarbonée** nf | 脱炭素社会

☐ **déplastification** nf | 脱プラスチック

☐ **déforestation** nf | 森林破壊 (↔ boisement「植林」, reboisement「森林再生」)

☐ **zone de précipitation linéaire** nf | 線状降水帯

EX.11 「線状降水帯」と関係のない1語を選んでください.

1. catastrophe sédimentaire　2. infection aéroportée　3. cumulonimbus
4. pluie torrentielle　5. tornade

☐ **vague de chaleur** nf | 熱波

☐ **déversement en mer** nm | 海洋投棄, 海洋放出

230

☐ **déversement de déchets** | 放射性廃棄物の海洋投棄
radioactifs en mer

* déversement illégal de déchets なら「不法投棄」. なお, 流出した石油で汚れた海を **marée noire nf**
（←黒い潮）と呼ぶ.

☐ **contamination radioactive nf** | 放射能汚染

☐ **liquéfaction nf** | 液化

* 「液状化現象」は「土壌液状化」liquéfaction du sol と称される. ただし, フランスはほとんど地震が起き
ないので一般には馴染みのない言葉だと言える.

EX.12 液状化現象が起きない場所は.

1. bas marais   2. polder   3. sol sablonneux
4. stratosphère   5. terre récupérée

設問3 環境に関連する語に注意して和訳してください. (解答例はp.290)

La couche d'ozone absorbe **les rayons ultraviolets** et joue un rôle dans
la protection de la vie sur terre. Cependant, depuis les années 1980, il
est devenu évident que la quantité d'ozone a diminué au-dessus de
l'Antarctique, ce qui a entraîné l'apparition d'un soi-disant **trou**. La cause
est **le fréon**. Ce gaz était initialement considéré comme **inoffensif** pour
les humains et les animaux, et était utilisé à grande échelle comme
liquide de refroidissement.

---

07 道徳

☐ **morale nf** | 道徳, モラル, 教訓

  moral, morale / moraux adj | 道徳的な (↔ immoral, amoral), 精神的な

解答   **EX.10**   **1. antioxydant** 番号順に「**1. 酸化防止剤** 2. ヒ素 3. カドミウム 4. 水銀 5. 鉛」.

  EX.11   **2. infection aéroportée 空気感染**
        他は「1. 土砂災害 3. 積乱雲 4. 集中豪雨 5. 竜巻」.

  EX.12   **4. stratosphère 成層圏**
        他は「1. 低湿地 2. 干拓地 3. 砂地盤（砂質土壌） 5. 埋立地」.

■ **moral** **nm** ｜ 精神（状態），士気，気力（＝ énergie）

Méfiez-vous du nom masculin *le moral*, qui n'a rien à voir avec la morale, mais fait référence à la perception intérieure de la façon dont on s'en sort dans la vie.

☐ **moralité** **nf** ｜ 道徳性，品行，教訓

☐ **bonté** **nf** ｜ 善意，親切

EX.13 bonté の類義語にならない語を 1 つ選んでください．

1. amabilité 2. bien-être 3. bienveillance 4. gentillesse 5. obligeance

☐ **innocence** **nf** ｜ 無罪（↔ culpabilité）

☐ **innocent, innocente** **adj** ｜ 無実の，無罪の（↔ coupable），無邪気な

☐ **conscience** **nf** ｜ 良心，誠意，意識（＝ connaissance）

■ **consciencieux,** **consciencieuse** **adj** ｜ 良心的な

☐ **devoir** **nm** ｜ 義務，宿題

☐ **vertu** **nf** ｜ 徳，美徳（↔ vice），（道徳的な）美点

■ **vertueux, vertueuse** **adj** ｜ 徳の高い，高潔な

☐ **gentillesse** **nf** ｜ 親切

☐ **amabilité** **nf** ｜ 愛想のよさ，親切さ

☐ **sympathie** **nf** ｜ 好感，共感

☐ **générosité** **nf** ｜ 気前のよさ，寛大

［語源展開］gén, gèn「生まれ，種族」

☐ **gén**érosité ｜ 気前のよさ ←（高貴な生まれの）

☐ **gén**ie **nm** ｜ 天分，天才 ←（生まれながらの才能）

☐ **gén**ération **nf** ｜ 世代 ←（生み出されたもの）

☐ **gèn**e **nm** ｜ 遺伝子 ←（生み出す素となるもの）

☐ **gén**éral(e) **adj** ｜ 一般的な，全体の ←（種族全体に関わる）

08 経済

☐ **économie** nf | 経済(学), 節約

  * économique **adj** は「経済の, 経済的な, 安上がりな」, économiser **vt** は「節約する」という意味.

EX.14 「経済」に関係する語句を2つ選んでください.

1. animisme　　　　2. barbarisme　　　　3. dépréciation
4. intégration raciale　　5. obligation d'État

☐ **économie mondiale** nf | 世界経済

☐ **livre blanc sur l'économie** nm | 経済白書

☐ **économiser** vt | (物や時間を)節約する(↔ gaspiller), 貯金する

☐ **économiste** n | 経済学者, エコノミスト

☐ **économique** adj | 経済における, 経済上の, 節約になる

☐ **situation économique** nf | 経済状況

☐ **conjonction économique** nf | 経済情勢, 景気

☐ **redressement économique** nm | 景気回復
  * reprise économique **nf** も同義.

☐ **crise économique** nf | 経済危機

☐ **croissance économique** nf | 経済成長
  * 「経済成長率」は taux de croissance **nm** という.

☐ **développement économique** nm | 経済発展

☐ **blocus économique** nm | 経済封鎖

☐ **théorie économique** nf | 経済理論

☐ **microéconomie** nf | ミクロ経済学
  * 反意の「マクロ経済学」は macroéconomie **nf** という.

解答　**EX.13**　**2. bien-être** 幸福, (経済的な)安定
      他は「優しさ, 親切, 好意」の意味をもつ単語.

     EX.14　**3. dépréciation** 減価償却(価値の低下)　**5. obligation d'État** 国債
       他は「1. アニミズム　2. 不純正語法, (語形の)破格用法　4. 人種統合」.

☐ **économétrie** nf		計量経済学

EX.15 「経済・金融」に関係する次の空欄を埋めてください.

1. 株式投資　investissement en **a**＿＿＿＿＿＿＿
2. 規制緩和　**d**＿＿＿＿＿＿＿
3. 内需拡大　**e**＿＿＿＿＿＿＿ de la demande intérieure
4. 為替レート　taux de **c**＿＿＿＿＿＿＿

☐ **indice des prix** nm	物価指数
☐ **prospérité** nf	好景気
☐ **dépression** nf	不景気
☐ **récession** nf	景気後退
☐ **inflation** nf	インフレ

＊ 物価の上昇と通貨価値の下落とが急激に起こる「ハイパーインフレ」は hiperinflation と呼ぶ.

☐ **déflation** nf	デフレ
☐ **stagflation** nf	スタグフレーション
☐ **crise** nf	恐慌

＊ **panique** nf を類語としている和仏辞書もあるが, 経済用語としては適当ではない.

☐ **demande** nf	需要
☐ **offre** nf	供給

EX.16 下記の空欄を埋めて, 簡易的対義語一覧を完成させてください. （解答はp.293）

1. 需給　l'offre et la ＿＿＿＿＿
2. 干満　le ＿＿＿＿＿ et le reflux
3. ＿＿　la chaleur et le froid
4. 強弱　des forces et ＿＿＿＿＿
5. 苦楽　la ＿＿＿＿＿ et le plaisir
6. ＿＿　les paroles et les actes
7. 勝敗　la victoire et la ＿＿＿＿＿
8. 天地　le ＿＿＿＿＿ et la terre
9. ＿＿　le maître et l'élève
10. 雌雄　le mâle et la ＿＿＿＿＿
11. 収支　les recettes et les ＿＿＿＿＿
12. ＿＿　les pertes et profits
13. 賞罰　les punitions et les ＿＿＿＿＿
14. 心身　le ＿＿＿＿＿ et l'esprit
15. ＿＿　la pauvreté et la richesse

☐ **consommation** nf	消費

＊ consommation annuelle par tête なら「１人当たりの年間消費量」の意味.

☐ **hausse de l'euro** nf	ユーロ高
☐ **baisse de l'euro** nf	ユーロ安
☐ **crypto-monnaie** nf	暗号通貨

＊ 接頭辞 crypto- は「隠れた, 秘密の」の意味.

☐ **monnaie virtuelle** nf	仮想通貨
☐ **politique d'assouplissement monétaire** nf	金融緩和政策
☐ **réforme structurelle** nf	構造改革
☐ **compétitivité internationale** nf	国際競争力
☐ **commerce électronique** nm	電子商取引, eコマース

09 伝統

☐ **tradition** nf	伝統

［語源展開］trad, traî, trah「引き渡す」

☐ **tradition**	伝統←(時代を超えて引き渡されたもの)
☐ **extradition** nf	(海外への犯人の)**引渡し, 送還**←(外へと引き渡すこと)
☐ **traître, traîtresse** n	**裏切り者, 売国奴**←(城を敵に引き渡す(裏切る)者)
☐ **trahison** nf	**裏切り, 背信**

＊ **trahir** vt「裏切る」←(敵に引き渡す)

☐ **coutume** nf	(社会的・文化的な)しきたり, 慣習
☐ **habitude** nf	(個人的な)習慣, (多くは複数で)風習

解答　**EX.15**　1. investissement en actions　2. déréglementation
3. expansion de la demande intérieure　4. taux de change

☐ **routine** nf	型にはまった行動, 習慣
☐ **mœurs** nfpl	風俗習慣
☐ **style de vie** nm	生き方(ライフスタイル)

EX.17 次の語句はどんな意味ですか.

1. des meubles de style　2. style baroque　3. style de nage

10　美

☐ **beauté** nf	美, 美しさ(↔ laideur), 美人
☐ **beau (bel), belle / beaux** adj	美しい
☐ **joli, jolie** adj	かわいい, きれいな
☐ **esthétique** nf	美学, 美
☐ **esthétique** adj	審美的な, 美的な(↔ inesthétique, laid)

EX.18 この < in+形容詞 > は「形容詞の性質を欠いた」という意味だが, 下記の中で1つだけ「否定」とならない語がある.

1. inadéquat(e)　2. inadmissible　3. incroyable　4. inefficace　5. inflammable

☐ **gracieux, gracieuse** adj	(姿や振る舞いが)優雅な, 上品な(= élegant)
☐ **élegance** nf	優美, 上品
☐ **élegant, élegante** adj	(人や服装が)上品な, おしゃれな
☐ **magnifique** adj	見事な, すごい(= splendide, superbe ↔ affreux)
☐ **mignon, mignonne** adj	かわいい, キュートな
☐ **charmant, charmante** adj	感じがいい, すてきな
☐ **attirant, attirante** adj	人を引きつける, 魅力のある
☐ **séduisant, séduisante** adj	魅力的な, 気をそそる
☐ **sensuel, sensuelle** adj	官能的な, 肉感的な

☐ **sexy adj**	セクシーな
☐ **embellir vt**	より美しくする, 美化する
☐ **embellissement nm**	美化, 潤色
☐ **décorer vt**	飾る, 装飾する
☐ **décoration nf**	装飾
☐ **décoratif, décorative adj**	装飾の
☐ **orner vt**	(deで) 飾る

EX.19 上記の **embellir, décorer** あるいは下記の **parer** は類語ですが, 他にも２つ「飾る」の意味になる動詞があります.

1. égayer　2. emballer　3. enjoliver　4. étiqueter　5. s'extasier

☐ **ornement nm**	飾り, 装飾
☐ **parer vt**	(de で) 飾る

＊ orner より古めかしい.

11　文学

☐ **littérature nf**	文学
☐ **roman nm**	小説, 長編小説
☐ **roman policier nm**	推理小説, ミステリー小説
☐ **roman d'amour nm**	恋愛小説
☐ **roman de science-fiction nm**	SF小説
☐ **nouvelle nf**	中編小説

解答　**EX.17**　1. 時代ものの家具　2. バロック様式
3. (自由形以外の) 平泳ぎや背泳ぎなど　＊「(一定の型にはまった) 泳法, 泳ぎ方」を指す.

EX.18　5. inflammable 引火性の　他は「1. 不適切な 2. 認められない 3. 信じられない
4. 効果のない」の意味.

EX.19　1. égayer 3. enjoliver　他は「2. 包装する 4. 札をつける 5. うっとりする」の意味.

conte **nm**	短編小説
■ conte de fées **nm**	おとぎ話
histoire **nf**	物語, 話
récit **nm**	話, 物語
fable **nf**	寓話
légende **nf**	伝説

EX.20 次の中から **animal de légende** を2つ選んでください。

1. chimère　2. kiwi　3. léopard　4. licorne　5. tatou

mythe **nm**	神話
fiction **nf**	フィクション
poésie **nf**	(ジャンルとしての)詩
poème **nm**	(一編の)詩
pièce de théâtre **nf**	戯曲
■ tragédie **nf**	悲劇
■ comédie **nf**	喜劇

QUESTION 19

Lequel des énoncés suivants constitue une combinaison incorrecte entre une pièce de théâtre et son auteur ?

1. Cyrano de Bergerac – Edmond Rostand
2. En attendant Godot – Samuel Beckett
3. Le Mariage de Figaro – Pierre Augustin Caron de Beaumarchais
4. Salomé – Alexandre Dumas

personnage **nm**	登場人物
intrigue **nf**	(小説や劇の)筋(プロット)
aventure **nf**	恋愛, 冒険
romancier, romancière **n**	小説家

☐ écrivain, écrivaine n		作家, ライター
☐ poète nm		詩人
☐ auteur, auteure / autrice n		作者, 著者
☐ nom de plume nm		ペンネーム
☐ pseudonyme nm		仮名, ペンネーム

[語形成] pseud(o)- は「偽の, 擬似」を意味する連結語で -nyme は「名前」を指す. science をプラスすれば **pseudoscience** **nf**「(科学的根拠を欠いた)偽科学」(形容詞なら pseudo-scientifique), 名詞 intellectuel, intellectuelle を足せば「似非インテリ」**pseudo-intellectuel(le)** **n** といった単語を形成することができる.

☐ lecteur, lectrice n		読者
☐ lecture nf		読書

12　音楽

☐ musicien, musicienne n		音楽家
☐ musique nf		音楽, 曲
☐ musical, musicale / musicaux adj		音楽の
☐ chanteur, chanteuse n		歌手
☐ chanson nf		歌
☐ chanson à la mode nf		ヒットソング

解答　**EX.20**

順に「**1. キマイラ**　2. キーウィ　3. ヒョウ　**4. ユニコーン**　5. アルマジロ」のこと.

Q.19　4.「サロメ」は Oscar Wilde がフランス語で書いた戯曲.

239

□ chanter **vi vt**	歌う

EX.21 chanter faux の意味になる語はどれか.

1. détonner   2. fredonner   3. solfier   4. vocaliser

□ compositeur, compositrice **n**	作曲家
□ composer [écrire] de la musique	作曲する
□ composition **nf**	作曲
□ parolier, parolière **n**	作詞家
□ faire [écrire] les paroles	作詞する
□ jouer **vi vt**	(楽器を)演奏する, (曲を)演奏する
□ joueur, joueuse **n**	演奏家

 * ただし, pianiste, violoniste など楽器の演奏者としての名称が決まっている楽器演奏者には用いない (例 jouer de mandoline「マンドリン奏者」).

□ musique classique **nf**	クラシック(＝ classique)
□ musique de chambre **nf**	室内楽
□ musique pop **nf**	ポップ・ミュージック(＝ pop)
□ musique folk **nf**	フォークミュージック(＝ folk)
□ symphonie **nf**	交響曲

 * < sym, syn >「共に, 一緒に」: たとえば **photosynthèse nf** は < photo(光)＋ syn ＋置く行為 > で「光合成」.

□ concerto **nm**	協奏曲
□ jazz **nm**	ジャズ
□ rock **nm**	ロック
□ reggae **nm**	レゲエ
□ blues **nm**	ブルース
□ rap **nm**	ラップ
□ mélodie **nf**	メロディー, 旋律
□ mélodique **adj**	旋律の
□ mélodieux, mélodieuse **adj**	旋律の美しい, 音色の美しい

☐ air **nm**	歌曲, 曲, メロディー
☐ rythme **nm**	リズム, 拍子
☐ rythmique **adj**	リズムの
☐ rythmer **vt**	リズムをつける[に合わせる]
☐ cadence **nf**	調子, リズム, 終止
☐ mesure **nf**	拍
☐ harmonie **nf**	ハーモニー, 調和
☐ dissonance **nf**	不協和音, 不調和
☐ ton **nm**	音程
☐ note **nf**	音符
☐ échelle (des notes) **nf**	音階
☐ gamme **nf**	音階
☐ partition **nf**	楽譜

* 楽譜の「五線」は **portée nf** という.

14 専門家

☐ expert(e) **n**	専門家, エキスパート

*「女性にも男性形を使う」とされていたが, 現在は女性形が使われている.

☐ professionnel, professionnelle **n**	プロ, 専門家, 玄人 (↔ amateur)
☐ spécialiste **n**	専門家, 専門医 (＝ médecin spécialiste)
☐ virtuose **n**	(音楽の)名手, 達人
☐ virtuosité **nf**	名人芸, 技巧
☐ vétéran **nm**	ベテラン

解答 **EX.21** **1. 調子はずれに歌う** 他は「2. ハミングする, 口ずさむ 3. (曲を)ドレミファ(階名) で歌う 4. (発声練習などで)母音唱法で練習する(歌う)」という意味の動詞.

241

☐ **expérimenté, expérimentée adj** | 経験豊かな（↔ **inexpérimenté**）

☐ **nouveau (nouvel), nouvelle n** | 新入り，新人

☐ **débutant(e) n** | 初心者，新人
　＊ 類義語として novice, néophyte, apprenti(e) といった語がある．

16　コンピュータ

☐ **ordinateur nm** | コンピュータ，パソコン

EX.22 次の５つの単語の中で「コンピュータ」と直接関係のない語句を１つ選んでください．

1. compatibilité　2. parallélogramme　3. reconnaissance vocale
4. récupération de l'information　5. traitement de l'information

☐ **PC nm** | パソコン

☐ **ordinateur de bureau nm** | デスクトップ・コンピュータ

☐ **ordinateur portable nm** | ノートパソコン，ラップトップ

☐ **tablette numérique nf** | （**iPad** などの）タブレット端末

☐ **périphérique nm** | 周辺機器
　＊ **disque nm**「ディスク」，disque dur で「ハードディスク」の意味．

☐ **disquette nf** | フロッピーディスク

☐ **écran nm** | モニター，ディスプレイ
　＊ **moniteur nm** ともいう．

☐ **résolution nf** | 解像度
　＊ La résolution de l'image est une mesure de la finesse avec laquelle une image numérisée est divisée en pixels, exprimée en pixels par unité. C'est la densité de pixels.

☐ **clavier nm** | キーボード
　＊「キー」は **touche nf,**「テンキー」は **pavé (numérique) nm** という．

☐ **souris nf** | マウス

☐ **cliquer vi** | クリックする

　☐ **double-cliquer sur l'icône** | アイコンをダブルクリックする

☐ **tapis de souris nm** | マウスパッド

□ **curseur** **nm**	カーソル
□ **clé USB** **nf**	USB メモリ
□ **imprimante** **nf**	プリンター

＊「インクジェットプリンター」なら **imprimante à jet d'encre nf** という.

□ **imprimer** **vt**	印刷する
□ **scanner, scanneur** **nm**	スキャナー
□ **photocopieuse** **nf**	コピー機

17　病気・症状

□ **maladie** **nf**	病気, 疾患

EX.23 次の中で「病名」でないのはどれ.

1. cortex cérébral　2. dysautonomie　3. insolation
4. leucémie　5. schizophrénie

□ **malade** **adj**	病気の, (人が)気分が悪い
□ **malade** **n**	病人

＊ 医者から見た「病人, 患者」の意味なら **patient(e) n** を使う.

□ **blessure** **nf**	傷, 負傷
□ **(se) blesser** **vt** **vp**	傷を負わせる, 負傷する
□ **allergie** **nf**	アレルギー

EX.24 次の中から「アレルギー疾患」を２つ選んでください.

1. asthme　2. cataracte　3. calcul biliaire　4. dermatite atopique　5. rhume des foins

□ **allergique** **adj**	アレルギー(性)の

解答　**EX.22**　**2. parallélogramme** 平行四辺形
　　　　　　他は「1. 互換性　3. 音声認識　4. 情報検索　5. 情報処理」.

　　　EX.23　**1. cortex cérébral** 大脳皮質
　　　　　　他は「2. 自律神経失調症　3. 日射病　4. 白血病　5. 統合失調症」.

　　　EX.24　**4. アトピー性皮膚炎　5. 花粉症**　他は「1. 喘息　2. 白内障　3. 胆石」のこと.

243

☐ **épidémie nf**	(病気などの)流行, 蔓延
☐ **crise nf**	(病気の)発作
☐ **attaque nf**	発作, 卒中 (= attaque d'apoplexie)
☐ **symptôme nm**	症状
* < sym(共に)＋落ちる > という意味から.	
☐ **douleur nm**	痛み, (精神的な)苦しみ
☐ **douloureux, douloureuse adj**	痛い, 苦しい
☐ **souffrance nf**	苦しみ, 苦痛
☐ **souffrir vi**	(痛みに)苦しむ
☐ **fièvre nf**	熱, 発熱
* avoir de la fièvre = avoir de la température「熱がある」. Je me sens fiévreux(se).「熱っぽいです」. Veuillez prendre votre température avec ce thermomètre.「この体温計で熱を測ってください」.	
☐ **toux nf**	咳
☐ **sirop contre la toux nm**	咳止めシロップ
☐ **pastille nf**	のど飴, トローチ
☐ **tousser vi**	咳をする
☐ **gargarisme nm**	うがい, うがい薬
☐ **vomissement nm**	嘔吐
☐ **vomir vt vi**	嘔吐する
☐ **nausée nf**	吐き気
☐ **saignement nm**	出血
* **sang nm** は「血」.	
☐ **saignement de nez nm**	鼻血
☐ **saigner vi**	出血する
* saigner du nez で「鼻血を出す」の意味.	
☐ **brûlure nf**	やけど
☐ **se brûler**	やけどをする

□ abcès **nm**	腫れもの, 膿
□ infection **nf**	(傷口などの)化膿, (病気の)感染(症)

> **EX.25** 次の中で「感染症」に相当しない語はどれですか.
>
> 1. encéphalite japonaise　　2. grippe　　3. rubéole
> 4. taux de glycémie　　　　5. tétanos

■ s'infecter **vp**	化膿する, 感染する
□ évanouissement **nm**	気絶
■ s'évanouir **vp**	気絶する
□ crampe **nf**	痙攣
■ avoir une crampe au mollet	足(ふくらはぎ)がつる
□ foulure **nf** / entorse **nf**	ねんざ
■ se fouler / se tordre **vp**	ねんざする
□ fracture **nf**	骨折
■ se fracturer **vp**	骨折する

18　水

□ eau **nf**	水
■ eau potable **nf**	飲料水, 飲み水
■ eau minérale **nf**	ミネラルウオーター

　＊ eau minérale gazeuse は「炭酸入りミネラルウオーター」,「炭酸なし」なら eau minérale plate という.

■ eau du robinet **nf**	水道水
■ eau courante **nf**	流水

　解答　**EX.25**　**4. taux de glycémie**　血糖値
　　　　他は「1. 日本脳炎　2. インフルエンザ　3. 風疹　5. 破傷風」.

■ eau de pluie **nf**	雨水
■ eau de puits **nf**	井戸水
■ eau de mer **nf**	海水
＊たとえば「琵琶湖の水」ならば、**eau du lac** Biwa **nf** という.	
■ eau souterraine **nf**	地下水
■ eau chaude **nf**	湯
＊「熱湯」は、**eau bouillante nf** という.	
□ rizière **nf**	水田
＊「畑」は、**champ nf** という.	
□ irrigation **nf**	灌漑（かんがい）
■ canal d'irrigation **nm**	灌漑用水路
□ pénurie d'eau **nf**	水不足

EX.26 Parmi les mesures suivantes, lesquelles peuvent être prises en cas de pénurie d'eau ?

1. Augmentation de la consommation d'eau due à la croissance démographique
2. Changement climatique
3. Pluie artificielle
4. Pollution et destruction des sources d'eau
5. Restrictions de prélèvement d'eau

□ pollution de l'eau **nf**	水質汚染
□ sécheresse **nf**	乾燥, 日照り, 旱魃（かんばつ）
□ dégâts causés par la sécheresse **nmpl**	干害
□ désertification **nf**	砂漠化
■ désertifier **vt**	砂漠化する
＊「過疎化する」の意味にもなる.	

19　燃料

combustible nm　｜燃料

combustible gazeux nm　気体燃料
＊「固形燃料」は combustible solide という.

combustible nucléaire nm　核燃料

combustible fossile nm　化石燃料
Pour produire de l'énergie, la plupart des grandes centrales électriques brûlent des combustibles fossiles comme le pétrole et le charbon.

carburant nm　（内燃機関用・エンジン用の）燃料

carburant pour fusées nm　ロケット用燃料

ressource nf　資源

ressource naturelle nf　天然資源

énergie nf　エネルギー

EX.27 次の中でエネルギーの源（発電）に利用されていないものを1つ選んでください.

1. chaleur solaire　2. courant océanique　3. énergie éolienne
4. géothermie　5. photosynthèse

énergie nucléaire nf　原子力エネルギー

énergétique adj　エネルギーの

pétrole nm　石油

produire du pétrole　石油を産出する

essence nf　ガソリン

charbon nm　石炭
＊ 技術用語では †**houille** nf と呼ばれる.

解答　**EX.26** **3. 人工降雨 5. 取水制限**　他は「水不足」の原因で「1. 人口増加による水の消費量の増加 2. 気候変動 4. 水源の汚染と破壊」.

EX.27 **5. photosynthèse** 光合成
他は「1. 太陽熱 2. 海流 3. 風力エネルギー 4. 地熱」のこと.

247

☐ gaz **nm**	ガス

* gaz méthane「メタンガス」, gaz propane「プロパンガス」.

☐ gaz naturel **nm**	天然ガス

* gaz naturel liquéfié なら「液化天然ガス」のこと.

☐ gaz de schiste **nm**	シェールガス
☐ minéral / minéraux **nm**	鉱物
☐ métal / métaux **nm**	金属

* métal précieux は「貴金属」, métal rare は「希少金属（レアメタル）」を指す.

☐ métallique **adj**	金属の, 金属のような

20 健康

☐ santé **nf**	健康
☐ état de santé **nm**	健康状態
☐ santé mentale **nf**	精神衛生
☐ amélioration de la santé **nf**	健康増進
☐ sain, saine **adj**	健康な, 健全な (↔ malsain)
☐ alimentation saine **nf**	健康食品
☐ examen médical **nm**	健康診断 (= bilan de santé)
☐ passer un examen médical	健康診断を受ける
☐ sanitaire **adj**	保健衛生の
☐ aller bien	元気である (= se porter bien ↔ aller mal)
☐ avoir [tenir] la forme	体調がいい (= être en forme)
☐ être en bonne santé	健康である (↔ être en mauvaise santé)
☐ garder la santé	健康を保つ (= rester en bonne santé)
☐ s'abîmer [se ruiner] la santé	健康を害する

☐ **avoir la santé**	元気がよい
☐ **avoir bonne mine**	顔色がいい (↔ avoir mauvaise mine)

21 諺

☐ **proverbe** **nm**	諺, 格言
☐ **maxime** **nf**	格言, 箴言
☐ **aphorisme** **nm**	金言, 警句
☐ **formule** **nf**	決まり文句, 名文句

Pas de nouvelles, bonnes nouvelles.	無沙汰は無事の便り.
La nuit porte conseil.	一晩寝てから考えて (夜は答えを連れてくるもの).
Après la pluie, le beau temps.	やまない雨はないよ.
Un de perdu, dix de retrouvés.	女 (あるいは男) なんて星の数ほどいるさ.
C'est en forgeant qu'on devient forgeron.	習うより慣れろ.

＊ 注意：上記はこれまでにフランス人から直に聞かされた「諺5選」. 訳はその言葉が使われた文脈を思い
だしながら, 臨場感を意識した私訳とした.

22 食べ物

☐ **aliment** **nm**	食べ物, 食品

＊ ただし, ~~acheter des aliments~~ とは言わない.「買う」際には具体的に購入する「食べ物」を指定して使う.

☐ **alimentaire** **adj**	食物の, 食べるための
☐ **chaîne alimentaire** **nf**	食物連鎖
☐ **taux d'autosuffisance alimentaire** **nm**	食料自給率
☐ **alimentation** **nf**	食料品, 食料補給
☐ **nourriture** **nf**	食べ物, 食糧

＊ 個別具体の「食品」は指さない.

249

☐ **nourriture pour chat(s)** nf	キャットフード
☐ **nourriture congelée** nf	冷凍食品
☐ **nourriture génétiquement modifiée** nf ＊「遺伝子操作」は **manipulation génétique** nf という.	遺伝子組み換え食品
☐ **se nourrir** vp	(de を)摂取する, 食べる

☐ **cuisine** nf　(各国の)料理

＊ なお, ~~manger la cuisine française~~ とは言えない, 部分冠詞を用いて manger de la cuisine française あるいは manger français なら使える. なお, 不定冠詞を添えた une cuisine なら「キッチン, 台所」の意味.

☐ **cuisiner** vi	料理をする(= faire la cuisine)

☐ **plat** nm　(一品)料理

☐ **boisson** nf　飲み物

☐ **goûter** nm　おやつ(= quatre-heures)

☐ **appétit** nm　食欲

23　大学・学校

☐ **université** nf　大学, (大学の)講座

☐ **université populaire** nf	公開講座
☐ **université prestigieuse** nf	名門大学
☐ **universitaire** adj	大学の

☐ **faculté** nf　学部

＊ 会話では la fac と略す.「大学に行く」は aller à la fac と表現するケースが多い.

☐ **grandes écoles** nfpl　グランゼコール, 高等専門学校(大学)

＊ 大半は大学より格上の高等教育機関.

☐ **classe préparatoire** nf	(グランゼコールなどの)準備クラス

＊ Une classe préparatoire prépare pour n'importe quel examen, pas seulement pour les grandes écoles : concours de médecine, concours d'entrée aux écoles d'avocat, etc.

☐ **frais de scolarité** nm　大学の授業料

250

☐ **moyenne pondérée cumulative (MPC) nf**	学業成績平均点（GPA）
☐ **semestre nm**	（半年ごとの）学期
◻ **trimestre nm**	（3ヶ月ごとの）学期
◻ **premier trimestre nm** ＊ 9月からクリスマスの期間.	1学期
◻ **deuxième trimestre nm** ＊ 1月から復活祭（移動祝祭日）までの期間.	2学期
◻ **troisième trimestre nm** ＊ 復活祭の休暇明けから6月末までの期間.	3学期
☐ **crèche nf**	（3歳以下の）託児所, 保育園
☐ **jardin d'enfants nm**	（私立の）幼稚園, 保育園
☐ **école nf**	学校, （特に）小学校
◻ **école maternelle nf**	幼稚園
◻ **école élémentaire nf**	（5年制）小学校

＊ 日常語では école élémentaire と école primaire を区別せず「小学校」を指して使っている. ただし, 制度上は école élémentaire「小学校」と école maternelle「幼稚園」で école primaire「初等学校」が構成されるというのが正しい理解. *L'école maternelle et l'école élémentaire forment ensemble l'école primaire.*

☐ **collège nm**	（4年制）コレージュ, 中学校
☐ **lycée nm**	（3年制）リセ, 高等学校
☐ **scolarité obligatoire nf**	義務教育（期間）

＊ 小学校から高等学校1年修了時点までがフランスの義務教育期間.

EX.28 「教育」と関係のない語句を1つ選んでください.

1. absentéisme　2. dispense de frais de scolarité　3. édulcorant de synthèse
4. pédagogie

解答　**EX.28　3. édulcorant de synthèse** 人工甘味料　他は「1. ずる休み, 不登校　2. 授業料免除　4. 教育学」.

24 テクノロジー

☐ **technique** nf	(特定分野での)科学技術
☐ **technologie** nf	(分野全体に関する)技術, テクノロジー, 工学
☐ **technologie de pointe** nf	先端技術
☐ **haute technologie** nf	ハイテク
☐ **technologie éléctronique** nf	電子技術
☐ **biotechnologie** nf	バイオテクノロジー, 生物工学
☐ **biodiversité** nf	生物多様性

* 類義の **diversité génétique** nf は「遺伝的多様性」, **diversité des espèces** nf なら「種の多様性」を指す.

［語源展開］ bio「生命」

☐ **biothechnologie**	生命 ←(「生命」+「工学」)
☐ **biologie** nf	生物学 ←(生命の学問)
☐ **biographie** nf	伝説 ←(人の生涯を書いたもの)
☐ **autobiographie** nf	自伝 ←(自分の生涯を書いたもの)
☐ **antibiotique** nf	抗生物質

← (anti「反する, 反対の」 [別例] **antipathie** nf「(生理的な)反感」, **antisocial(e)** adj「公共の福祉に反する, 反社会的な」]から「抗菌」の意味合い)

EX.29 次の単語(男性名詞)の意味を答えてください.

1. anticancéreux   2. antipyrétique   3. antigel

☐ **biomasse** nf	「(ある地域内に生息する生物の総量)生物量」
	←(生命の集まり)

☐ **nanotechnologie** nf	ナノテクノロジー

［語形成］ギリシア語由来の nano- は10^{-9}に相当する「極微小」の単位. **nanoseconde** nf なら「10億分の1秒」のこと. また, コンピュータのデータ容量などで耳にする, mega- は100万(倍)(= 10^6), giga- は10億(倍)(= 10^9), tera- は1兆(倍)(= 10^{12})を表す接頭辞.

252

☐ **technologie de l'environnement** nf	環境技術
☐ **technologie des communications** nf	通信技術
☐ **technologique** adj	科学技術の, テクノロジーの, 工学の
☐ **innovation technologique** nf	イノベーション, 技術革新

25 物理・化学

☐ **physique** nf	物理学

EX.30 物理学に関係ない単語が1語混じっています.

1. densité spécifique　2. énergie cinétique　3. euthanasie
4. force centrifuge　　5. tension superficielle

☐ **physique** adj	物理的な
☐ **chimie** nf	化学
☐ **chimique** adj	化学の
☐ **arme chimique** nf	化学兵器
☐ **solide** nm	固体
☐ **liquide** nm	液体

＊ DELFでは「現金」(＝ **espèces** nfpl)の意味の方が大事.

☐ **gaz** nm	気体
☐ **vapeur** nf	蒸気
☐ **oxygène** nm	酸素
☐ **hydrogène** nm	水素
☐ **atome** nm	原子, 原子力

解答　**EX.29** 1. 抗癌物質　2. 解熱剤　3. 不凍液

　EX.30 3. euthanasie　安楽死　他は「1. 比重　2. 運動エネルギー　4. 遠心力　5. 表面張力」.

253

☐ atome radioactif **nm**	放射性原子
☐ atomique **adj**	原子の, 原子力の
☐ bombe atomique **nf**	原子爆弾
☐ nucléaire **adj**	原子核の, 核の
☐ guerre nucléaire **nf**	核戦争
☐ centrale nucléaire **nf**	原子力発電所

EX.31 次のワードの中で「原子力発電」と関係のない単語を1つ選んでください.

1. combustible à l'uranium　　2. dioxyde de carbone　　3. factorisation
4. fission nucléaire　　　　　5. réacteur

☐ molécule **nf**	分子
☐ radiation **nf**	放射線
☐ radioactif, radioactive **adj**	放射性の
☐ déchets radioactifs **nmpl**	放射性廃棄物
☐ toxique **adj**	有害な, 毒性のある
☐ théorie **nf**	理論

＊「合理的な説明のための考え」. 類義の **hypothèse nf**「仮説, 仮定」は「正しいと証明されていない考え」, **principe nm**「原理, 主義」は「基礎となる考え」, **opinion nf**「意見」は「個人の考えに基づく判断」, **idéal nm**「理想」は「最もふさわしいと考えられるもの」をいう.

☐ hypothèse **nf**	仮説, 仮定

＊ hypo- は「下に, 以下に, 減少」の意味合い. **hypotension nf**「低血圧」, **hypophyse nf**「脳下垂体」あるいは **hypodermique adj**「皮下組織の」といった DALF C レベルの単語に使われる接頭辞.

☐ phénomène **nm**	現象
☐ pesanteur **nf**	重力, 引力（= gravitation）

26　価値

☐ valeur **nf**	価値
☐ valeur marchande **nf**	市価, 市場価格

☐ **valeur nominale** nf	額面, 額面価格
☐ **valeur comptable** nf	帳簿価格 (= valeur indiquée)
☐ **valeur prix** nf	お値打ち価格
☐ **plus-value** nf	キャピタルゲイン, (マルクス経済学) 余剰価値
☐ **valoir** vi	〜の値打ちがある, 〜する価値がある
☐ **équivalence** nf	同等

［語源展開］équ, équi「等しい」+ valence「価値 val がある」

☐ **équivalent(e)** adj	同等の, 等価の
☐ **équivaloir** vi	(à と) 同等である
☐ **équateur** nm	赤道

* 「地球」を南北に等分するもの. 国名 **Equateur** nm「エクアドル」はスペイン語の「赤道」から.

☐ **équinoxe** nm	昼夜平分時, 春分, 秋分

* 昼と nox「夜」(例 **nocturne** nm「夜想曲」) とが等しい長さ.

☐ **précieux, précieuse** adj	価値のある
☐ **inestimable** adj	評価を絶した, 貴重きわまりない
☐ **prix** nm	(個々の品物やサービスの) 値段, 価格, 物価
☐ **prix du marché** nm	市場価格 (= prix courant)
☐ **prix de vente** nm	販売価格
☐ **niveau de prix** nm	価格水準
☐ **guerre des prix** nm	価格戦争
☐ **escalade des prix** nf	価格高騰
☐ **casser les prix**	価格を破壊する
☐ **tarif** nm	(電気・ガス・郵便料金・運賃などの) 料金, 価格
☐ **tarifs postaux** nmpl	郵便料金

解答 **EX.31** 3. **factorisation** 因数分解　他は「1. ウラン燃料　2. 二酸化炭素 (原子力発電では太陽光発電などと同じく CO_2 は排出されない)　4. 核分裂　5. 原子炉」.

☐ coût **nm**	(広く)費用, 経費
☐ frais **nmpl**	(個別具体の)費用, 出費(= dépenses)
☐ frais de logement **nmpl**	住宅費
☐ rapport qualité-prix **nm**	値ごろ感, コストパフォーマンス
☐ dépréciation **nf**	減価償却
☐ apprécier **vt**	(好意的に)評価する, 尊重する

* やや文語的. ものの真価を認めること.

☐ appréciation **nf**	評価, (通貨の)値上がり
☐ estimer **vt**	(人を)高く評価する(↔ mépriser), (物を)見積もる

* 費用を見積もること. 人物・品物などを評価すること.

☐ estimation **nf**	評価, 見積もり
☐ surestimation **nf**	過大評価(↔ sous-estimation)
☐ évaluer **vt**	評価する

* ものの価値・重要性, 財産などを評価, 判断すること.

☐ évaluation **nf**	評価
☐ surévaluation **nf**	過大評価(↔ sous-évaluation)

* < sur >「上, 超える」.

EX.32 次の語句をフランス語にしてください.

1. 重量超過, 過度の負担　　2. 追加税, 割増料金　　3. オーバーブッキング

27　消費・生産・販売

☐ consommer **vt**	消費する, (飲食物を)食べる, 飲む
☐ consommateur, consommatrice **n**	消費者(↔ producteur)
☐ consommation **nf**	消費, (カフェでの)飲食物
☐ consommation d'électricité **nf**	電力消費量
☐ produire **vt**	生産する, 産出する

☐ producteur, productrice **n**	生産者（↔ consommateur）
☐ production **nf**	生産, 生産物, (映画などの)制作
☐ production à la chaîne **nf**	ライン生産, 流れ作業
☐ produit **nm**	製品, 生産物, 収益
☐ produit national brut (PNB) **nm**	国民総生産（GNP: gross national product）
☐ produits alimentaires instantanés **nmpl**	インスタント食品
☐ productif, productive **adj**	生産する, 生産的な
☐ productivité **nf**	生産性
☐ reproduction **nf**	再生, 再生産
☐ fabriquer **vt**	製造する
☐ fabricant, fabricante **n**	製造業者, メーカー
☐ fabrication **nf**	製造, 生産
☐ fabrication en grande série **nf**	大量生産（＝ production en série）
☐ commercer **vi**	(contre と)商売する, 貿易する
☐ commerçant, commerçante **n**	商人
☐ commerce **nm**	商業, 商取引, 貿易
☐ libéralisation du commerce **nf**	貿易自由化
☐ commerce électronique **nm**	電子商取引
☐ commerce équitable **nm**	フェアトレード
☐ commercial, commerciale **adj**	商業の, 貿易の
☐ frictions commerciales **nfpl**	貿易摩擦
☐ déficit commercial **nm**	貿易赤字
☐ excédent commercial **nm**	貿易黒字

* **déficit commercial nm** は「貿易赤字」

解答 **EX.32** 1. surcharge 2. surtaxe 3. surréservation

EX.33 貿易に関係する次の単語の意味を答えてください.

1. balance des paiements　　2. blocus économique　　3. dépréciation du yen
4. libéralisation du commerce　　5. taux de change

☐ **commercialiser** **vt**	商品化する
☐ **commercialisation** **nf**	商品化, マーケティング
☐ **marché** **nm**	マーケット, 市場
■ **l'équilibre du marché** **nm**	市場均衡（需要曲線と供給曲線の交点）
■ **marché boursier** **nm**	株式市場
■ **marché des devises étrangères** **nm**	外国為替市場
☐ **marchand, marchande** **n**	(**de** の)商人
☐ **marchandise** **nf**	商品
☐ **marchandise détaxée** **nf**	免税品

* article détaxé ともいう.

☐ **détaxation** **nf**	免税, 減税

* **détaxer** **vt**「(商品を)免税にする, 減税にする」.

☐ **marchander** **vt**	(商品を)値切る
☐ **marchandage** **nm**	値切ること
☐ **détail** **nm**	小売り
☐ **importer** **vt**	輸入する
☐ **importation** **nf**	輸入

* **importateur, importatrice** **n**「輸入業者」.

☐ **importation parallèle** **nf**	並行輸入

* Le terme importation parallèle désigne un bien qui n'a pas subi de contrefaçon, mais qui est importé d'un autre pays sans l'autorisation du détenteur de la propriété intellectuelle.

☐ **exporter** **vt**	輸出する
☐ **exportation** **nf**	輸出

* **exportateur, exportatrice** **n**「輸出業者」.

■ **exportation de capitaux** **nf**	資本輸出, 対外投資 (= **investissement étranger**)

| ▨ **pays d'origine** nm | 原産国 |

EX.34 次の４つの宝石とその著名な原産国（原産地：lieu d'origine）を結びつけてください.

| 1. Diamant | 2. Émeraude | 3. Rubis | 4. Saphir |
| a. Australie | b. Colombie | c. Myanmar (Birmanie) | d. Russie |

28 善悪

| ☐ **bien** nm | 善 |

N'hésitez pas un instant à faire le bien. 「善は急げ」. ＊ Le bien n'attend pas. とも表現できる.

| ☐ **mal / maux** nm | 悪 |

| ▨ **mal nécessaire** nm | 必要悪 |

| ☐ **le bien et le mal** nm | 善悪 |

| ▨ **distinguer le bien et le mal** | 善悪を判断する |

| ☐ **vertu** nf | 美徳 |

| ☐ **vertueux, vertueuse** adj | 徳の高い, 立派な |

| ☐ **vice** nm | 悪徳 |

L'oisiveté est mère de tous les vices. 「怠惰は諸悪の根源」.

| ☐ **vicieux, vicieuse** adj | (性的に)倒錯した, 悪趣味な, 間違った |

29 読書 *cf.* 11

| ☐ **lecture** nf | 読書, 読み物 |

| ☐ **lecteur, lectrice** n | 読者 |

| ☐ **lire** vi | 読書する |

| ☐ **dramaturge** n | 劇作家 |

| ☐ **traducteur, traductrice** n | 翻訳家 |

解答 **EX.33** 1. 国際収支（統計）　2. 経済封鎖　3. 円安　4. 貿易自由化　5. 為替レート

EX.34 1. d　2. b　3. c　4. a

☐ **traduction** **nf**	翻訳

* **version nf**「他国語を自国語へ訳すこと（訳読）」（↔ **thème nm**）.

☐ **libraire** **n**	書店（の人）

☐ **librairie** **nf**	書店, 出版社

☐ **bibliothécaire** **n**	図書館員, 司書

☐ **bibliothèque** **nf**	図書館, 書棚, 蔵書

* **salle de lecture nf** は「閲覧室」の意味. < biblio > は「書物, 本」（パピルスから）.
他には **bibliographie nf**「書誌学, 参考文献」, **bibliomanie nf**「書籍収集狂」, la Bible「聖書」など.

30　金属

☐ **métal / métaux** **nm**	金属

☐ **métallique** **adj**	金属製の

☐ **métallurgie** **nf**	金属工業

☐ **sidérurgie** **nf**	鉄鋼業

☐ **or** **nm**	金

*「金時計」は une montre en or,「金メッキの時計」なら une montre plaquée orという.

☐ **paillette d'or** **nf**	砂金

☐ **platine** **nm**	プラチナ

設問4 金とプラチナの違いに触れた文を読み, 空欄に入る適当な形容詞を語群から選んでください. （解答例はp.290）

L'or a une valeur d'actif élevée et sa valeur est très _____ . Le platine, quant à lui, qui a une couleur argentée profonde, calme et _____ , est très rare et précieux. En fait, on dit que la quantité _____ de platine extraite est d'environ 1/30ème de celle de l'or, et seulement 3 g environ peuvent être extraits d'une tonne de minerai _____ . Cependant, parce que le platine est fortement influencé par la demande _____ , sa valeur fluctue beaucoup.

語群 **annuelle　brut　foncée　industrielle　stable**

260

☐ **argent** nm	銀, お金
☐ **cuivre** nm	銅
☐ **fer** nm	鉄
☐ **acier** nm	鋼鉄, スチール
☐ **aluminium** nm	アルミニウム
☐ **étain** nm	錫（すず）
☐ **plomb** nm	鉛
☐ **essence sans plomb** nf	無鉛ガソリン
☐ **bronze** nm	ブロンズ, 青銅

* Le bronze est un alliage de cuivre et d'étain.

☐ **mercure** nm	水銀
☐ **alliage** nm	合金
☐ **fonte** nf	溶解, 鋳造, 鋳物
☐ **rouille** nf	錆（さび）
☐ **rouillé, rouillée** adj	錆びた

* **couteau rouillé** nm 錆びたナイフ

31 通貨（周辺語句）

| ☐ **monnaie (courante)** nf | 通貨 |
| ☐ **monnaie mondiale** nf | 世界通貨 |

* monnaie étrangère は「外国通貨」.

| ☐ **monnaie clé** nf | 基軸通貨 |

* C'est une devise stable, de celles qui ne subissent pas d'importantes fluctuations, qui peut aider à établir les taux de change et soutenir les transactions internationales.

| ☐ **monétaire** adj | 通貨の, 貨幣の |
| ☐ **système monétaire** nm | 通貨制度, 貨幣制度 |

□ système monétaire international **nm**	国際通貨制度
□ valeur monétaire **nf**	貨幣価値
□ crise monétaire **nf**	通貨危機
□ masse monétaire **nf**	通貨供給量（= monnaie en circulation）
□ autorité monétaire **nf**	通貨当局
＊一般的には中央銀行 la banque centrale を指す.	
□ monétarisme **nm**	通貨主義
□ monétariste **nm**	通貨主義者
□ spéculation **nf**	投機
□ spéculation sur les devises **nf**	通貨投機
□ spéculation à la baisse **nf**	投機売り
□ gagner de l'argent grâce à la spéculation	投機（相場）で得をする
□ perdre de l'argent à cause de la spéculation	投機（相場）で損をする
□ spéculateur, speculatrice **n**	投機家
□ spéculatif, spéculative **adj**	投機的
□ fonds spéculatifs **nmpl**	ヘッジファンド
□ achat spéculatif **nm**	投機買い
□ économie **nf**	経済
□ finance **nf**	金融,（複数で）財政
□ budget **nm**	予算
＊「予算案」は projet de budget **nm** という.	
□ espèces **nfpl**	現金
□ billet (de banque) **nm**	紙幣, 銀行券, 札
＊billet à ordre は「約束手形」のこと.	
□ pièce **nf**	硬貨, コイン

☐ **change** **nm**	両替
＊ changer des yens en euros は「円をユーロに替える」の意味.	
☐ **bureau de change** **nm**	両替店
☐ **(petite) monnaie** **nf**	小銭
＊「屑鉄」を指す **ferraille** **nf** も「小銭」の意味で使われる.	
☐ **commerce extérieur** **nm**	外国貿易
☐ **commerce** **nm**	通商 (＝ relations commerciales)

32 国際化・国際性

☐ **international, internationale /** **internationaux** **adj**	国際的な (↔ national)
▨ **marché international** **nm**	国際市場, 海外市場
＊ marché mondial「世界市場」, marché étranger「海外市場」などとも呼ばれる.	
▨ **échanges internationaux** **nmpl**	国際交流
▨ **relations internationales** **nfpl**	国際関係
☐ **internationaliser** **vt**	国際化する
☐ **internationalisation** **nf**	国際化
▨ **internationalisation** **financière** **nf**	金融の国際化
☐ **internationalité** **nf**	(法的な)国際性
☐ **multinational, multinationale /** **multinationaux** **adj**	多国籍の, 多国間の
▨ **entreprise multinationale** **nf**	多国籍企業

[語形成] multi- はラテン語派生で「多」を意味する接頭辞(ギリシア語由来なら poly-「多」を使う). よって
multinational(e) で「多国籍の」という形容詞, 「側面の」を意味する語を従えれば multilatéral(e)「多角的な,
多国間の」となり, 「言語」を添えて **multilingue** なら「多言語の」となる. ちなみに「(数学)乗法, 掛け算」を意
味する **multiplication** **nf** を分解すると＜ multi「多く」+ plication「折りたたむこと(倍に増える)」＞となる.

☐ **global, globale / globaux** **adj**	全体の, 全世界にわたる
＊ (追記)人工衛星による測位システム, 英語の *GPS : Global positioning System* を仏訳する際, système	

de positionnement global（カナダの学術論文中にこの訳を見て私自身そう記憶していた）ではなく système de postitionnement par satellites とするケースが多いようだ.

☐ globe nm	(le globe)地球(= la Terre), 世界
☐ globaliser vt	全体的にとらえる, 地球規模にする, グローバル化する
☐ monde globalisé nm	グローバル化された世界
☐ globalité nf	全体(性)
☐ mondial, mondiale / mondiaux adj	世界の, 世界的な
☐ économie mondiale nf	グローバルエコノミー
☐ la Seconde Guerre mondiale nf	第2次世界大戦
☐ la population mondiale nf	世界の人口
☐ monde nm	世界, (集合的に)人々(= gens), (特定の)世界
☐ le monde entier nm	全世界
☐ monde des affaires nm	実業界
☐ (se) mondialiser vt vp	全世界に広める, 全世界に広がる
☐ mondialisation nf * globalisation nf ともいう.	世界化, グローバリゼーション
☐ mondialisation économique nf	経済の国際化
☐ mondialement adj	世界的に

33 映画

☐ film nm * 芸術の分類にそって「映画」は le septième art とも呼ばれる.	(個々の)映画
☐ film muet nm	サイレント映画(↔ film parlant)
☐ musique de film nf	映画音楽
☐ vedette (de cinéma) nf	映画スター

jouer le rôle principal	主演する

* acteur principal, actrice principale n「主演俳優」.

jouer dans un film	映画に出演する

filmer	映画を撮る (= tourner [réaliser] un film)

cinéma nm	(総称として)映画, 映画館

* ciné と略される.

réalisateur, réalisatrice n	映画監督 (= metteur en scène, metteure [metteuse] en scène), (テレビの)ディレクター

producteur [productrice] de cinéma n	(映画の)プロデューサー

scénario nm	脚本, 映画のシナリオ

scénariste n	脚本家, シナリオライター

adaptation nf	脚色

* adapter は「脚色する」の意味でも用いる.

distribution (des rôles) nf	配役, キャスティング

*「(映画の)配給」の意味でも使われる.

［語源展開］trib「配分する, 授ける」

distribution	配役 ←(「個別に分けて」+「授けること」)

contribution nf	貢献, 分担金 ←(寄せ集めて贈る)←(一緒に分配する)

attribution nf	割り当て, 付与 ←(結果を割り当てる)

rétribution nf	報酬, 報い ←(元に戻して支払いを返す, 払い戻す)

premier rôle nm	主役

second rôle nm	脇役, 助演

figurant, figurante n	エキストラ

cascadeur, cascadeuse n	スタントマン

cinéphile n	映画ファン

☐ **studio de cinéma** **nm**	映画撮影所
☐ **plateau** **nm**	スタジオセット
☐ **caméra** **nf**	(映画やテレビの)カメラ
☐ **effets spéciaux** **nmpl**	**SFX**, 特殊効果
＊「特撮」は **trucage nm** という.	
☐ **plan** **nm**	(映画の)ショット
☐ **gros plan** **nm**	(映画の)クローズアップ
☐ **premier plan** **nm**	前景(↔ **arrière-plan**)
☐ **écran** **nm**	スクリーン, 映画
☐ **adapter un roman à l'écran**	小説を映画化する
＊ porter un roman à l'écran ともいう.	
☐ **projecteur** **nm**	映写機, プロジェクター

[語源展開] ject, jet 「投じる」

☐ **proj_ect_eur**	プロジェクター ←(「前方に」+「投げ出す(投影する)もの」)
☐ **inter_ject_ion** **nf**	間投詞 ←(話の合間に投げ入れられる感嘆の言葉)
☐ **ob_ject_ion** **nf**	反論 ←(相手に投げつける)
☐ **dé_ject_ion** **nf**	排便, 排出物 ←(下に投げつける)
☐ **re_jet_** **nf**	拒絶, 投棄 ←(きっぱりと相手に投げ返す, はねつける)

[類義語追記] 拒否・拒絶する

☐ **rejeter** **vt**	投げ返す, 拒絶する, はねつける
☐ **refuser** **vt**	断る, 拒む
＊「注ぎ返す」から, 相手から差し出されたものの受け取りを拒否する.	
☐ **désobéir** **vi**	従わない, 背く
＊ obéir「従う」ことをしない.	
☐ **décliner** **vt** **vi**	辞退する, 断る, (日が)傾く
＊ 受け入れられないと頭を下に傾ける.	
☐ **doublage** **nm**	吹き替え

☐ **sous-titre** nm	(映画の)字幕スーパー, サブタイトル

> **EX.35** < sous > のニュアンスを汲みながら次の語句(名詞)を訳してください.

1. sous-alimentation　　2. sous-marin nucléaire　　3. sous-production
4. sous-traitance

☐ **passage** nm	出演, 上映, 上演
☐ **passager** vi	上映される, 出演する
☐ **séance** nf	(映画の)上映(時間)

34　城

☐ **château / châteaux** nm	城
次の単複に注意.	
☐ **château-fort / châteaux-forts** nm	「(中世の)城砦」
☐ **château d'eau / châteaux d'eau** nm	「給水塔」
☐ **palais** nm	宮殿
☐ **palais royal** nm	王宮
☐ **forteresse** nf	要塞, 砦
☐ **rempart** nm	城砦(= murailles)
☐ **manoir** nm	(田園の)館, (田舎の)城館
☐ **monument historique** nm	歴史的建造物

QUESTION 20

Cinq événements historiques et un personnage central.

1. La Fronde　　2. La bataille de Marignan　　3. La guerre de 100 ans
4. La Révolution française　　　5. Second Empire

a. François 1er　　b. Jeanne d'Arc　　c. Mazarin　　d. Napoléon III　　e. Robespierre

---

解答　**EX.35**　1. 栄養不足, 栄養失調　　2. 原子力潜水艦　　3. 過小生産, 生産不足　　4. 下請け

　　Q.20　1. c　2. a　3. b　4. e　5. d

35 レストラン

□ **restaurant　nm**	レストラン, 食堂

　　＊ restau あるいは resto と略す. なお, 学校や工場などの「食堂」は **cantine nf** という.

■ **dîner au restaurant**	レストランで食事をする(←夕食を食べる)
□ **brasserie　nf**	ブラスリー, (大きな)カフェレストラン
□ **bistro(t)　nm**	(居酒屋風のレストラン)ビストロ
□ **taverne　nf**	(民芸調・田舎風のレストラン)タベルナ
□ **buffet　nm**	(駅などの軽食店)ビュッフェ
□ **café restaurant　nm**	カフェレストラン
□ **café(-)tabac　nm**	カフェ・タバ
□ **cafétéria, cafeteria　nf**	カフェテリア(＝ **cafét'**)
□ **carte (de restaurant)　nf**	(料理の)リスト, メニュー(献立表)
■ **carte des vins　nf**	ワインリスト
□ **à la carte**	(メニューから料理を一品ずつ選ぶ)アラカルトで
■ **manger à la carte**	アラカルトで食べる(↔ **prendre un menu**)
□ **menu　nm**	コース料理, セットメニュー(定食)
■ **menu dégustation　nm**	お試しコース
■ **menu de saison　nm**	季節のコース料理
■ **menu touristique　nm**	(観光客用の)サービスメニュー
□ **plat du jour　nm**	本日のおすすめ料理

　　＊ **plat nm** は「一皿の料理」を指す.

□ **spécialité du chef　nf**	シェフのおすすめ料理

268

| ☐ entrée **nf** | 主菜, アントレ |

EX.36 次の中で entrée には分類されない料理を1品選んでください.

 1 2 3 4

| ☐ † hors-d'œuvre **nm** | オードブル |
| ☐ plat principal **nm** | メインディッシュ (= plat de résistance) |

36 食べる

☐ manger **vt**	(人や動物が食物を)食べる
☐ manger un steak	ステーキを食べる
☐ manger de la soupe	スープを飲む

* カップスープの類は別だが,「飲む」と言いながら boire を用いない代表的な例.

EX.37 「飲む」に boire を用いない次の例に使われる適当な動詞を解答ください.

1. (犬や猫が)ミルクを飲む ＿＿＿＿＿＿ du lait

2. アスピリンを1錠飲む ＿＿＿＿＿＿ un cachet d'aspirine

3. 乳を飲む ＿＿＿＿＿＿

☐ salle à manger **nf**	(家庭の)食堂
☐ prendre **vt**	(食べ物などを)とる, 食べる
☐ prendre le petit déjeuner	朝食を食べる (= petit-déjeuner)
☐ prendre un goûter	おやつを食べる
☐ goûter **vt**	味わう, 試食する (= essayer)
☐ goûter la cuisine persane	ペルシア料理を試す (= essayer la cuisine persane, manger de la nourriture persane)

解答 **EX.36** 4. couscous クスクス

EX.37 1. laper 2. prendre 3. téter

☐ se nourrir **vp**	(de を)摂取する, 食べる
☐ se nourrir de viande	肉をとる(＝ manger de la viande)
☐ bouffer **vt**	食う, ばくつく
☐ consommer **vt**	(食物や飲み物を)とる, 食べる
☐ dévorer **vt**	むさぼり食う, がつがつ食う
☐ s'empiffrer **vp**	(de を)たらふく食う
☐ déguster **vt**	(酒などの)味を見る, おいしく食べる
☐ savourer **vt**	(飲食物を)賞味する, ゆっくり味わう
☐ avaler **vt**	飲み込む, 飲みほす
☐ avaler sans goûter	味わわずに飲み込む
☐ boire **vt vi**	(液体を)飲む, 酒を飲む
☐ grignoter **vt**	少しずつかじる, ちびちび食べる
☐ mâcher **vt**	噛む
☐ mâcher du chewing-gum	チューインガムを噛む
☐ ronger **vt**	かじる
☐ mastiquer **vt**	咀嚼する
☐ sucer **vt**	吸う, しゃぶる
☐ nutrition **nf**	栄養

＊ substance nutritive **nf** で「栄養素」の意味.

☐ digestion **nf**	消化

＊ indigestion **nf** は「消化不良」の意味.

☐ protéine **nf**	タンパク質
☐ graisse **nf**	脂肪
☐ glucide **nm**	炭水化物
☐ minéral **nm**	ミネラル
☐ vitamine **nf**	ビタミン

☐ **fibre alimentaire nf**	食物繊維

* なお「必須栄養素」は **nutriment essentiel nm** という.

☐ **calorie nf**	カロリー

*「カロリー計算する」は calculer les calories という.

☐ **saveur nf**	風味, 味わい

*「香り」は **arôme nm** という.

☐ **goût nm**	味, 味覚

☐ **doux, douce adj**	甘い

* sucré「甘い, 甘口の」.

☐ **salé, salée adj**	しょっぱい, 塩辛い

☐ **piquant, piquante adj**	辛い

☐ **acide adj**	酸っぱい

* aigre も類義語.

☐ **amer, amère adj**	苦い

EX.38 通常「味, 味覚」に用いない形容詞を1つ選んでください.

1. aigre-doux(douce)　2. bègue　3. épicé(e)　4. gras(se)　5. moelleux(se)

---

37 | 39　学び

設問5 下記の3行に続く ①〜④ の文を文意が通じるよう順に並べてください.（解答例はp.291）

La perspective qui manque le plus à l'enseignement et à l'apprentissage des langues étrangères au Japon est de s'interroger sur les objectifs de l'enseignement ou de l'étude.

① D'autre part, si les apprenants eux-mêmes connaissaient leurs objectifs, ils pourraient probablement créer un programme spécifique pour atteindre ces objectifs.

解答　**EX.38** **bègue** どもる　* 動詞は bégayer という.
　　　他は「1. 甘酸っぱい　3.（香料・薬味などで）ぴりっとした　4. 油っこい　5. まろやかな」.

271

② Il n'y a aucun moyen de répondre à cette question sans connaître l'intention des apprenants.

③ Les apprenants me demandent souvent : « Que dois-je faire et combien dois-je faire pour maîtriser une langue ? »

④ Si seulement c'était clair, je pourrais répondre beaucoup plus facilement.

37　バランス

☐ **équilibre** **nm**	バランス, 均衡
☐ **équilibre du marché** **nm**	市場の均衡
☐ **perdre l'équilibre**	バランスを失う
☐ **en équilibre**	均衡のとれた
☐ **garder l'équilibre**	均衡[バランス]を保つ(= pondérer)
☐ **déranger [rompre] l'équilibre**	均衡を破る
☐ **équilibré, équilibrée** **adj**	バランスのとれた, 安定した
☐ **équilibrer** **vt**	釣り合わせる, バランスをとる
☐ **balance** **nf**	(主に経済的な)バランス
☐ **balance d'inventaire** **nf**	バランスシート(= bilan)
☐ **balance des paiements** **nf**	国際収支
☐ **balance commerciale** **nf**	(2国間の)貿易収支
☐ **balancé, balancée** **adj**	釣り合いのとれた(= harmonieux)
☐ **pondération** **nf**	(力の)均衡, バランス

＊ この単語は学術用語として使われる.

38 わびさび・俳句

設問6 (1)(2)の［ ］内の語を意味が通じるように並べ替えてください．（解答例はp.291）

Wabi et *sabi* sont des mots pour apprécier la sensibilité esthétique japonaise, qui représente « la beauté dans la simplicité et l'imperfection ». C'est **(1)** [**que dans nous la beauté trouvons**] l'imperfection. En un mot, la différence entre les deux est la suivante :

Wabi souligne la beauté issue de la simplicité.

Sabi représente la beauté ou **(2)**[**qui avec l'âge vient la sérénité**].

設問7 俳句に関する説明文 *Ce fut Matsuo Basho qui, à l'époque Edo, établit sa forme actuelle.* を入れるなら下記の空所 **A～E** のどこに置けば文意がスムーズに流れますか．（解答例はp.291）

Le Haiku est une forme de poésie traditionnelle née au Japon au 14ème siècle. (A) Il s'agit du poème le plus court jamais composé au monde, composé de seulement 3 vers et avec un total de 17 syllabes. (B) Les vers ont respectivement 5, 7, et 5 syllabes.

(C) Cette structure crée un rythme qui est agréable aux oreilles des Japonais. En si peu de mots, le poète est capable d'exprimer ses sentiments, ses idées et sa sensibilité.

(D) Parmi les règles d'écriture d'un Haiku une en particulier se révèle être la plus importante: il doit contenir un « kigo », un mot qui fait référence à la saison. (E) Ainsi le terme « sakura » permet d'évoquer le printemps car le sakura est une fleur qui s'épanouit seulement durant cette saison.

39　観光

☐ tourisme **nm**	観光
☐ faire du tourisme	観光する
☐ agence de voyages **nf**	旅行代理店（＝ agence de tourisme）
☐ syndicat d'initiative **nm**	観光案内所（＝ office du tourisme, bureau d'informations touristiques）
☐ touriste **n**	観光客
☐ touristique **adj**	観光の
☐ saison touristique **nf**	観光シーズン
☐ site touristique **nm**	観光地
☐ voyage touristique **nm**	観光旅行
☐ ville touristique	観光都市
☐ guide touristique **nm**	観光ガイド（＝ guide）
☐ itinéraire touristique **nm**	観光ルート
☐ accompagnateur, accompagnatrice **n**	添乗員
☐ interprète **n**	通訳
☐ guide **nm**	ガイド
☐ guider **vt**	（人を）案内する，ガイドする

40　戦争・平和

☐ guerre **nf**	戦争
☐ renonciation à la guerre **nf**	戦争放棄
☐ guerre civile **nf**	内戦

274

☐ guerre froide **nf**	冷戦
☐ coup d'état **nm**	クーデター
☐ révolution **nf**	革命

* < volu >「回る」: **revolver nm**「回転式拳銃」, **évolution nf**「進化, 発展」.

☐ bataille **nf**	戦闘
☐ combat **nm**	戦闘, 戦い

* combat の方が規模は小さい.

☐ combattant, combattante **n**	戦闘員
☐ chasseur **nm**	戦闘機
☐ militaire **adj**	軍隊の, 軍の力による
☐ intervention militaire **nf**	軍事的介入
☐ militaire **nm**	軍人
☐ militaire de carrière **n**	職業軍人
☐ armée **nf**	軍隊, 陸軍 (= armée de terre)
☐ armement **nm**	武装
☐ désarmement **nm**	武装解除, 軍縮
☐ désarmement nucléaire **nm**	核軍縮
☐ marine **nf**	海軍

* 辞書や単語帳に「海軍」を ~~marine de guerre, armée de mer~~ としているものがあるがこれは耳にしたことがない.

☐ forces aériennes **nfpl**	空軍 (= armée de l'air)
☐ soldat **nm**	兵隊, 軍人, (陸軍・空軍の) 兵士
☐ troupe **nf**	部隊, (複数で) 軍隊
☐ prisonnier, prisonnière **n**	捕虜
☐ camp de prisonniers **nm**	捕虜収容所
☐ arme **nf**	武器, 兵器
☐ trafic d'armes **nm**	武器密輸

275

☐ stratégie nf	(全体的な)戦略, 方策
▨ stratégie atomique [nucléaire] nf	核戦略
☐ stratégique adj	戦略の, 戦略上の
☐ tactique nf	(個々の)戦術, 戦法
☐ agression nf	襲撃
▨ guerre d'agression nf	侵略戦争
☐ raid nm	拠点急襲, 空襲 (= raids aériens)
☐ massacre nm	虐殺

* < mass > は「特定の形を持たない大きな塊」の意味.

☐ terrorisme nm	テロリズム
☐ terroriste n	テロリスト
☐ attentat nm	テロ行為 (= acte de terrorisme)
☐ attentat-suicide nm	自爆テロ (= attentat suicidaire)

*「自爆テロリスト」を「神風特攻隊」のもじりで kamikaze n ともいう. < cide > は「殺す」の意味.

EX.39 次の単語(男性名詞)の意味を答えてください.

1. matricide　2. pesticide　3. génocide

☐ mesures antiterroristes nfpl	テロ対策
☐ assassinat nm	暗殺, 殺害
☐ combattre vt vi	戦う, 戦闘する
☐ lutter vi	(contre に対して)戦う
☐ attaquer vt	攻撃する (↔ défendre)
☐ envahir vt	侵略する, 侵入する
☐ invasion nf	(軍隊の)侵略, 侵入
☐ occuper vt	占領する, 占拠する
☐ occupation nf	占領

☐ dépenses de défense **nfpl**	防衛費	
☐ armistice **nm**	休戦（協定）	
☐ trêve **nf**	停戦（＝ cessez-le-feu）	
■ accord de cessez-le-feu **nm**	休戦協定（＝ accord de trêve）	
☐ paix **nf**	平和, 和平	
☐ libérer **vt**	解放する, 釈放する	
☐ libération **nf**	解放, 放免	

41 文明・文化

☐ civilisation **nf**	文明
■ berceau d'une civilisation **nm**	文明発祥の地
■ produit de la civilisation **nm**	文明の利器

設問8 空欄に入る適語を語群から選んでください. なお, 文頭に置かれる語句でも問題の性質上, 小文字表記で統一しています. （解答例はp.291）

Pourquoi les quatre grandes civilisations du monde ont-elles émergé

_____, près de l'embouchure des grands fleuves ?

L'eau y est pour beaucoup.

_____, il n'y a pas beaucoup d'endroits où la civilisation

s'est développée. Par exemple, l'Égypte est aujourd'hui une région aride,

avec seulement quelques dizaines de millimètres de pluie par an. Le fleuve

Jaune coule _____ et il n'y avait pas beaucoup de

pluie autour de la civilisation du fleuve Jaune. La zone autour du Tigre et

de l'Euphrate est une zone humide où il a tendance à pleuvoir, mais il n'y a

---

解答 **EX.39** 1. 母殺し（の罪） 2. 殺虫剤 3.（民族）大虐殺

presque pas de pluie _____.

Il pleut peu _____, mais il pleut souvent en amont. L'agriculture irriguée prospérera si l'eau des rivières coulant _____ peut être utilisée. En d'autres termes, nous appelons « civilisation » les endroits où se trouve un grand fleuve, où des installations d'irrigation ont été créées pour canaliser efficacement cette eau et où ces installations existent encore.

語群 **à travers un plateau sec   dans des zones relativement sèches dans le berceau de la civilisation   en amont   en aval de l'Indus en termes de précipitations**

☐ **civiliser vt**	文明化する
☐ **culture nf**	文化, 教養
☐ **culturel, culturelle adj**	文化的な
☐ **héritage culturel nm**	文化遺産
☐ **échanges culturels nmpl**	文化交流
☐ **choc culturel nm**	カルチャーショック

＊ たとえば culture d'entreprise japonaise（←日本の企業文化）は直訳より「日本の企業風土（体質）」といった訳の方がしっくりくる.

EX.40 次の中で来日したフランス人が<u>カルチャーショックを受けない日本人の行動</u>を1つ選んでください.

1. dormir dans le train   2. manger en faisant du bruit
3. parler à son voisin pendant les cours
4. prendre une douche le matin   5. renifler

☐ **acculturation nf**	異文化受容
☐ **société nf**	社会

EX.41 次の語句をフランス語にしてください.

1. 社会性   2. 消費社会   3. 封建社会   4. 社会学

☐ **histoire nf**	歴史
☐ **tradition nf**	伝統

42 人口

設問9 以下の空欄に入れるのに適当な語句を下記の語群から選んでください. なお, 問題の性格上, 大文字で書かれる文字も小文字で示しています. （解答例はp.292）

Tokyo / Edo

Tokyo est une métropole et la plus grande ville au Japon. _____

_____ est à peu près de 14 million en 2023. C'est _____

_____ du commerce.

Tokyo était appelé Edo jusqu'au 19e siècle. La population d'Edo dépassait

le million d'habitants _____. Edo était le centre du

pouvoir samouraï pendant presque 300 ans. Ce vieux nom est encore

utilisé maintenant. À titre d'exemple, _____ sont

appelés *Edokko* qui veut dire *enfant d'Edo*. _____ n'était

pas beaucoup influencée par les pays étrangers quand le shogounat des

Tokugawa a poursuivi _____ du 17e siècle au 19e

siècle. Durant cette période, la culture japonaise, comme le haiku et l'ukiyoe,

s'est développée à Edo.

語群 **à son apogée   la culture japonaise   la politique d'isolement**
la population de Tokyo   les habitants de Tokyo
un des centres mondiaux

設問10 以下の空欄に入れるのに適当な語句を下記の語群から選んでください. （解答例はp.292）

De nombreux pays développés souffrent d'une baisse du taux de natalité

et _____ de la population est irréversible. D'un autre

côté, on s'inquiète de _____ démographique en

Afrique. Selon les statistiques, plus de 25% de _____

mondiale sera africaine dans un futur proche. Cependant, si cela se produit,

il est fort probable que _____ s'appauvrisse et que

解答　**EX.40**　4. prendre une douche le matin 朝シャワーを浴びる
　　　他は少なからずカルチャーショックを受けるようだ.

EX.41　1. sociabilité **nf**　2. société de consommation
　　　3. société féodale　4. sociologie **nf**

des problèmes tels que _____ et la faim deviennent encore plus graves, car il s'agit d'une région sujette aux conflits.

語群 **la pauvreté**　**la population**　**le déclin**　**l'économie**　**l'explosion**

43　安全・犯罪

☐ **crime　nm**	(法的に重い)犯罪, 殺人 (= **assassinat, meurtre, homicide**)
＊ 宗教上の「罪」には **péché nm** を使う.	
☐ **crime parfait　nm**	完全犯罪
☐ **crime sexuel　nm**	性犯罪
☐ **criminel, criminelle　n**	犯罪者, 犯人
＊「殺人犯」には meurtrier, meurtrière を使う.	
☐ **criminel, criminelle　adj**	犯罪の
☐ **acte criminel　nm**	犯罪行為, 殺人
☐ **incendie criminel　nm**	放火
☐ **délit　nm**	(窃盗や傷害などの)犯罪 (= **délit correctionnel**)
☐ **contravention　nf**	(法規などの)違反, 交通違反, (違反による)罰金
＊ crime > délit > contravention の順に「犯罪」の中身は軽くなる.	
☐ **criminalité　nf**	(集合的に)犯罪(行為)
☐ **augmentation de la criminalité　nf**	犯罪の増加
☐ **sécurité　nf**	安全, 安全性
☐ **sécurité routière　nf**	交通安全
＊「安全運転」は **conduite prudente nf** (←慎重な運転), 「安全運転する」は conduire prudemment (←用心深く運転する)と表現する.	
☐ **ceinture de sécurité　nf**	安全ベルト
＊ **sûreté nf** も「安全」の意味で使われるが, この単語は sûreté publique「公安」など使われる範囲が限られている. ただし, de sûreté「安全の, 安全な」, en sûreté「安全に」(= en sécurité)の意味では普通に使われる.	

280

44 都市・都会

☐ **ville** *nf* | 都市(↔ village), 都会(↔ campagne)

　☐ **ville universitaire** *nf* | 大学都市
　　* **cité universitaire nf** は「(大学の)学生寮」を指す.

☐ **centre-ville** *nm* | 町の中心地, 中心街

☐ **urbanisation** *nf* | 都市化, 都会化

☐ **urbaniser** *vt* | 都市化する

☐ **urbanisme** *nm* | 都市計画

☐ **urbain, urbaine** *adj* | 都市の, 都会の(= citadin)

☐ **cité** *nf* | 都市, (古代の)都市国家, 集合住宅地

☐ **citadin, citadine** *adj* *n* | 都市の, 都会の, 都会人

[類義語追記]「都市の, 都会の」
urbain(e) は地理的な意味での「田舎の」**rural(e)**(ちなみに, **rustique** は「田舎風の, 鄙びた, 粗野な」の意味)に対して「都会の」を表す形容詞で「都会に関する」qui a rapport à la ville という意味合いで使う(**例** Il est relativement facile de trouver un emploi dans les zones urbaines.「都市部では比較的容易に仕事を見つけることができます」). 細かな差異だが, 類義の **citadin(e)** は「都会に住んでいる」qui vit en ville という含意で用いる(**例** Ils ne connaissent pas la campagne, ce sont des citadins.「彼らは田舎を知りません, 都会で暮らしているので(都会人だから)」).

☐ **banlieue** *nf* | 郊外

☐ **banlieusard, banlieusarde** *adj* *n* | 郊外の, 郊外居住者

☐ **arrondissement** *nm* | (行政区分の)区

☐ **quartier** *nm* | (都市内の)地区, 界隈

　☐ **quartier résidentiel** *nm* | 住宅地

　☐ **quartier fréquenté** *nm* | 繁華街
　　*「歓楽街」なら **lieux de divertissements [plaisir]** *nmpl* といった言い方をする.

☐ **capitale** *nf* | 首都, 中心都市

☐ **métropole** **nf**	主要都市, 中心都市
* pole「都市」で「母なる都市」の意味.	

☐ **métropolitain, métropolitaine** **adj**	首都の, 本国の

45 金融

☐ **finance** **nf**	金融（活動）,（複数で）財政
☐ **finances publiques** **nfpl**	国家財政
☐ **le monde de la finance** **nm**	金融界
☐ **financement** **nm**	資金調達, 融資
☐ **financer** **vt**	融資する, 出資する
☐ **financier, financière** **adj**	金融の
☐ **marchés financiers** **nmpl**	金融市場
☐ **système financier** **nm**	金融制度
☐ **effondrement financier** **nm**	財政（金融）破綻
☐ **instabilité financière** **nf**	金融不安
☐ **planificateur financier** **nm**	ファイナンシャルプランナー
☐ **crédit** **nm**	融資, 信用販売
☐ **crédit à la consommation** **nm**	消費者金融
☐ **crédit revolving** **nm**	リボルビング払い
☐ **à crédit**	クレジットで, 分割払いで

46 　原子爆弾

設問11 下線部は本文中のどの箇所を指しているか解答してください. (解答例はp.292)

En 1945, le gouvernement japonais reçut un document important des États-Unis. Le document contenait des informations sur le développement d'une nouvelle arme d'une puissance sans précédent, et les forces alliées exigeaient une reddition rapide si le Japon souhaitait éviter la destruction imminente. Notre gouvernement a répondu par l'intermédiaire de l'organisation internationale comme suit : notre réponse resterait en attente jusqu'à ce que nous discutions de cette question lors de la réunion du cabinet. La partie soulignée a été traduite par « ignorer » ou « rejeter » et, par conséquent, Hiroshima et Nagasaki ont été anéanties.

47 　地球

☐ **la Terre nf**	地球
☐ **hémisphère nm**	（地球の）半球
☐ **hémisphère nord nm**	北半球
☐ **hémisphère sud nm**	南半球
[語源展開] sphère「（地球や天体のような大きな）球」	
☐ **hémis<u>phère</u>**	半球 ←（「半分の」+「球」）
☐ **atmos<u>phère</u> nf**	大気, (場の)雰囲気 ←（地球を取り巻く球形の空気 atmo）
☐ **stratos<u>phère</u> nf**	成層圏 ←（層 strato をなして地球を取り囲む球状の空気）
☐ **continent nm**	大陸
☐ **continental, continentale adj**	大陸の
☐ **pôle nm**	極, 極地

283

■ **pôle nord** **nm**	北極点

☐ **latitude** **nf**	緯度

☐ **longitude** **nf**	経度

☐ **altitude** **nf**	標高, 高度

[語形成] -(i)tude は「形容詞」を名詞にする接尾辞. 上記の lati- は「幅広い」, longi- は「長い」, alti- は「高い」という意味.「単独で」に結びつけば **solitude nf**「孤独, 寂しさ」,「大きい」と結べば **magnitude nf**「(地震の)マグニチュード」になる.

☐ **équateur** **nm**	赤道

☐ **cosmologie** **nf**	宇宙学, 宇宙論

* < cosmos > は「(秩序をもって整然とした)宇宙」. なお, 植物コスモス cosmos は花びらが整然と秩序をもって並んでいることから.

☐ **astre** **nm**	天体, 星

☐ **étoile** **nf**	星

☐ **soleil** **nm**	太陽

■ **tache solaire** **nf**	(太陽の)黒点

■ **éclipse solaire totale** **nf**	皆既日食

☐ **lune** **nf**	月

[語形成] 形容詞は -aire「〜の, 〜に関する」を意味する接尾辞を添えて **lunaire**「月の」となり, éclipse lunaire で「月蝕」を指す. また, soleil なら **solaire**「太陽の」(太陽と月と地球が一直線に並んだ時に起きる éclipse solaire annulaire は「金環日蝕」のこと), pôle から **polaire**「極の, 極地の」(la Polaire と大文字にすれば「北極星」=l'étoile Polaire) となる.

■ **croissant de lune** **nm**	三日月

* croissant だけでも「三日月」の意味になる.

■ **nouvelle lune** **nf**	新月

■ **pleine lune** **nf**	満月

■ **cratère** **nm**	(月の) クレーター

■ **module lunaire** **nm**	月着陸船

☐ **corps céleste** **nm**	天体

*「星座」は **constellation nf** という.

□ terraformation **nf**	テラフォーミング

　＊ changer une planète comme la Terre pour qu'elle puisse être habitée par des humains.

□ planète **nf**	惑星

EX.42 太陽系（système solaire）の8つの惑星を太陽に近い順から並べたつもりが1箇所その順番が狂っています、どこでしょうか。

Mercure – Vénus – Terre – Mars – Jupiter – Uranus – Saturne – Neptune

□ satellite **nm**	衛星（= satellite naturel）, 人工衛星（= satellite artificiel）
■ satellite météorologique **nm**	気象衛星
□ univers **nm**	宇宙
■ origine de l'univers **nf**	宇宙の起源
□ agrandissement de l'espace **nm**	宇宙の膨張
□ sortie dans l'espace **nf**	宇宙遊泳
□ apesanteur **nf**	無重力
□ débris spatial **nm**	宇宙ゴミ
□ trou noir **nm**	ブラックホール
□ galaxie **nf**	銀河
□ astéroïde **nm**	小惑星（= planétoïde, planète mineure）
□ nébuleuse **nf**	星雲
□ météore **nm**	流星
■ météorite **nf / nm**	隕石（= pierre météorique **nf**）
□ comète **nf**	彗星
□ la Voie lactée	天の川（= notre galaxie）

解答　**EX.42** **Saturne** と **Uranus** の順が逆．ちなみに「惑星直列（朔望）」は **syzygie nf** という．

285

48 オゾン

☐ couche d'ozone **nf**	オゾン層
☐ appauvrissement de la couche d'ozone **nm**	オゾン層破壊（枯渇）
☐ trou d'ozone **nm**	オゾンホール
☐ ultraviolet **nm**	紫外線
☐ radiation **nf**	放射, 放射線
☐ radiation infrarouge **nf**	赤外線
☐ pluies acides **nfpl**	酸性雨
☐ forêt tropicale [humide] **nf**	熱帯雨林
☐ dioxyde de carbone **nm**	二酸化炭素（＝ CO_2）

＊ 以前は **gaz carbonique nm**「炭酸ガス」という言い方も使われていた.

☐ neutralité carbone **nf**	カーボンニュートラル
☐ société décarbonée **nf**	脱炭素社会
☐ effet de serre **nm**	温室効果
☐ gaz à effet de serre **nm**	温室効果ガス
☐ changement climatique **nm**	気候変動

＊「気候変動の影響で移民を余儀なくされた人」は **migrants climatiques npl** と呼ばれる.

［語源展開］migra「移る, 定住する」

☐ migrant, migrante	移民, 遠距離通勤者 ←（移動する人）
☐ migrateur, migratrice **n**	渡り鳥, 回遊魚
☐ immigration **nf**	（他国からの）移住 ←（国の中に移ってくること）
☐ émigration **nf**	移住 ←（国の外に移ること）
☐ transmigration **nf**	転生、輪廻 ←（魂がAからBへと trans「移る, 横断する」 ［別例］transcontinental(e) **adj**「大陸横断の」）

286

49 象形文字

設問12 下記の文（イタリックの 2 行）が入る位置は **A～C** のいずれが適当か答えてください。(解答例はp.293)

Que sont les hiéroglyphes ?

Ce sont des lettres en forme d'objets. (A) L'écriture la plus ancienne de l'Antiquité est l'écriture sumérienne, apparue dans le sud de la Mésopotamie vers 3 100 avant notre ère. (B) Les caractères crétois, les caractères hittites et les caractères chinois (par exemple, montagne, rivière, soleil, lune, femme, etc.) sont également apparus sous forme de hiéroglyphes, mais quand on parle de hiéroglyphes on pense surtout aux hiéroglyphes de l'Egypte ancienne. (C)

Il s'agit d'un logogramme développé en schématisant et en simplifiant dans une certaine mesure les pictogrammes.

50 災害

☐ **désastre nm**	災害
☐ **catastrophe nf**	大災害
☐ **catastrophe naturelle nf**	自然災害
☐ **tremblement de terre nm**	地震
☐ **tremblement de terre massif nm**	巨大地震
☐ **série de tremblements de terre nf**	群発地震
☐ **tremblement de terre épicentral nm**	直下型地震
☐ **séisme nm**	地震
☐ **prévision des séismes nf**	地震予知

☐ sismique **adj**	地震の
☐ secousse sismique **nf**	地震の揺れ
☐ activité sismique **nf**	地震活動

［語源展開］act「行動」

☐ <u>act</u>ivité	**活動** ←（行動すること）
☐ inter<u>act</u>ion **nf**	**相互作用** ←（互いに行なう）
☐ ré<u>act</u>ion **nf**	**反応** ←（応えての行動）

☐ perturbation sismique **nf**	地震による地殻変動
	＊ perturbation volcanique **nf** は「火山性地殻変動」で, activité tectonique **nf** なら「地殻活動」のこと.
☐ désastre sismique **nm**	震災
☐ épicentre **nm**	（地震の）震央
☐ construction antisismique **nf**	耐震構造
☐ affaissement du terrain [sol] **nm**	地盤沈下

設問13 日本に地震が多い理由を簡単に記した文章です.
下線部を和訳してください.（解答例はp.293）

L'archipel japonais est situé à la limite de quatre plaques océaniques et terrestres. Le nord-est du Japon est affecté par la force de la plaque Pacifique, et le sud-ouest du Japon est affecté en même temps par les forces de la plaque Pacifique et de la plaque des Philippines. **En d'autres termes, le Japon est constamment compressé d'est en ouest et de nord-ouest en sud-est, ce qui en fait l'un des pays les plus sujets aux tremblements de terre au monde**.

☐ tsunami **nm**	津波 (= raz de marée)
	＊ onde de tempête **nf** なら, 台風や発達した低気圧が沿岸部を通過する際に生じる「高潮」の意味. なお, marée haute **nf** は「満潮」(⇔ marée basse)のことで,「潮の干満」は le flux et le reflux という.

☐ inondation **nf**	洪水
	＊「大洪水」は déluge **nm** という.「床上浸水」は inondation au-dessus du sol,「床下浸水」は inondant jusqu'au sol と言い表す.

288

☐ dégâts [ravages] de l'inondation **nmpl**	水害
☐ sécheresse **nf**	旱魃（かんばつ）
☐ éboulement [effondrement] de terrain **nm**	土砂崩れ
☐ éruption (volcanique) **nf** ＊「火山灰」は **cendres volcaniques nfpl** という.	（火山）噴火
☐ grandes chutes de neige **nfpl**	大雪
☐ tempête de neige **nf**	（大）吹雪
☐ avalanche **nf**	雪崩
☐ forte pluie **nf** ＊ **pluie torrentielle** [diluvienne] **nf** は「豪雨」.	大雨

EX.43 1〜5はどのような雨でしょうか.

1. averse　2. crachin　3. pluie acide　4. pluie ensoleillée
5. pluie (fine) de printemps

☐ mousson **nf** ＊ **vent saisonnier nm** 「季節風」ともいう.	モンスーン, 季節風
☐ typhon **nm** ＊ **l'œil du typhon nm** は「台風の目」のこと.	台風
☐ ouragan **nm**	ハリケーン
☐ cyclone **nm**	サイクロン
☐ tornade **nf** ＊ **trombe nf** は「（海上の）竜巻」を指す.	竜巻
☐ foudre **nf** ＊ **foudroyer vt** 「落雷する」, coup de foudre **nm** は「落雷」.	雷
☐ éclair **nm**	稲妻, 稲光
☐ tonnerre **nm** ＊ **tonner vi** 「雷が鳴る」.	雷鳴

解答　**EX.43** **1.** にわか雨（＝ ondée「通り雨」）　**2.** 霧雨, 小糠雨　**3.** 酸性雨　**4.** 天気雨　**5.** 春雨

<table>
<tr>
<td>**2章 設問 解答**</td>
<td>日本に関係する文を多くしたが, それは DELF-B の「長文読解」攻略が目的なのではなく単語力養成に主眼を置いたため. しかるべきレベルを守りつつも, 語彙力拡充のため記憶に定着しやすい日本の文化や社会を踏まえた文章を意図して書きおろした.</td>
</tr>
</table>

設問1 isme に着目して和訳してみましょう.

19世紀, 20世紀のフランス文学史はさまざまな < isme (主義) > が現れては消えた時代, isme の百花繚乱と言えそうだ. ヴィクトル・ユゴーに代表される「ロマン主義」, スタンダール, バルザック, フローベールの「写実主義」, ゾラが提唱した「自然主義」, 象徴と内面性に着目した詩人たちの「象徴主義」など. 20世紀には「シュールレアリスム」,「実存主義」,「アンチロマン主義」といった概念が生まれた.

設問2 -iste (形容詞) に着目して和訳してください.

共産主義社会, 社会主義社会, 資本主義社会, 貴族社会, いずれの世界に住んでいても, 普通の人々の日常の現実はそれほど大した悪影響を受けません. すべての決定に自ら参加できる真の民主主義を夢見る人もいますが, 現実はまるで異なります.

設問3 環境に関連する語に注意して和訳してください. ＊これは1章-48の文例につながっています.

オゾン層は紫外線を吸収し, 地球上の生命を守る役割を果たしています. しかし, 1980年代以降, 南極上空でオゾンの量が減少し, いわゆるホールの出現につながっていることが明らかになりました. 原因はフロンです. このガスは当初, 人体や動物に無害であると考えられており, 冷却剤として広く使用されていました.

設問4 金とプラチナの違いに触れた文を読み, 空欄に入る適当な形容詞を語群から選んでください.

金 (ゴールド) は資産価値が高く, 価値が安定的 < stable > だ. 一方, 深みのある落ち着いた濃い < foncée > 銀色をしたプラチナは希少価値が高い. 事実, プラチナの年間 < annuelle > 採掘量はゴールドの約30分の1とも言われており, 1トンの原 < brut > 鉱石から約3gしか採れない. ただし, プラチナは工業 < industrielle > 需要の影響を強く受けるため, その価値は大きく変動する.

設問5 下記の3行に続く①〜④の文を文意が通じるよう順に並べてください.

日本における外国語教育とその学習に最も欠けている視点は, 教育や学びの目的を自らに問うことです. ③「言語を習得するには何を, どれくらいやるべきですか」と, 学び手はしばしば私に問いかけます. ②学習者にその意図が分からないなら, この質問に答えるすべはありません. ④もし意図するところがはっきりしているなら, 私はずっと容易に答えることができます. ①一方, 学習者自身が自らの目標を知っているなら, その目標を達成するための具体的なプログラムをおそらく自分たちで作り出せることでしょう.

解答 ③ ② ④ ①

設問6 (1)(2)の [　] 内の語を意味が通じるように並べ替えてください.

「わび」と「さび」とは「素朴さや不完全さの中にある美しさ」を表す日本人の美意識を表す言葉. それは私たちが不完全さの中に見出す美です. ひと言で言えば, 両者の違いは次のとおり.
わびは簡素から生まれる美しさを強調する.
さびは齢を重ねるごとに生まれる美や落ち着きを表現するもの.

(1) C'est [**la beauté que nous trouvons dans**] l'imperfection.
(2) *Sabi* représente la beauté ou [**la sérénité qui vient avec l'âge**].

設問7 俳句に関する説明文 *Ce fut Matsuo Basho qui, à l'époque Edo, établit sa forme actuelle.* を入れるなら下記の空所 **A〜E** のどこに置けば文意がスムーズに流れますか.

俳句は, 14世紀に日本で生まれた伝統的な詩の一形態です. これは世界で最も短い詩であり, わずか3行から成り, 合計17音節で構成されています. 詩の1行にはそれぞれ 5, 7, 5 音節があります.
江戸時代に現在の形を確立したのは松尾芭蕉です. この構造 (5, 7, 5) により, 日本人の耳に心地よいリズムが生まれます. 非常に少ない言葉で, 詩人は自分の感情, 考え, 感性を表現することができます.
俳句を作るためのルールの中で, 特に重要なものが, 季節を表す「季語」を必ず入れるということです. かくして「桜」という言葉が春を連想させるのは, 桜がこの季節にだけ花を咲かせるものだからです.

解答 **(C)** ＊sakura を女性名詞として扱うケースもあります.

設問8 空欄に入る適語を語群から選んでください.

なぜ, 大河の河口付近, **比較的乾燥した地域に** < **dans des zones relativement sèches** > 世界の四大文明が誕生したのか. そこには水が大きく関係している.

降雨量でみると < **en termes de précipitations** >, 文明の起こった場所はどこもさほど多く

291

はない. たとえば, エジプトは今や乾燥地域で, 雨は年間数10ミリしか降らない. 黄河は**乾燥した高原を通って** < **à travers un plateau sec** > 流れてくる川で, 黄河文明の周辺も雨はそれほど多くはなかった. チグリス・ユーフラテス川付近は湿地帯で雨は降るものの, **インダス川下流には** < **en aval de l'Indus** > ほとんど雨が降らない.

文明が発祥した地では < **dans le berceau de la civilisation** > 雨が少ない, でも, 上流ではよく雨が降る. **上流から** < **en amont** > 流れてきた川の水を使うことができれば, 灌漑農業が盛んになる. すなわち, 大河があり, その水をうまく誘導する灌漑設備をつくり, その設備が残っている所をわれわれは「文明」と呼んでいるというわけなのだ.

設問9 以下の空欄に入れるのに適当な語句を下記の語群から選んでください. なお, 問題の性格上, 大文字で書かれる文字も小文字で示しています.

東京は大都市, 日本最大の都市です. **東京の人口 La population de Tokyo** は 2023年に約1,400万人, **世界**の商業の**中心地のひとつ un des centres mondiaux** です.

東京は19世紀までは江戸と呼ばれていました. 江戸の人口は **最盛期には à son apogée** 100万人を超えていました. 江戸は約300年にわたって武士の権力の中心でした. この古い名前は現在でも使用されています. たとえば, **東京に住む人たち les habitants de Tokyo** は「江戸の子供」という意味で「江戸っ子」と呼ばれます. **日本文化 La culture japonaise** は17世紀から19世紀にかけて徳川幕府が **鎖国政策 la politique d'isolement** を続けていたので外国の影響を大して受けませんでした. この時期, 俳句や浮世絵などの日本文化が江戸で発展しました.

設問10 以下の空欄に入れるのに適当な語句を下記の語群から選んでください. ＊これは1章-42の文例に関連しています.

多くの先進国は少子化に悩まされており, **人口減少 le déclin** は不可逆的です. 一方で, 私たちはアフリカの**人口爆発 l'explosion** を懸念しています. 統計によると, 近い将来, 世界 **人口 la population** の 25% 以上がアフリカ人になると言われています. しかし, そうなった場合, そこは紛争地域であるため, **経済 l'économie** はさらに悪化し, **貧困 la pauvreté** や飢餓などの問題がいっそう深刻になる可能性が高まります.

設問11 下線部は本文中のどの箇所を指しているか解答してください.

1945年, 日本政府は米国から重要文書を受け取った. この文書には前例のない威力の新兵器開発に関する情報が含まれており, 連合軍は日本が差し迫った破壊を避けたいなら速やかに降伏するようにと要求した. これに対して我が国の政府は, 国際機関を通じて次のように回答した. 閣議でこの問題を議論するまで, 我が国の回答は保留のままである resterait en attente（解答：本文6行目の箇所）と. この下線部が「無視する」あるいは「拒絶する」と翻訳され, その結果, 広島と長崎は壊滅した.

＊ ignorer は日本のジャーナリズムの訳, rejeter は海外報道とされる. なお, 動詞 ignorer（英語 *ignore*）は「頭か

292

ら無視する」という強い拒絶のニュアンスをもった単語. たとえば, 「軽視する, 意に介さない」mépriser（英語 disregard）などとはそもそもの重みが違う単語だ.

設問12 下記の文（イタリックの2行）が入る位置は **A〜C** のどこが適当か答えてください.

象形文字（ヒエログリフ）とは何か？

物の形をかたどって作られた文字のこと. **絵文字からある程度図式化, 単純化することで発達した表語文字のことである.** 古代文明で最も古い文字はシュメール文字で, 紀元前3100年ごろにメソポタミア南部で発生した. クレタ文字やヒッタイト文字, 漢字（たとえば山, 川, 日, 月, 女など）も同じく象形文字として生まれたが, 象形文字といえば特に古代エジプトのヒエログリフ（聖刻文字）を考えることが多い.

解答 (A)

設問13 日本に地震が多い理由を簡単に記した文章です. 下線部を和訳してください.

日本列島は海洋と陸上の計4つのプレートの境界に位置しています. 日本の東北には, 太平洋プレートの力がかかり, 西南は太平洋プレートとフィリピンプレートの力が同時にかかっています. **つまり, 日本は東から西へ, 北西-南東方向へと常に圧縮されていることから, 世界でも有数の地震国なのです.**

＊ 注意：英語と同じく, フランス語の方位は nord-sud-est-ouest の順に並ぶ. そのため, たとえば「南東」sud-est と「東南」sud-est が同じ表記になる（est-sud という語順は使わない）. たとえば, 方位の表記が日本語と逆だが「東南アジア」は Asie du Sud-Est となる. ただし, 「東南東」などさらに細かな表記をするなら日本語と同じ語順 est-sud-est が使われる.

**2章EX
解答**

EX.16　対義語

1. 需給　l'offre et la **demande**
2. 干満　le **flux** et le reflux
3. 寒暖　la chaleur et le froid
4. 強弱　des forces et **faiblesses**
5. 苦楽　la **douleur** et le plaisir
6. 言動　les paroles et les actes
7. 勝敗　la victoire et la **défaite**
8. 天地　le **ciel** et la terre
9. 師弟　le maître et l'élève
10. 雌雄　le mâle et la **femelle**
11. 収支　les recettes et les **dépenses**
12. 損益　les pertes et profits
13. 賞罰　les punitions et les **récompenses**
14. 心身　le **corps** et l'esprit
15. 貧富　la pauvreté et la richesse

索引 合計掲載単語数3545

(1) 色付きの語はエッセイ内の見出し語ですが, 広く例文を振り返っていただきたいので, 他の文例からも当該の単語を拾っているケースがあります. なお, |1| は1章, |2| は2章を示しています.

(2) 見出し語の例文はもとより, 派生語の例文, あるいは同意語・反意語からも基本的な語彙, めぼしい単語はできるだけ載せています. ただ, 複数例文に繰り返し登場する語句の掲載箇所を漏れなく記載しますと「索引」が徒に煩雑になり, 使い勝手も見てくれもバランスを欠くため, 原則, 主だった2箇所に絞って拾うようにしました.
   * DELF-A1 レベル (bébé, lac, mètre, voiture, pleuvoir, se promener など) 入門・初級レベルの語で語義の広がりがあまりない単語は本書の設定レベル上掲載不要と判断 (類義語比較対象語や広い語義へと展開する語句はこの限りではない).

(3) 人物名は通常「索引」では姓か名に基づいた表記で統一されますが, 本書の「索引」では本書に掲載されたままとしています. たとえば, Alexandre Dumas は, A に掲載しています. Dumas という作家 (ちなみに具体的には père と fils と両名いる) は文学史的な知識ではありますが, 本書の単語増殖の意図には直接つながってはいませんので.

(4) 代名動詞の表記 (se) (s') の扱いはそれぞれの例文とのからみがあり統一が難しいため, 一部の例外を除いてこれを省きました (例外 se reincarner：代名動詞でしか使わないもの / s'étouffer：本文の例示との関連で登場するもの). なお, 本書内では代名動詞しか見出し語や例文で用いていない語でも, 代名動詞以外の使い方 (他動詞・自動詞・間接他動詞) のなされる動詞は再帰代名詞を省いています.

A

à bon droit 1 p.104
à cause de.......... 1 p.077, 1 p.201
à coup sûr 1 p.143
à court terme 1 p.195
à crédit 2 p.282
à fond 1 p.122
à grande échelle 1 p.200
à grands pas 1 p.094
à juste titre 1 p.104
à l'échelle mondiale 1 p.200
à l'heure actuelle 1 p.048
à l'origine 1 p.108
à la carte 2 p.268
à long terme 1 p.195
à moyen terme 1 p.195
à partir de 1 p.088, 1 p.143
à pas de géant 1 p.094
à petits pas 1 p.094
à plusieurs reprises 1 p.103
à point 1 p.141
à présent 1 p.048
à quel point 1 p.059
à travers *qqch* 1 p.148
à un prix exorbitant 1 p.090
abandonné, abandonnée
.... 1 p.037
abandonner 1 p.128
abcès 2 p.245
abîmer la santé 2 p.248
abolir 1 p.182
abondance 1 p.059
abondant, **abondante**
.... 1 p.059
abonder 1 p.060
absence 1 p.197
absent 1 p.197
absentéisme 2 p.251
absolu, **absolue** 1 p.112
absolument 1 p.112
absorber 1 p.201
absorption 1 p.201
abstraction 1 p.012
abstrait, **abstraite** 1 p.012
académique 1 p.148
accélérateur...... 1 p.065, 1 p.176

accélération 1 p.176
accélérer 1 p.176, 2 p.212
accent 2 p.218, 2 p.219
accès 1 p.157
accessible 1 p.157
accompagnateur,
accompagnatrice 2 p.274
accord 1 p.019, 1 p.143
accord de cessez-le-feu
.... 2 p.277
accord de trêve 2 p.277
acculturation 2 p.278
accumulateur 1 p.055
accumulateur électrique
.... 1 p.055
accumulation 1 p.055
accumuler 1 p.055
achat 1 p.094, 1 p.183
achat spéculatif 2 p.262
achever 1 p.191
acide 2 p.271
acier 2 p.261
acquérir 1 p.089
acte criminel 2 p.280
acte de terrorisme 2 p.276
acteur principal,
actrice principale 2 p.265
acteur(trice) 1 p.107, 1 p.170
actif 1 p.103
actif, active 1 p.067
actions 2 p.235
activer 1 p.067
activité .. 1 p.067, 1 p.103, 2 p.288
activité sismique 2 p.288
activité tectonique 2 p.288
actuel(le) 1 p.197
actuellement 1 p.048
adaptation 2 p.265
adapter 1 p.083, 2 p.265
adapter un roman à l'écran
.... 2 p.266
admirable 1 p.139
admirateur, admiratrice
.... 1 p.139
admiration 1 p.139
admirer 1 p.139

adoucir 1 p.040
aérien(ne) 1 p.096, 2 p.276
aéromodélisme 1 p.100
affaissement du terrain
[sol] 2 p.288
affecter 1 p.023, 1 p.122
affolement 1 p.081
affreux(se) 2 p.236
africain(e) 1 p.196, 2 p.279
afrikaans 2 p.225
Afrique 1 p.107, 2 p.225
âge 1 p.184
agence de tourisme 2 p.274
agence de voyages 2 p.274
aggravant(e) 1 p.040
aggravation 1 p.058
aggraver 1 p.031, 1 p.058
agitation 1 p.178, 1 p.180
agité, agitée 1 p.178
agiter 1 p.178
agrandissement de l'espace
.... 2 p.285
agréable 1 p.028, 1 p.069
agréablement 1 p.069
agression 2 p.276
agriculteur(trice)
.... 1 p.140, 1 p.172
agriculture 2 p.278
agroalimentaire 1 p.163
aigre 2 p.271
air 2 p.241
alcool 1 p.064, 2 p.230
alcoolisme 2 p.227
Alexandre Dumas 2 p.238
aliment 1 p.075, 2 p.249
alimentaire 1 p.075, 2 p.249
alimentation 1 p.075, 2 p.249
alimentation saine 2 p.248
alimenter 1 p.075
allaiter 1 p.166
Allemagne 2 p.223
allemand 2 p.223
allemand ou suisse allemand
.... 2 p.224
aller bien 2 p.248
allergie 2 p.243

allergique .... [2] p.243
aller-retour .... [1] p.157
alliage .... [2] p.261
allumer .... [1] p.198
Alpes .... [1] p.028
altitude .... [2] p.284
altruisme .... [1] p.130
aluminium .... [2] p.261
amabilité .... [2] p.232
amasser .... [1] p.055
amateur .... [1] p.045, [2] p.241
ambiance .... [1] p.180
ambigu, **ambiguë**
.... [1] p.073, [1] p.123
ambigüe .... [1] p.123
ambigüité .... [1] p.123
ambitieux, **ambitieuse**
.... [1] p.128
ambition .... [1] p.123, [1] p.128
ambulance .... [1] p.123
amélioration ...... [1] p.058, [1] p.122
amélioration de la santé
.... [2] p.248
améliorer .... [1] p.121
amer, amère .... [2] p.271
Amériques .... [1] p.107
amiante .... [1] p.197
amitié .... [1] p.149
ample .... [1] p.006
Amsterdam .... [2] p.224
amusant, amusante ...... [1] p.182
analyse .... [1] p.087
Andore-la-Vieille .... [2] p.224
Andorre .... [2] p.224
anesthésie générale .... [2] p.218
anglais .... [2] p.224
anglophile .... [1] p.046
anglophobe .... [1] p.046
anglophone .... [1] p.046
animateur(trice) .... [1] p.182
animisme .... [2] p.233
Ankara .... [2] p.225
annihilation .... [1] p.198
anniversaire ...... [1] p.165, [1] p.198
annuler .... [1] p.013, [1] p.116
annoncer .... [2] p.219

anonymat .... [1] p.112
anonyme .... [1] p.112
Antananarivo .... [2] p.225
anti-japonais(e) .... [1] p.016
antibiotique .... [2] p.252
anticancéreux .... [2] p.252
antigel .... [2] p.252
antioxydant .... [2] p.231
antipathie .... [2] p.252
antipyrétique .... [2] p.252
antique .... [1] p.166
antisocial(e) .... [2] p.252
antonyme .... [1] p.112, [2] p.219
anxiété .... [1] p.033
apatride .... [1] p.077
apesanteur .... [2] p.285
aphorisme .... [2] p.249
aplomb .... [1] p.128
apparaître .... [1] p.095, [1] p.109
appareil .... [2] p.222
appareil électrique .... [2] p.223
appareil ménager .... [2] p.222
apparence .... [1] p.109, [1] p.173
apparent, apparente ..... [1] p.109
apparition .... [1] p.109
appartement .... [1] p.154
appauvrir .... [1] p.172
appauvrissement .... [1] p.172
appauvrissement de la
couche d'ozone .... [2] p.286
appel .... [1] p.192
appétit .... [2] p.250
apporter .... [1] p.089
appréciation .... [2] p.256
apprécier .... [1] p.039, [2] p.256
apprendre .... [1] p.047, [1] p.143
apprentissage .... [1] p.143
arabe .... [2] p.225
Arabie .... [2] p.225
architecture .... [1] p.128
argent .... [2] p.261
argent liquide .... [1] p.188
aride .... [1] p.167, [2] p.227
arme .... [2] p.275
arme chimique .... [2] p.253
armée .... [2] p.275

armée de l'air .... [2] p.275
armement .... [2] p.275
armistice .... [2] p.277
arôme .... [2] p.271
arranger .... [1] p.136
arrêt .... [1] p.068, [1] p.161
arriver .... [1] p.097
arrondissement .... [2] p.281
arsenic .... [2] p.229
article .... [1] p.093, [1] p.148
article détaxé .... [2] p.258
articulation .... [2] p.219
articuler .... [2] p.219
artificie(le) .... [1] p.079, [1] p.114
artistique .... [1] p.091, [1] p.092
ascendance .... [1] p.092
Asie .... [1] p.107
aspect .... [1] p.113, [1] p.173
aspirateur .... [2] p.222
assassinat .... [2] p.276, [2] p.280
assécher .... [1] p.211
assimiler .... [1] p.088
assistant(e) .... [1] p.102
assister .... [1] p.192
assurance .... [1] p.197
assurer .... [1] p.196
astéroïde .... [2] p.285
asthme .... [2] p.243
astre .... [2] p.284
astronaute .... [1] p.060
astronomique .... [1] p.106
astrophysicien(ne) .... [1] p.086
Athènes .... [2] p.224
athlète .... [1] p.171
atmosphère ...... [1] p.180, [2] p.283
atmosphérique .... [1] p.180
atome .... [2] p.253
atome radioactif .... [2] p.254
atomique .... [2] p.254
attaque .... [1] p.190, [2] p.244
attaquer .... [1] p.190, [2] p.276
atteindre .... [1] p.174
atteinte .... [1] p.138, [1] p.174
attendre .... [1] p.099
attentat .... [2] p.276
attentat suicidaire .... [2] p.276

297

attentat-suicide .... ② p.276	autrice .... ② p.239	balance des paiements
attention .... ① p.133	avalanche .... ② p.289	.... ② p.258, ② p.272
attentionné, attentionnée	avaler .... ② p.270	balance d'inventaire ..... ② p.272
.... ① p.133	avaler sans goûter .... ② p.270	Ballon de Guebwiller .... ① p.028
atténuant, atténuante .. ① p.040	avancer .... ① p.094	banal(e) .... ① p.152
atténuation .... ① p.040	**avantage**	Bangladais(e) .... ② p.225
atténuer .... ① p.040	.... ① p.052, ① p.140, ① p.144	Bangladesh .... ② p.225
attirant, attirante .... ② p.236	avantager .... ① p.053	banlieue .... ① p.140, ② p.281
attirer .... ① p.150	avantageux, avantageuse	banlieusard, banlieusarde
attitude .... ① p.118, ① p.139	.... ① p.052	.... ② p.281
attractif, attractive .... ① p.107	avec raison .... ① p.104	la banque centrale .... ② p.262
attraction .... ① p.012, ① p.107	avenir .... ① p.042, ① p.110	barbarisme .... ② p.233
attribuer .... ① p.093	aventure .... ② p.238	barrage .... ① p.202
attribution .... ① p.094, ② p.265	aventurier(ère) .... ① p.083	bas, basse .... ① p.170
(tout) au long de *qqch* .. ① p.164	averse .... ② p.289	baseball .... ① p.149
au bout de *qqch* .... ① p.066	avis .... ① p.116	bas marais .... ② p.231
au début .... ① p.070, ① p.108	avoir besoin de ① p.060, ① p.067	basque .... ① p.029, ② p.224
au final .... ① p.124	avoir bonne mine .... ② p.249	bataille .... ② p.275
au milieu de *qqch* .... ① p.177	avoir de la toux .... ① p.057	la bataille de Marignan ② p.267
au niveau .... ① p.017	avoir du respect pour .. ① p.139	bateau .... ① p.157, ① p.207
au pied de .... ① p.130	avoir la santé .... ② p.249	bâtiment .... ① p.126, ① p.127
au premier lieu .... ① p.108	avoir le nez bouché ...... ① p.057	bâtir .... ① p.126
au tout début .... ① p.070	avoir lieu .... ① p.097	battant, battante .... ① p.161
aube .... ① p.097	avoir mauvaise mine	battement .... ① p.161
auberge .... ① p.156	.... ① p.057, ② p.249	**battre** .... ① p.161
audacieux, audacieuse	à voir avec *qqch* .... ① p.025	beau (bel), belle .... ② p.236
.... ① p.128	avoir recours à .... ① p.191	**beauté** .... ① p.033, ② p.236
augmentation .. ① p.202, ① p.214	avoir [tenir] la forme ..... ② p.248	beaux .... ② p.236
augmentation de la criminalité	avoir une crampe au mollet	bénédiction .... ② p.216
.... ② p.280	.... ② p.245	bénéfice .... ① p.144
augmenter .... ① p.170, ① p.202		bénéficiaire .... ① p.144
aujourd'hui .... ① p.048		bénéficier .... ① p.143, ② p.216
aurore .... ① p.097	**B**	**bénéfique** .... ① p.143
Australie .... ② p.259	babillage .... ② p.221	bénévole .... ② p.216
auteur, auteure .... ② p.239	bagage .... ① p.055	Bengale .... ② p.225
authenticité .... ① p.133	bague .... ① p.208	bengali .... ② p.225
authentique .... ① p.133	**baigner** .... ① p.129	berceau d'une civilisation
autobiographie ② p.221, ② p.252	baignoire .... ① p.129	.... ② p.277
automobile .... ① p.008	bain .... ① p.129	Berlin .... ② p.223
autonome .... ① p.064	**baisse** .... ① p.169	besoin .... ① p.060, ① p.067
autoritaire .... ① p.003	baisse de l'euro .... ② p.235	bête .... ① p.114
autorité .... ① p.003, ① p.015	baisser .... ① p.170, ① p.202	biberon .... ① p.201
autorité monétaire .... ② p.262	balai .... ① p.062	bibliothécaire .... ② p.260
autoroute .... ① p.051, ① p.068	balai-bross .... ① p.062	bibliothèque .... ② p.260
autrefois .... ① p.104, ① p.196	balance .... ① p.145, ② p.272	bien .... ② p.259
autrement dit .... ① p.183	balancé, balancée .... ② p.272	bien connu(e) .... ① p.165
	balance commerciale . ② p.272	

bien que .... [1] p.078
bien-être
.... [1] p.085, [2] p.232, [2] p.233
bienfaisant, bienfaisante
.... [1] p.102
bienfait .... [1] p.102
bienfaiteur, bienfaitrice
.... [1] p.102
bien habillé(e) .... [1] p.132
bienveillance .... [2] p.232
bigamie .... [2] p.216
bijou .... [1] p.106
bijoutier(ère) .... [1] p.004
bilan .... [2] p.272
bilan de santé .... [2] p.248
bilingue .... [1] p.007
billet à ordre .... [2] p.262
billet (de banque) .... [2] p.262
biographie
.... [2] p.216, [2] p.221, [2] p.252
biologie .... [2] p.252
biomasse .... [2] p.252
biotechnologie .... [2] p.252
biothechnologie .... [2] p.252
biscuit .... [2] p.216
bistro(t) .... [2] p.268
blague .... [1] p.072, [1] p.204
blaguer .... [1] p.072
blâmer .... [1] p.098, [1] p.112
blesser .... [2] p.243
blessure .... [2] p.243
bleu .... [1] p.141
blocus économique
.... [2] p.233, [2] p.258
blues .... [2] p.240
boire .... [2] p.269, [2] p.270
boisement .... [2] p.230
boisson .... [2] p.250
boîte à outils .... [2] p.222
bombe atomique .... [2] p.254
bonde .... [1] p.129
bonheur .... [1] p.047, [1] p.083
bonté .... [2] p.231
Bordeaux .... [1] p.026
botaniste .... [1] p.149
bouffer .... [2] p.270

bouger .... [1] p.044
bouillant, bouillante .... [1] p.061
bouillir .... [1] p.144
bourse .... [1] p.141
bout .... [1] p.066
bouteille .... [1] p.021, [1] p.167
boutique .... [1] p.008, [1] p.178
braiser .... [1] p.144
brasserie .... [1] p.055, [2] p.268
bref .... [1] p.148
brillant(e) .... [1] p.114
britannique .... [1] p.014, [1] p.196
bronze .... [1] p.185, [2] p.261
bruit .... [1] p.131, [1] p.178
brûlant, brûlante .... [1] p.061
brûler .... [1] p.062, [2] p.244
brûlure .... [1] p.062, [2] p.244
brusquement .... [1] p.031
bruyant(e) .... [1] p.147
Bucarest .... [2] p.224
Budapest .... [2] p.224
budget .... [1] p.051, [2] p.262
buffet .... [2] p.268
bulgare .... [2] p.224
Bulgarie .... [2] p.224
bulletin d'informations . [1] p.053
bureau .... [1] p.049
bureau de change .... [2] p.263
bureau d'informations
touristiques .... [2] p.274
bureaucratie .... [2] p.030

C

c'est pourquoi .... [1] p.011
cabane .... [1] p.088
cabanon .... [1] p.088
cabine d'essayage .... [1] p.066
cadence .... [2] p.241
cadmium .... [2] p.229
café restaurant .... [2] p.268
cafét' .... [2] p.268
café(-)tabac .... [2] p.268
cafétéria, cafeteria .... [2] p.268
cahier de vocabulaire [mots]
.... [2] p.217
calamité .... [1] p.197

calculatrice .... [2] p.223
calcul biliaire .... [2] p.243
calculer les calories ...... [2] p.271
calligraphie .... [1] p.031
calme .... [1] p.150, [1] p.178
calmement .... [1] p.150
calmer .... [1] p.040
calorie .... [2] p.271
caméra .... [2] p.266
camp de prisonniers .... [2] p.275
campagne .... [2] p.281
campagne d'exclusion des
immigrants .... [1] p.077
camping .... [1] p.097
campus .... [1] p.070
canal d'irrigation .... [2] p.246
cancer .... [2] p.016
cancérologue .... [2] p.229
cantine .... [2] p.268
capable .... [1] p.082
capacité .... [1] p.082, [1] p.083
capacité vitale .... [2] p.228
capitaine .... [1] p.191
capitale .... [1] p.126, [2] p.281
capitalisme .... [2] p.226
caractère .... [1] p.117
caractéristique .. [1] p.117, [1] p.152
carbone .... [1] p.214
carburant .... [1] p.064, [2] p.247
carburant pour fusées
.... [2] p.247
Cardin .... [1] p.008
carnet de vocabulaire [mots]
.... [2] p.217
carrière .... [1] p.081
carte .... [1] p.160, [1] p.214
carte (de restaurant) ... [2] p.268
carte des vins .... [2] p.268
carton .... [1] p.178
cascadeur, cascadeuse
.... [2] p.265
casque .... [1] p.100, [1] p.174
casser les prix .... [2] p.255
catalan .... [2] p.224
catalogue .... [2] p.221
cataracte .... [2] p.243

catastrophe ..... [1] p.197, [2] p.287
catastrophe naturelle ... [2] p.287
catastrophe sédimentaire
.... [2] p.230
catastrophique .... [1] p.197
catégorie .... [1] p.009
cause .... [1] p.078, [2] p.230
cave .... [1] p.213
céder .... [1] p.163
ceinture de sécurité ..... [2] p.280
célébration .... [1] p.165
célèbre .... [1] p.067, [1] p.165
célébrer .... [1] p.165
célébrité .... [1] p.067, [1] p.165
céleste .... [1] p.198
célibataire .... [1] p.057
cendre .... [1] p.059, [1] p.201
cendres volcaniques ... [2] p.289
centrale nucléaire .... [2] p.254
centraliser .... [1] p.035
centre-ville .... [1] p.062, [2] p.281
certain(e) .... [2] p.227
certainement ... [1] p.047, [1] p.143
certificat .... [2] p.227
certitude .... [2] p.227
cerveau .... [1] p.044
cessez-le-feu .... [2] p.277
chagrin .... [1] p.083
chaîne alimentaire .... [2] p.249
chalet .... [1] p.028
chaleur .... [1] p.131
chaleur solaire .... [2] p.247
champ .... [2] p.246
champion .... [1] p.059
chance .... [1] p.071
change .... [2] p.235, [2] p.263
changement climatique
.... [2] p.229, [2] p.286
changement de climat [2] p.229
changer .... [1] p.008
chanson .... [2] p.239
chanson à la mode .... [2] p.239
chanter .... [2] p.240
chanteur, chanteuse .... [2] p.239
charbon .... [2] p.247
charmant, charmante ... [2] p.236

charne .... [1] p.185
chasseur .... [2] p.275
château .... [2] p.267
château d'eau .... [2] p.267
château-fort .... [2] p.267
chaud, chaude .... [1] p.061
chauffeur .... [1] p.093
chaussure .... [1] p.028, [1] p.174
cher .... [1] p.155
chercher un mot dans
un dictionnaire .... [2] p.217
chercheur, chercheuse
.... [1] p.196
chéri, chérie .... [1] p.149
chérir .... [1] p.149
chétif(ve) .... [1] p.038
chic .... [1] p.132
chiffon .... [1] p.062, [1] p.201
chimère .... [2] p.238
chimie .... [1] p.087, [2] p.253
chimique .... [1] p.087, [2] p.253
chimiste .... [1] p.087
Chine .... [2] p.225
chinois .... [2] p.225
chlorofluorocarbone ... [1] p.200
choc culturel .... [2] p.278
choisir .... [1] p.026, [1] p.027
choix .... [1] p.026
chômage .... [1] p.170
Chypre .... [2] p.225
Chypriote .... [2] p.225
ciné .... [2] p.265
cinéma .... [2] p.265
cinéphile .... [2] p.265
circulation .... [1] p.093, [2] p.262
citadin, citadine .... [2] p.281
citation .... [1] p.165
cité .... [2] p.281
citer .... [1] p.166
cité universitaire .... [2] p.281
civilisation .... [1] p.166, [2] p.277
civiliser .... [1] p.166, [2] p.278
clair .... [1] p.099, [1] p.123
clapier .... [1] p.088
clarification .... [1] p.148
clarinette .... [2] p.223

clarinettiste .... [2] p.223
classe .... [1] p.010
classe économique ...... [1] p.026
classe préparatoire ...... [2] p.250
classique .... [2] p.240
clavier .... [1] p.146, [2] p.242
clé USB .... [1] p.146, [2] p.243
client .... [1] p.144, [1] p.192
clignotant .... [1] p.065
cliquer .... [1] p.067, [2] p.242
cocaïnisme .... [2] p.227
coffre .... [1] p.065
coffre-fort .... [1] p.205
colis .... [1] p.060, [1] p.207
collaboration .... [1] p.019
collaborer .... [1] p.019
collection .... [1] p.050, [1] p.090
collège .... [2] p.251
collègue .... [1] p.069, [1] p.163
colline .... [1] p.122
Colombie .... [2] p.259
colon .... [1] p.166
colonial, coloniale .... [1] p.196
colonie .... [1] p.196
colonisation .... [1] p.196
coloniser .... [1] p.196
combat .... [2] p.275
combattant, combattante
.... [2] p.275
combattre .... [2] p.276
combustible .... [2] p.247
combustible à l'uranium
.... [2] p.254
combustible fossile
.... [2] p.230, [2] p.247
combustible gazeux ..... [2] p.247
combustible nucléaire .. [2] p.247
combustible solide .... [2] p.247
comédie .... [1] p.093, [2] p.238
comète .... [2] p.285
commande .... [1] p.116, [1] p.207
comme si .... [1] p.177
commencer .... [1] p.190
commentaire .... [1] p.060
commerçant, commerçante
.... [2] p.257

commerce .... ② p.257, ② p.263
commerce électronique
.... ② p.235, ② p.257
commerce équitable ... ② p.257
commerce extérieur .... ② p.263
commercer .... ② p.257
commercial, commerciale
.... ② p.257
commercialisation .... ② p.258
commercialiser .... ② p.258
commodore .... ① p.159
communication ① p.079, ① p.118
communication de masse
.... ② p.220
communication interculturelle
.... ② p.220
communication non verbale
.... ② p.220
communiqué .... ① p.047
communisme .... ② p.226
compagnon, compagne
.... ① p.019
comparable .... ① p.079
comparaison .... ① p.079, ② p.220
comparativement .... ① p.079
comparer .... ① p.079
compas .... ② p.223
compatibilité .... ② p.242
compétence ..... ① p.044, ① p.083
compétitivité internationale
.... ② p.235
complètement . ① p.015, ① p.117
complexe .... ① p.007, ① p.008
complexé, complexée ① p.008
complexité .... ① p.008
complication .... ① p.008, ① p.151
compliqué(e) .... ① p.007, ① p.123
compliquer .... ① p.008, ① p.151
comportement .... ① p.123
composer [écrire] de la
musique .... ② p.240
compositeur .... ② p.240
composition .... ② p.240
compositrice .... ② p.240
compréhensible .... ① p.118
compréhensif,

compréhensive .... ① p.118
compréhension .... ① p.118
comprendre .... ① p.118
compte .. ① p.067, ① p.082, ① p.199
compter .... ① p.032, ① p.049
concentration ... ① p.035, ① p.122
concentrer .... ① p.035, ① p.122
conception .... ① p.011
concerto .... ② p.240
concitoyen(ne) .... ① p.019
concret .... ① p.012
conditionnement d'air . ① p.111
conditions météorologiques
extrêmes .... ② p.230
conduire .... ① p.026, ① p.129
conduire prudemment
.... ② p.280
conduite prudente .... ② p.280
conférence .... ① p.177
conférencier(ère) .... ① p.047
confiance .... ① p.087
confier .... ① p.078
confirmer .... ① p.197
conflictuel, conflictuelle
.... ① p.172
conflit .... ① p.172
confort .... ① p.028
confortable ...... ① p.028, ① p.069
confortablement .... ① p.028
confronter .... ① p.087
congé .... ① p.192
congélateur .... ① p.205
congélation .... ① p.205
congeler .... ① p.205
congestion routière ...... ① p.100
conjonction économique
.... ② p.233
connaissance .. ① p.055, ② p.232
conscience .... ② p.232
consciencieux,
consciencieuse .... ② p.232
conseil .... ① p.005, ① p.140
conséquence .... ① p.078
conserver .... ① p.111
considération ... ① p.113, ① p.125
considérer .... ① p.113

consister .... ① p.138, ① p.156
consommateur,
consommatrice
.... ① p.097, ② p.256
consommation
.... ① p.097, ② p.235, ② p.256
consommation d'électricité
.... ② p.256
consommer
.... ① p.042, ① p.097, ① p.213,
                         ② p.256, ② p.270
consonne .... ② p.219
constant .... ① p.050
constellation .... ② p.284
Constitution .... ① p.165
constructif, constructive
.... ① p.127
construction ..... ① p.127, ② p.228
construction antisismique
.... ② p.288
construire .... ① p.126
consulter un dictionnaire
.... ② p.217
contamination .... ① p.158
contamination radioactive
.... ② p.230
conte .... ② p.238
conte de fées .... ② p.238
contempler .... ① p.120
contester .... ① p.083
continent .... ① p.107, ② p.283
continental, continentale
.... ① p.107, ② p.283
contradiction ... ① p.194, ② p.216
contradictoire .... ① p.194
contraignant, **contraignante**
.... ① p.013
contraindre .... ① p.013
contraint, containte ...... ① p.013
contraint(e) .... ① p.013
contrainte .... ① p.013
contrat .... ① p.057
contravention .... ② p.280
contredire .... ① p.194
contribution .... ② p.265
contrôle .... ① p.024

301

contrôler .... [1] p.024, [1] p.092
controversé(e) .... [1] p.192
converger .... [1] p.035
conversation .... [2] p.221
conversation à deux .... [2] p.221
coopératif, coopérative
.... [1] p.019
coopération .... [1] p.019
coopérer .... [1] p.019
Copenhague .... [2] p.224
corps céleste .... [2] p.284
corrélation .... [1] p.019
corrompu(e) .... [1] p.194
corruption .... [1] p.025
cortex cérébral .... [2] p.243
cosmologie .... [2] p.284
cosmos .... [2] p.284
la côte est de l'Afrique ... [2] p.225
couche .... [1] p.201
couche d'ozone .... [2] p.286
couloir .... [1] p.066
coup .... [1] p.143
coupable .... [1] p.124
coup de foudre .... [2] p.289
coup d'état .... [2] p.275
coupe-ongles .... [1] p.062
Cour de cassation .... [1] p.003
Cour suprême .... [1] p.003
courant océanique .... [2] p.247
courses .... [1] p.089
courses de chevaux .... [1] p.045
court de squash .... [1] p.066
courtois .... [1] p.135
courtoisement .... [1] p.135
courtoisie .... [1] p.135
couscous .... [2] p.269
coût .... [2] p.256
couteau .... [1] p.147, [2] p.261
coûter .... [1] p.155
coutume .... [1] p.004, [2] p.235
couvert .... [1] p.112
Covid-19 .... [1] p.057
crachin .... [2] p.289
craindre .... [1] p.039, [1] p.205
crampe .... [2] p.245
cratère .... [2] p.284

créatif, créative .... [1] p.033
création .... [1] p.033
créativité .... [1] p.033
crèche .... [2] p.251
crédit .... [2] p.282
crédit à la consommation
.... [2] p.282
crédit revolving .... [2] p.282
créer .... [1] p.033
crème .... [1] p.166
Crêt de la Neige .... [1] p.028
crevaison .... [1] p.065
crime .... [2] p.280
crime parfait .... [2] p.280
crime sexuel ..... [1] p.176, [2] p.280
criminalité .... [2] p.280
criminel, criminelle .... [2] p.280
crise .... [2] p.234, [2] p.244
crise économique .... [2] p.233
crise financière .... [1] p.197
crise monétaire .... [2] p.262
critère .... [1] p.058
critique .... [1] p.084
critiquer .... [1] p.093
croire .... [1] p.002
croissance .... [1] p.020, [1] p.171
croissance économique
.... [2] p.233
croissant, croissante .. [1] p.020
croissant de lune .... [2] p.284
croître .... [1] p.020
cru .... [1] p.141
cruel(le) .... [1] p.170
cryogène .... [1] p.204
crypto-monnaie
.... [1] p.109, [2] p.235
cuire .... [1] p.141
cuisine .... [2] p.250
cuisiner .... [2] p.250
cuisson .... [1] p.141
cuit, cuite .... [1] p.141
cuivre .... [1] p.207, [2] p.261
culpabilisation .... [1] p.124
culpabiliser .... [1] p.124
culpabilité .... [1] p.124
cultivé .... [1] p.046

culture .... [2] p.278
culturel, culturelle .... [2] p.278
cumulonimbus .... [2] p.230
curiosité .... [1] p.102
curseur .... [2] p.243
cyclone .... [2] p.289
Cyrano de Bergerac ...... [2] p.238

D

dallage .... [1] p.207
dalle .... [1] p.207
dalle funéraire .... [1] p.207
Danemark .... [2] p.224
danger .... [1] p.021, [1] p.102
dangereux(se) .... [1] p.204
danois .... [2] p.224
date .... [1] p.049
de jour en jour .... [1] p.121
déagréablement .... [1] p.069
débarrasser .... [1] p.205
débat .... [1] p.190
débris spatial .... [2] p.285
début ..... [1] p.070, [1] p.134, [1] p.197
débutant(e) .... [2] p.242
décarbonation .... [2] p.230
décarbonsation .... [2] p.230
décéder .... [1] p.149
décennie .... [1] p.170
déception .... [1] p.039
décès .... [1] p.171
décevant, décevante ... [1] p.039
décevoir .... [1] p.039
déchets radioactifs .... [2] p.254
déchiffrable ...... [1] p.207, [1] p.209
déchiffrage .... [1] p.209
déchiffrement .... [1] p.209
déchiffrer .... [1] p.209
décider .... [1] p.028
déclaration .... [1] p.211
déclarer .... [1] p.105
déclin .... [1] p.170
décliner .... [1] p.171, [2] p.266
décoder .... [1] p.209
décolonisation .... [1] p.196
déconvenue .... [1] p.039
décoratif, décorative ... [2] p.237

décoration .... [2] p.237
décorer .... [2] p.237
découverte .... [1] p.181
découvrir .... [1] p.078, [1] p.102
décroître .... [1] p.202
décroître, diminuer ..... [1] p.020
déçu, déçue .... [1] p.039
dédommagement .... [1] p.168
dédommager .... [1] p.168
défaut .... [1] p.091
défavorable .... [1] p.085
défavoriser .... [1] p.085
défendre .... [1] p.018, [1] p.190
défense .... [1] p.190
déficit commercial .... [2] p.257
définir .... [1] p.032
définitif, définitive .... [1] p.032
définition .... [1] p.032
définitivement .... [1] p.032
déflagration .... [1] p.193
déflagrer .... [1] p.193
déflation .... [2] p.234
déforestation .... [2] p.230
dégât .... [1] p.168
dégâts causés par la
sécheresse .... [2] p.246
dégâts [ravages] de
l'inondation .... [2] p.289
dégradation de
l'environnement .... [2] p.228
degré .... [1] p.056
déguster .... [2] p.270
déjection .... [2] p.266
délasser .... [1] p.080
délicat(e) .... [1] p.007, [1] p.133
délit .... [2] p.280
délit correctionnel .... [2] p.280
delta .... [1] p.168
déluge .... [2] p.288
demande .... [2] p.234
demander .... [1] p.163
déménager .... [1] p.147
demeurer .... [1] p.155
déminage .... [1] p.106
démission .... [1] p.194
démissionner .... [1] p.013

démographie .... [1] p.171
démographique .... [1] p.171
démolir .... [1] p.126
démolition .... [1] p.122
démon .... [1] p.191
démoniaque .... [1] p.191
dénominateur .... [1] p.105
dénoncer .... [2] p.219
densité spécifique .... [2] p.253
département .... [1] p.127
dépasser .... , [1] p.100, [2] p.279
dépendance .... [1] p.064
dépendant, dépendante
.... [1] p.064
dépendre .... [1] p.064
dépense .... [1] p.213
dépenser .... [1] p.206, [1] p.213
dépenses .... [2] p.256
dépenses de défense
.... [2] p.277
dépeupler .... [1] p.098
déplacement .... [1] p.070
déplacer .... [1] p.044
déplastification .... [2] p.230
dépréciation ..... [2] p.233, [2] p.256
dépréciation du yen ..... [2] p.258
dépression .... [1] p.205, [2] p.234
déraisonnable .... [1] p.134
déranger [rompre] l'équilibre
.... [2] p.272
déréglementation .... [2] p.235
dermatite atopique .... [2] p.243
dernier .... [1] p.003
désaccord .... [1] p.045
désappointement .... [1] p.039
désappointer .... [1] p.039
désarmement .... [2] p.275
désarmement nucléaire
.... [2] p.275
désastre .... [2] p.287
désastre sismique .... [2] p.288
désastreux(se) .... [1] p.197
désavantager .... [1] p.053
déséquilibre .... [1] p.145
désert .... [1] p.101, [1] p.212
désertification [1] p.212, [2] p.246

désertifier .... [1] p.212, [2] p.246
déshériter .... [1] p.030
désigner .... [1] p.092, [1] p.160
désintoxication .... [2] p.230
des meubles de style ... [2] p.236
désobéir .... [2] p.266
destruction
.... [1] p.126, [1] p.166, [2] p.228
destruction de
l'environnement .... [2] p.228
détail .... [1] p.096, [2] p.258
détaillant, détaillante . [1] p.095
détailler .... [1] p.096
détaxation .... [2] p.258
détaxer .... [2] p.258
de temps en temps ...... [1] p.135
détendre .... [1] p.080, [1] p.203
détente .... [1] p.080, [1] p.203
détergent .... [1] p.062
détérioration .... [1] p.122
détériorer .... [1] p.023
déterminer .... [1] p.208
détonner .... [2] p.240
détour .... [1] p.129
détourner .... [1] p.129
détourner .... [1] p.129
détoxication .... [2] p.230
détruire .... [1] p.126
deuxième trimestre ...... [2] p.251
deux tiers .... [1] p.105
dévaloriser .... [1] p.091
développé, devéloppée
.... [1] p.079
développement .... [1] p.079
développement économique
.... [2] p.233
développer .... [1] p.079
déversement de déchets
radioactifs en mer .... [2] p.230
déversement en mer ... [2] p.230
dévisager .... [1] p.120
devoir .... [1] p.022, [2] p.232
dévorer .... [2] p.270
diabolique .... [1] p.191
diagramme .... [1] p.167
dialecte .... [2] p.218

303

dialogue .... [1] p.114, [2] p.221
diamant .... [1] p.090
dico .... [2] p.216
dictateur(trice) .... [1] p.015
dictature .... [1] p.199
diction .... [2] p.216
dictionnaire .... [2] p.216
dictionnaire bilingue ..... [2] p.216
dictionnaire biographique
.... [2] p.216
dictionnaire électronique
.... [1] p.007, [2] p.216
dictionnaire en ligne ..... [2] p.216
dictionnaire étymologique
.... [2] p.216
dictionnaire inversé ...... [2] p.216
diffamation .... [1] p.174
différent(e) .... [1] p.079
difficulté .... [1] p.030
digne .... [1] p.113
digestion .... [2] p.270
diminuation .... [1] p.202
diminuer .... [1] p.202, [1] p.214
dîner au restaurant .... [2] p.268
dioxyde de carbone
.... [2] p.254, [2] p.286
diplomate .... [1] p.013
diplomatie .... [1] p.012
diplomatique .... [1] p.012
diplôme .... [1] p.199
directeur commercial .. [1] p.003
directeur des ventes .... [1] p.061
directeur(trice) [1] p.003, [1] p.203
direction .... [1] p.043, [1] p.068
dirigeable .... [1] p.115
dirigeant, dirigeante ... [1] p.114
diriger .... [1] p.114
discipliner .... [1] p.046
discours .... [2] p.221
discrimination .... [1] p.087
disparaître .... [1] p.095
disparition
..... [1] p.009, [1] p.095 [1] p.109, [1] p.188
disparu, disparue .... [1] p.095
dispense de frais de scolarité
.... [2] p.251

disperser .... [1] p.035, [1] p.122
disponibilité .... [1] p.136
disponible .... [1] p.136
disposé, disposée .... [1] p.136
disposer .... [1] p.136
dispute .... [1] p.014
disque .... [2] p.242
disque dur .... [1] p.146
disquette .... [2] p.242
dissonance .... [2] p.241
dissuader .... [1] p.175, [1] p.192
dissuasion .... [1] p.175, [1] p.192
dissuassif(ve) .... [1] p.192
distinct, distincte .... [1] p.139
distinction .... [1] p.067, [1] p.140
distinguer le bien et le mal
.... [2] p.259
distribution .... [2] p.265
distribution (des rôles)
.... [2] p.265

divers, diverse [1] p.067, [1] p.074
diversification .... [1] p.075
diversifier .... [1] p.075
diversité .... [1] p.067, [1] p.075
diversité des espèces
.... [2] p.252
diversité génétique ...... [2] p.252
divin(e) .... [1] p.139
documentaire .... [1] p.182
domaine .... [1] p.151
domestique .... [1] p.015
domicile .... [1] p.015, [1] p.162
domiciliaire .... [1] p.108
dominant .... [1] p.015
dominant, dominante ... [1] p.015
dominant, prépondérant
.... [1] p.016

domination .... [1] p.015, [1] p.180
dominer .... [1] p.180
dommage .... [1] p.168
dommageable .... [1] p.168
donation .... [1] p.085
données .... [1] p.053, [1] p.148
dormir dans le train ...... [2] p.278
dose .... [1] p.031
doublage .... [2] p.266

double-cliquer sur l'icône
.... [2] p.242
doucement .... [1] p.031, [1] p.129
douleur .... [1] p.038, [2] p.244
douloureux, douloureuse
.... [2] p.244
doute .... [1] p.072
douter .... [1] p.073
douteux, douteuse .... [1] p.073
doux, douce .... [2] p.271
dramatique .... [1] p.093
dramaturge .... [2] p.259
drapeau .... [1] p.107, [1] p.159
drogue .... [1] p.064, [1] p.085
droit .... [1] p.022
drôle .... [1] p.182
drone .... [1] p.058, [1] p.096
du jour au lendemain .... [1] p.165
Dublin .... [2] p.224
dynamisme .... [1] p.103
dysautonomie .... [2] p.243

| | **E** | |

eau .... [2] p.245
eau bouillante .... [2] p.246
eau chaude .... [2] p.246
eau courante .... [2] p.245
eau de Javel .... [1] p.062
eau de mer .... [2] p.246
eau de pluie .... [2] p.246
eau de puits .... [2] p.246
eau du robinet .... [2] p.245
eau minérale .... [2] p.245
eau potable .... [2] p.245
eau souterraine .... [2] p.246
éboulement [effondrement]
de terrain .... [2] p.289
échange .... [1] p.110
échanger .... [1] p.109
échanges culturels .... [2] p.278
échanges internationaux
.... [2] p.263
échangeur .... [1] p.110
échec .... [1] p.162, [1] p.189
échelle .... [1] p.200, [2] p.231
échelle (des notes) .... [2] p.241

à grande échelle............ ① p.200
éclair .... ② p.289
éclipse lunaire .... ② p.284
éclipse solaire annulaire
.... ② p.284
éclipse solaire totale .... ② p.284
école .... ② p.251
école élémentaire .... ② p.251
école maternelle .... ② p.251
école primaire .... ② p.251
écolier(ère) .... ① p.099
écologiste .... ② p.228
économétrie .... ② p.234
économie
.... ① p.026, ② p.233, ② p.262
économie d'énergie ..... ② p.229
économie mondiale
.... ② p.233, ② p.264
économique .... ① p.026, ② p.233
économiquement .... ① p.026
économiser
.... ① p.026, ① p.214, ② p.233
économiste .... ② p.233
écran ..... ① p.145, ② p.242, ② p.266
écrivain(e) .... ② p.239
écroulement .... ① p.205
s'écrouler .... ① p.205
édifice .... ① p.127
édifier .... ① p.126
édition .... ① p.012, ① p.075
édition de gènes .... ① p.012
Edmond Rostand .... ② p.238
éducatif, éducative ...... ① p.046
éducation .... ① p.046
édulcorant de synthèse
.... ② p.251
éduqué, éduquée .... ① p.046
éduquer .... ① p.046, ① p.047
effet .... ① p.078
effet de serre .... ② p.229, ② p.286
effets spéciaux .... ② p.266
efficace .... ① p.144
efficacité .... ① p.144
effondrement ... ① p.058, ① p.205
effondrement financier ② p.282
effort .... ① p.065, ① p.114

également .... ① p.075, ① p.110
égalité .... ① p.033
égard .... ① p.125
s'effondrer .... ① p.205
égayer .... ② p.237
égoïsme .... ① p.130
égoïste .... ① p.130
élaborer .... ① p.091
élargir .... ① p.130
élaborer .... ① p.091
élection .... ① p.027, ① p.073
électricité .... ① p.044, ① p.097
élegance .... ② p.236
élegant, élegante
.... ① p.132, ② p.236
éliminer .... ① p.073
éliminer le poison du corps
.... ② p.230
élire .... ① p.027
emballer .... ② p.237
embarrasser .... ① p.178
embaucher .... ① p.052, ① p.057
embellir ① p.034, ① p.053, ② p.237
embellissement .... ② p.237
embonpoint .... ① p.064
embouteillage ... ① p.059, ① p.178
Émeraude .... ② p.259
émigrant .... ① p.076
émigration
.... ① p.063, ① p.076, ② p.286
émigré .... ① p.077
émigrer .... ① p.076
émission .... ① p.182, ② p.229
empailler .... ① p.087
empereur .... ① p.014
s'empiffrer .... ② p.270
emploi .... ② p.004
En attendant Godot ..... ② p.238
en bref .... ① p.148
en bloc .... ① p.116
en communication .... ① p.142
en conséquence .... ① p.078
en d'autre termes .... ① p.183
en équilibre .... ② p.272
en fonction .... ① p.044
en ligne .... ① p.142

en matière de .... ① p.002
en permanence .... ① p.050
en sécurité .... ② p.280
en solitaire .... ① p.039
en sûreté .... ② p.280
en suspens .... ① p.124
en un mot (comme en cent)
.... ① p.148
en voie de .... ① p.009, ① p.188
enceinte .... ① p.133
encéphalite japonaise .. ② p.245
enchère .... ① p.134
encoder .... ① p.209
encombrant, encombrante
.... ① p.178
encombré, encombrée
.... ① p.178
encombrement .... ① p.178
encombrer .... ① p.178
encyclopédie ... ① p.055, ② p.217
endémique .... ① p.031
endommager .... ① p.168
endroit .... ① p.104, ① p.168
énergétique .... ① p.021, ② p.247
énergie .... ② p.247
énergie cinétique .... ② p.253
énergie éolienne .... ② p.247
énergie nucléaire
.... ① p.057, ② p.247
enfermé, enfermée ...... ① p.036
enfermement .... ① p.036
enfermer .... ① p.036
enjoliver .... ② p.237
ennuyer .... ① p.147
ennuyeux(se) .... ① p.181
énoncer .... ② p.219
énorme .... ① p.006
énormément .... ① p.004
enquêter .... ① p.138, ① p.158
enrichir .... ① p.172
enrichir son vocabulaire
.... ② p.217
enrichissement .... ① p.172
ensanglanté(e) .... ① p.147
enseigner .... ① p.047
enterrer .... ① p.106

305

entièrement ①p.184
entouré(e) ①p.100
entraîner ①p.059, ①p.171
entraîneur(se) ①p.191
entrée ②p.269
entreprenant, entreprenante
.... ①p.208
entreprendre ①p.208
entrepreneur, entrepreneuse
.... ①p.208
entreprise ①p.208
entreprise multinationale
.... ②p.263
entretenir ①p.111
entretien ①p.221
envahir ②p.276
environnement
.... ①p.018, ②p.228
environnemental,
environnementale ①p.018
environnementaux ①p.018
envoyer ①p.207
épandre ①p.106
épicentre ②p.288
épidémie ②p.244
éponge ①p.062
époque ①p.184
épreuve ①p.163
épuisé(e) ①p.147
épuiser ①p.147, ①p.167
Equateur ②p.255
équateur ②p.255, ②p.284
équilibre ①p.145, ②p.272
équilibre du marché
.... ②p.258, ②p.272
équilibré, équilibrée
.... ①p.145, ②p.272
équilibrer ①p.145, ②p.272
équinoxe ②p.255
équivalence ②p.255
équivalent(e) ②p.255
équivaloir ②p.255
ère ①p.184
ériger ①p.126
érosion ①p.212
érudit ①p.208

érudition ①p.208
éruption (volcanique) .. ②p.289
escalade des prix ②p.255
esclavage ①p.182
esclave ①p.182
Espagne ②p.224
espagnol ②p.224, ②p.225
espèce ①p.009, ①p.188
espèces ②p.253, ②p.262
esprit ①p.043
essayer ②p.269
essayer la cuisine
persane ②p.269
essayiste ①p.102
essence ①p.065, ②p.247
essence sans plomb .. ②p.261
essentiel, essentielle ... ①p.065
essentiellement ①p.065
essuie-glace ①p.065
esthéticien, esthéticienne
.... ①p.138
esthétique ①p.138, ②p.236
estimable ①p.139
estimation ②p.256
estimer ②p.256
établir ①p.199
établissement ①p.199
étage ①p.018
étain ②p.261
état de santé ②p.248
éteindre ①p.198
étendre ①p.130
étendue ①p.130
ethnocentrisme ①p.118
étiqueter ②p.237
étoile ②p.284
étonnant(e) ①p.097
s'étouffer ①p.057
étourderie ①p.103
étrange ①p.131, ①p.208
étranger(ère) ... ①p.067, ①p.167
être déçu(e) ①p.039
être en bonne santé ②p.248
étroit ①p.005
étude des poisons ②p.230
études environnementales

.... ②p.228
études sur l'environnement
.... ②p.228
étymologie ②p.217
étymologiste ②p.217
Eurasie ①p.107
Europe ①p.107
européen(ne) ... ①p.038, ①p.049
Européen(ne) ①p.007
euthanasie ②p.253
évaluation ②p.256
évaluer ②p.256
s'évanouir ②p.245
évanouissement ②p.245
éveiller ①p.102
évident ①p.099
évolution ②p.275
ex-mari ①p.102
exagération ①p.095
exagérer ①p.095
examen médical ②p.248
examiner ①p.113, ①p.120
excavation ①p.191
excédent commercial .. ②p.257
exceptionnel(le)
.... ①p.068, ①p.152
excuser ①p.134, ①p.161
exécutif ①p.033
exigeant, exigeante ①p.163
exigence ①p.163
exiger ①p.163
exode ①p.076
expansion ①p.020, ②p.235
expatriation ①p.077
expédier ①p.207
expédition ①p.207
expérimenté(e) ②p.242
expert, **experte**
.... ①p.045, ②p.241
explication ①p.118
expliquer ①p.096
exploser ①p.193
explosif, explosive ①p.193
explosion ①p.193
exportateur, exportatrice
.... ②p.258

exportation ...... ② p.258
exportation de capitaux
...... ② p.258
exporter ...... ② p.258
exposé ...... ① p.181
expression ...... ① p.042, ① p.048
expulser ...... ① p.013
exquis(e) ...... ① p.074
extension ...... ① p.085
expulsion ...... ① p.077
s'extasier ...... ② p.237
exténué(e) ...... ① p.147
extinction ...... ① p.095, ① p.198
extraction ...... ① p.012, ① p.092
extradition ...... ② p.235
extraire ...... ① p.092
extrait ...... ① p.012
extraordinaire
...... ① p.050, ① p.069, ① p.130
extrêment ...... ① p.128, ① p.195

F

fable ...... ② p.238
fabricant, fabricante ...... ② p.257
fabrication ...... ② p.257
fabrication en grande série
...... ② p.257
fabriquer ...... ② p.257
façonner ...... ① p.046
facteur ...... ① p.016
mise en facteur ...... ① p.016
facteur, factrice ...... ① p.016
factorisation ...... ② p.254, ② p.255
faculté ...... ① p.083, ② p.250
faire carrière ...... ① p.081
faire du tourisme ...... ② p.274
faire [écrire] les paroles
...... ② p.240
faire la cuisine ...... ② p.250
faire profit ...... ① p.140
faîte ...... ① p.170
fameux(se) ...... ① p.165
famille ...... ① p.010
fantasme ...... ① p.100
fatigant, fatigante ...... ① p.147
fatigué, fatiguée ...... ① p.147

fatiguer ...... ① p.147
faute d'orthographe ...... ② p.217
fauteuil roulant ...... ① p.157
faux (fausse) ...... ① p.133, ① p.134
faveur ...... ① p.085
favorable ...... ① p.052, ① p.085
favorablement ...... ① p.085
favoriser ...... ① p.085
fécond ...... ① p.167
féodalisme ...... ② p.226
fer ...... ② p.261
fertile ...... ① p.167
fertiliser ...... ① p.167
fertilité ...... ① p.167
fiancé(e) ...... ① p.123, ① p.185
fibre alimentaire ...... ② p.271
fibre synthétique ...... ① p.201
fiche ...... ① p.121
fiction ...... ② p.238
se fier ...... ① p.109
fier(ère) ...... ① p.140
fièvre ...... ① p.056, ② p.244
fiévreusement ...... ① p.057
fiévreux, fiévreuse ...... ① p.057
figurant, figurante ...... ② p.265
figure de style ...... ② p.220
film ...... ② p.264
filmer ...... ② p.265
mettre fin à ...... ① p.067
film muet ...... ② p.264
final ...... ① p.032, ① p.124
finalement ...... ① p.214
finance ...... ① p.187, ② p.262, ② p.282
financement ...... ① p.187, ② p.282
financer ...... ① p.187, ② p.282
finances publiques ...... ② p.282
financier, financière
...... ① p.187, ② p.282
finir ...... ① p.190
finlandais ...... ② p.224
Finlande ...... ② p.224
finnois ...... ② p.224
fission nucléaire ...... ② p.254
fleuve ...... ① p.125, ① p.168
flexibilité ...... ① p.144
flexible ...... ① p.144

flûte ...... ② p.223
flûtiste ...... ② p.223
folk ...... ② p.240
fonction ...... ① p.044
fonctionnaire ...... ① p.194
fonctionnel, fonctionnelle
...... ① p.044
fonctionnement ...... ① p.044
fonctionner ...... ① p.044, ① p.081
fondateur(trice) ...... ① p.055
fonderie ...... ① p.104
fonds spéculatifs ...... ② p.262
fonte ...... ② p.261
football ...... ① p.115
force centrifuge ...... ② p.253
forcément ...... ① p.057
forces aériennes ...... ② p.275
forestier(ère) ...... ① p.031
forêt tropicale [humide]
...... ② p.286
former ...... ① p.046
formation ...... ① p.122
formidable ...... ① p.069
formule ...... ① p.118, ② p.249
forte pluie ...... ② p.289
forteresse ...... ② p.267
fortune ...... ① p.055, ① p.156
foudre ...... ② p.289
foudroyer ...... ② p.289
foule ...... ① p.179
fouler ...... ② p.245
foulure ...... ② p.245
four ...... ① p.062
fournir ...... ① p.140
fraction ...... ① p.105, ① p.151
fracture ...... ② p.245
fracturer ...... ② p.245
frais ...... ② p.256
frais de logement ...... ② p.256
frais de scolarité ...... ② p.250
français ...... ② p.224
France ...... ② p.224
François 1er ...... ② p.267
francophile ...... ① p.046
francophobe ...... ① p.046
francophone ...... ① p.046

frapper .... [1] p.161
fredonner .... [2] p.240
frein .... [1] p.065
fréquemment . ... [1] p.135
fréquenter .... [1] p.050
frictions commerciales
.... [2] p.257
frigidaire .... [1] p.205
frigo .... [1] p.205
frire .... [1] p.144
la Fronde .... [2] p.267
frontière .... [1] p.176
fuite .... [1] p.064, [1] p.193
fusée .... [1] p.118, [1] p.180

G

gagner .... [1] p.089
gagner de l'argent grâce à la
spéculation .... [2] p.262
galaxie .... [2] p.285
gamme .... [2] p.241
gang .... [1] p.163
garage .... [1] p.131
garder .... [1] p.018, [1] p.111
garder la santé .... [2] p.248
garder l'équilibre .... [2] p.272
gargarisme .... [2] p.244
gaspiller .... [1] p.026, [2] p.233
gaz .... [2] p.248, [2] p.253
gaz à effet de serre
.... [2] p.229, [2] p.286
gaz carbonique .... [2] p.286
gaz de schiste . [1] p.092, [2] p.248
gaz méthane .... [2] p.248
gaz naturel .... [2] p.248
gaz naturel liquéfié .... [2] p.248
gaz propane .... [2] p.248
géant, géante .... [1] p.006
gelée (blanche) .... [1] p.168
gène .... [2] p.232
général(e) .... [2] p.232
généralement .... [1] p.131
général, générale .... [1] p.131
génération .... [2] p.232
générosité .... [1] p.117, [2] p.232
génie .... [2] p.232

génocide .... [2] p.276
genre .... [1] p.010
gens .... [2] p.264
gentillesse .... [2] p.232
géographie .... [2] p.221
géothermie .... [2] p.247
gibier .... [1] p.141
gigantesque .... [1] p.006
gigantisme .... [2] p.227
glace .... [1] p.044
global .... [1] p.199
globalement .... [1] p.116
global, globale .. [1] p.116, [2] p.263
globalisation ...... [1] p.116, [2] p.264
globalisé, globalisée .. [1] p.116
globaliser .... [1] p.116, [2] p.264
globalité .... [1] p.116, [2] p.264
globe .... [1] p.116, [2] p.264
globe terrestre .... [1] p.116
glossaire .... [2] p.217
glucide .... [2] p.270
go .... [1] p.156
gothique .... [1] p.128
goût .... [1] p.074, [2] p.271
goûter
.... [1] p.074, [2] p.250, [2] p.269
goûter la cuisine persane
.... [2] p.269
gouvernement .. [1] p.026, [1] p.040
gouverner .... [1] p.180
grâce à .... [1] p.023, [1] p.203
gracieuse .... [2] p.236
gracieux .... [2] p.236
graduellement .... [1] p.031
graisse .... [1] p.064, [2] p.270
grammaire .... [2] p.217
grammaire générative . [2] p.218
grammatical(e) .... [2] p.217
grand, grande .... [1] p.004
grand-chose .... [1] p.025
grandes chutes de neige
.... [1] p.289
grandes écoles .... [2] p.250
graphique .... [1] p.167
gratte-ciel .... [1] p.128
grave .... [1] p.058

gravé, gravée .... [1] p.208
gravement .... [1] p.037
graver .... [1] p.208
gravitation .... [2] p.254
gravité .... [1] p.058
grec .... [2] p.224
Grèce .... [2] p.224
grenier .... [1] p.077
Grenoble .... [1] p.026
grève .... [1] p.068, [1] p.175
grignoter .... [2] p.270
grippe .... [1] p.057, [2] p.245
gros, grosse ...... [1] p.005, [1] p.055
gros plan .... [2] p.266
gross national product [2] p.257
groupe .... [2] p.010
grue .... [1] p.006
Guerlain .... [1] p.008
guerre .... [1] p.160, [2] p.274
guerre civile .... [2] p.274
guerre d'agression .... [2] p.276
la guerre de 100 ans ..... [2] p.267
guerre des prix .... [2] p.255
guerre froide .... [2] p.275
guerre nucléaire .... [2] p.254
guide .... [2] p.274
guider .... [2] p.274
guide touristique .... [2] p.274
guitare .... [2] p.223
guitariste .... [2] p.223

H

habillé(e) .... [1] p.131, [1] p.182
habitable .... [1] p.198
habitation .... [1] p.155
habiter .... [1] p.155
habitude .... [2] p.235
habituel, habituelle .... [1] p.131
†harassé(e) .... [1] p.147
†harceleur, harceleuse [1] p.017
†hardiesse .... [1] p.128
harmonie .... [2] p.241
harmonieux(se) .... [2] p.272
†hausse .... [1] p.169
†hausse de l'euro .... [2] p.235
†hausser .... [1] p.202

† haut, haute .... [1] p.004
† haute technologie ...... [2] p.252
† hauteur .... [1] p.018
hébergement .... [1] p.156
hébreu .... [1] p.122
hégémonie .... [1] p.004, [1] p.016
hégémonique .... [1] p.016
hégémonisme .... [1] p.016
Helsinki .... [2] p.224
hemisphère .... [2] p.219, [2] p.283
héritage .... [1] p.029
héritage culturel .... [2] p.278
hériter .... [1] p.030
héritier, héritière .... [1] p.030
héroïsme .... [1] p.015
heure .... [1] p.068
† heurt .... [1] p.068
† **heurter** .... [1] p.068
hexagone .... [2] p.227
hiéroglyphe .... [1] p.206
† hindi .... [2] p.225
hiperinflation .... [2] p.234
hippopotame .... [1] p.006
histoire .... [2] p.238, [2] p.278
historien(ne) ..... [1] p.164, [1] p.208
† Hollande .... [2] p.224
homicide .... [2] p.280
homonyme .... [1] p.112, [2] p.219
† Hongrie .... [2] p.224
† hongrois .... [2] p.224
hôpital .... [1] p.066
horizon .... [1] p.035
horizontalement .... [1] p.036
horizontal, horizontale . [1] p.035
† hors-d'œuvre .... [2] p.269
† hors de prix .... [1] p.090
† hors ligne .... [2] p.216
† houille .... [2] p.247
huître .... [1] p.137
humanité .... [1] p.082, [1] p.097
humeur .... [1] p.172
humide .... [1] p.176, [2] p.286
humour .... [1] p.093
hydrogène .... [1] p.193, [2] p.253
hygiène .... [1] p.163
hypermarché .... [2] p.220

hypersensibilité .... [2] p.220
hypodermique .... [2] p.254
hypophyse .... [2] p.254
hypotension .... [2] p.254
hypothèse .... [2] p.254

I

I.G.H .... [1] p.128
idéal .... [1] p.034, [2] p.254
idéal, idéale .... [1] p.034
idéaliser .... [1] p.034
idéalisme .... [1] p.034
idée .... [1] p.115
idéologie .... [2] p.226
idiome .... [1] p.102
ignorer .... [2] p.283, [2] p.292
illégal(e) .... [1] p.076
illisible .... [1] p.207
illustre .... [1] p.165
imaginaire .... [1] p.021
imagination .... [1] p.117, [1] p.167
imaginer .... [1] p.059
immédiat(e) .... [1] p.033, [1] p.121
immense .... [1] p.006
immeuble .... [1] p.127
immigrant, **immigrante**
.... [1] p.076
immigration
.... [1] p.063, [1] p.076, [2] p.286
immigré, immigrée .... [1] p.076
immigrer .... [1] p.076
immobilier(ère) [1] p.057, [1] p.108
immoral .... [1] p.023
impact .... [1] p.021
impératrice .... [1] p.014
impériale .... [1] p.014
impérial, impériale .... [1] p.014
impérialisme ... [1] p.014, [2] p.226
impérieux, impérieuse . [1] p.014
impermanence .... [1] p.101
implacable .... [1] p.170
implant .... [1] p.076
implantation .... [1] p.076
implanter .... [1] p.076
implication .... [1] p.008
impoli .... [1] p.135

impondérable .... [1] p.198
importateur .... [2] p.258
importation .... [2] p.258
importation parallèle .... [2] p.258
importatrice .... [2] p.258
importer .... [2] p.258
impôt .... [1] p.186
impression .... [1] p.061, [1] p.202
imprévu .... [1] p.198
imprévu, imprévue .... [1] p.198
imprimante .... [1] p.146, [2] p.243
imprimante à jet d'encre
.... [2] p.243
imprimer .... [2] p.243
improbabilité .... [1] p.047
improbable .... [1] p.047
impuissance .... [1] p.040
impuissance sexuelle .. [1] p.040
impuissant,
impuissante .... [1] p.040
impur, impure .... [1] p.158
impureté .... [1] p.158
inadéquat(e) .... [2] p.236
inadmissible .... [2] p.236
inattendu(e) .... [1] p.198
incapable .... [1] p.082
incarnation .... [1] p.034
incarné, incarnée .... [1] p.034
incarner .... [1] p.034
incendie .... [1] p.081, [1] p.198
incendie criminel .... [2] p.280
incertain(e) .... [2] p.227
incliner .... [1] p.138
incognito .... [1] p.112
incohérent(e) .... [1] p.042
incompréhensible .... [1] p.118
incompréhensif .... [1] p.118
incompréhension .... [1] p.118
inconfortable .... [1] p.028
inconnu(e) .... [1] p.165
incontestable ... [1] p.147, [1] p.180
incontestablement .... [1] p.147
incrédulité .... [1] p.072
incroyable .... [1] p.083, [2] p.236
Inde .... [2] p.225
indémnité .... [1] p.168

indéniable .... ① p.147
indéniablement .... ① p.147
indépendant, indépendante
.... ① p.037, ① p.064
indicatif, indicative .... ① p.160
indication .... ① p.160
indice des prix .... ② p.234
indigent(e) .... ② p.222
indiquer .... ① p.160
indiscutable .... ① p.147
indisponibilité .... ① p.136
individuel(le) ..... ① p.075, ① p.154
industrie .... ① p.076, ① p.110
inefficace .... ① p.144, ② p.236
inefficacité .... ① p.144
inégalité .... ① p.030
inesthétique .... ② p.236
inestimable .... ② p.255
inévitable .... ① p.026, ① p.198
inexpérimenté .... ② p.242
infecter .... ① p.202, ② p.245
infection .... ② p.245
infection aéroportée
.... ② p.230, ② p.231
infernal(e) .... ① p.191
infirmier(ère) .... ① p.133
inflammable ...... ② p.236, ② p.237
inflation .... ② p.234
infliger .... ① p.099
information ...... ① p.053, ① p.054
informatique .... ① p.110
informatisation .... ① p.110
informatiser .... ① p.110
informer .... ① p.054
infraction .... ① p.158
infrarouge .... ① p.187
infrason .... ① p.187
infrastructure .. ① p.187, ② p.228
ingrédient .... ① p.134
inhabitable .... ① p.198
inhabité(e) .... ① p.198
inhabituel(le) .... ① p.169
inintéressant(e) .... ① p.181
initial, initiale ...... ① p.204, ① p.208
initialement .... ① p.204
initiation .... ① p.204

initier .... ① p.041, ① p.204
injuste .... ① p.087
innocence .... ① p.124, ② p.232
innocent(e) .... ① p.124, ② p.232
innovation technologique
.... ② p.253
inobservation .... ① p.176
inoffensif, inoffensive ① p.204
inondant jusqu'au sol ... ② p.288
inondation .... ① p.213, ② p.288
inondation au-dessus du sol
.... ② p.288
inonder .... ① p.213
inquiet(ète) .... ① p.121, ① p.150
inquiéter .... ① p.174
insaisissable .... ① p.181
insécurité .... ① p.025
insensé .... ① p.134
insignifiant(e) .... ① p.016
insolation .... ② p.243
insolubilité .... ① p.100
insoluble .... ① p.100
inspiration .... ① p.116
instabilité financière ..... ② p.282
instable .... ① p.077
installation .... ① p.076
installer .... ② p.076, ① p.199
instantanément ① p.031, ① p.106
instruction .... ② p.228
instruire .... ① p.047
instrument
.... ① p.007, ② p.222, ② p.228
instrument chirurgical .. ② p.222
instrument de musique .. ① p.007
instrument de précision
.... ② p.222
instrument de travail .. ② p.222
insuffisant(e) .... ① p.059
intégration raciale .... ② p.233
intellectuel, intellectuelle
.... ① p.114
intellectuel(le) .... ① p.114
intelligence .... ① p.114
intelligence artificielle
.... ① p.079, ① p.114
intelligent, intelligente .. ① p.114

intensément .... ① p.122
intensif, intensive .... ① p.122
interactif, interactive .... ① p.023
interaction .... ① p.023, ② p.288
interactivité .... ① p.023
interagir .... ① p.023
interclasse .... ① p.024
intercontinental(le) .... ① p.024
interculturel, interculturelle
.... ① p.024, ① p.118
interdépendance .... ① p.024
interdire .... ① p.092, ① p.129
interdisciplinarité .... ① p.024
intéressant, intéressante
.... ① p.181, ① p.182
intéresser .... ① p.181
intérêt .... ① p.181
intergénérationnel(le) . ① p.024
interjection .... ② p.266
international, internationale
.... ① p.209, ② p.263
internationalisation
.... ① p.116, ② p.263
internationaliser .... ② p.263
internationalité .... ② p.263
internet .... ① p.021, ① p.060
interprète .... ② p.274
interro .... ① p.080
intersection .... ① p.024
intervention militaire .... ② p.275
intimider .... ① p.099
intonation .... ② p.219
intrigue .... ① p.123, ② p.238
intriguer .... ① p.123
inuit(e) .... ① p.036
inutile .... ① p.057, ① p.162
inutilisable .... ① p.021
invasion .... ② p.276
invention .... ① p.097, ① p.174
investir .... ① p.109
investissement étranger
.... ② p.258
involontaire .... ① p.161
Iran .... ② p.225
Irlande .... ② p.224
ironie .... ① p.093

ironique 1 p.093
ironiquement 1 p.093
irréel 1 p.021, 1 p.100
irréflexion 1 p.103
irrésistible 1 p.185
irrigation 2 p.246
isolé, isolée 1 p.036
isolement 1 p.037, 1 p.039
isoler 1 p.037
Italie 2 p.224
italien 2 p.224
itinéraire touristique 2 p.274

J

jamaïqain(e) 1 p.180
Japon 2 p.225
japonais 2 p.225
jardin d'enfants 2 p.251
jazz 2 p.240
je-sais-tout 1 p.103
Jeanne d'Arc 2 p.267
jeu de société 1 p.156
jeunesse 1 p.172
joie 1 p.083
joli(e) 2 p.236
jouer(e) 1 p.034, 2 p.240
jouer dans un film 2 p.265
jouer le rôle principal ... 2 p.265
joueur, joueuse 2 p.240
jouir 1 p.083
jouissance 1 p.083
jouissance sexuelle 1 p.083
jour 1 p.121, 1 p.165
journal 1 p.069, 1 p.093
journaliste 1 p.053, 1 p.177
joyeusement 1 p.069
juge 1 p.150
juger 1 p.058, 1 p.113
Jupiter 2 p.285
Jura 1 p.028
justifier 1 p.192

K

kamikaze 2 p.276
kiwi 2 p.238

L

laid 2 p.236
laideur 1 p.033
lait 1 p.166
lait maternel 1 p.166
lancement 1 p.064
langage 1 p.041, 2 p.218
langue 1 p.007, 1 p.041, 2 p.218
langue des jeunes 1 p.007
langue écrite 2 p.218
langue étrangère 1 p.007
langue maternelle
.... 1 p.007, 2 p.218
langue morte 2 p.218
langue officielle 2 p.218
langue parlée 2 p.218
laper 2 p.269
lapin 1 p.088
laptop 1 p.052
largage 1 p.191
large 1 p.005, 2 p.222
larguer 1 p.191
latin 1 p.204
latin(e) 1 p.046
latitude 1 p.158, 2 p.284
lavette 1 p.062
lecteur, lectrice
.... 1 p.102, 2 p.259
lecture .. 1 p.102, 2 p.239, 2 p.259
lecture intensive 1 p.122
légende 2 p.238
légèrement 1 p.179
lentement 1 p.031
lenteur 1 p.067
léopard 2 p.238
lettre 2 p.218
leucémie 2 p.243
lexicographie 2 p.217
lexique 2 p.217
libéral, libérale 1 p.015
libéralisation du commerce
.... 2 p.257, 2 p.258
libéralisme 1 p.015, 2 p.226
libération 2 p.277
libérer 2 p.277
liberté 1 p.158

libraire 2 p.260
librairie 2 p.260
licencier 1 p.078
licorne 2 p.238
Liechtenstein 2 p.225
Liechtensteinois(e) 2 p.225
lieu 1 p.108
lieu d'origine 2 p.259
lieux de divertissements
[plaisir] 2 p.281
ligne 2 p.221
Ligne Rose 1 p.008
limitatif, limitative 1 p.051
limitation 1 p.051
limite 1 p.051
limiter 1 p.051
linge 1 p.212
linguistique 1 p.007
linguistique cognitive ... 2 p.218
liquéfaction 2 p.231
liquide 1 p.188, 2 p.253
lire 2 p.259
Lisbonne 2 p.224
lisible 1 p.207
littérature 2 p.237
livraison 1 p.060, 1 p.162
livrer 1 p.162
local(e) 1 p.076
locuteur, locutrice 1 p.046
locuteur de l'anglais 1 p.046
locuteur du français 1 p.046
locution 1 p.046, 2 p.222
logement 1 p.155, 1 p.156
loger 1 p.156
logiciel 1 p.084, 1 p.146
logique 1 p.194, 2 p.221
logiquement 1 p.194
loi 1 p.022
loin de + *inf.* 1 p.108
loisir 1 p.145
Londres 2 p.224
long 1 p.164, 1 p.212
longitude 1 p.158, 2 p.284
lorgner 1 p.121
louer 1 p.155
lunaire 2 p.284

lune .... ② p.284	
lutter .... ① p.118, ② p.276	
luxe .... ① p.061	
Luxembourg .... ② p.224	
luxueux, luxueuse .... ① p.060	
lycée .... ② p.251	

M

mâcher .... ② p.270	
mâcher du chewing-gum	
.... ② p.270	
machine à café .... ① p.044	
machine à laver .... ② p.222	
macroéconomie .... ② p.233	
Madagascar .... ② p.225	
Madrid .... ② p.224	
magasin .... ① p.089, ① p.144	
magnifique .... ② p.236	
magnitude .... ② p.284	
Mahorais .... ② p.225	
maintenance . ... ① p.111	
maintenant .... ① p.049	
maintenir .... ① p.111	
maintien .... ① p.111	
maison .... ① p.154	
maîtrise .... ① p.024	
maîtrise de soi .... ① p.024	
maîtriser .... ① p.015	
majeur, majeure .... ① p.030	
majoritaire .... ① p.030	
majorité .... ① p.030	
mal .... ② p.259	
malade .... ② p.243	
maladie .... ② p.243	
maladif(ve) .... ① p.038	
malédiction .... ② p.216	
malfaisant(e) ... . ① p.102	
malgache .... ② p.225	
malheur .... ① p.047, ① p.090	
malnutrition ...... ① p.141, ② p.217	
malpropreté .... ② p.217	
malsain(e) .... ② p.248	
malversation .... ② p.217	
mammaire .... ① p.076	
manger .... ② p.269	
manger à la carte .... ② p.268	

manger de la cuisine	
française .... ② p.250	
manger de la nourriture	
persane .... ② p.269	
manger de la soupe ..... ② p.269	
manger en faisant du bruit	
.... ② p.278	
manger français .... ② p.250	
manger un steak .... ② p.269	
manière .... ① p.084, ① p.150	
manifestant(e) .... ① p.185	
manifestation .... ① p.091	
manipulation génétique	
.... ② p.250	
mannequin .... ① p.035, ① p.117	
manoir .... ② p.267	
manque .... ① p.038	
manquer .... ① p.057, ① p.158	
manuel(le) .... ① p.114	
marchand, marchande .. ② p.258	
marchandage .... ② p.258	
marchander .... ② p.258	
marchandise .... ② p.258	
marchandise détaxée .. ② p.258	
marché .... ② p.258	
marché boursier .... ② p.258	
marché des devises	
étrangères .... ② p.258	
marché étranger .... ② p.263	
marché international .... ② p.263	
marché mondial .... ② p.263	
marcher .... ① p.044	
marchés financiers .... ② p.282	
marée haute .... ② p.288	
marée noire .... ② p.230	
le Mariage de Figaro .... ② p.238	
marine .... ② p.275	
maritime .... ① p.054	
marque .... ① p.008	
Mars .... ② p.285	
Marseille .... ① p.026	
massacre .... ② p.276	
masse .... ① p.096	
masse monétaire .... ② p.262	
Massif central .... ① p.028	
mastiquer .... ② p.270	

match .... ① p.052, ① p.191	
matériaux .... ① p.084	
matériel, materielle ..... ① p.084	
maternel(le) .... ① p.041	
mathématique .. ① p.086, ① p.223	
matière .... ① p.002, ① p.084	
matricide .... ② p.276	
maux .... ② p.259	
maxi .... ① p.003	
maximal, maximale .... ① p.003	
maxime .... ② p.249	
maximum .... ① p.140	
Mayotte .... ② p.225	
Mazarin .... ② p.267	
mécanicien(ne) .... ① p.120	
mécanique .... ① p.171	
médecin .... ① p.056, ② p.241	
médecin spécialiste ..... ② p.241	
médicament ..... ① p.081, ① p.144	
meeting .... ① p.127	
méfait .... ① p.102	
mégastructure .... ① p.029	
mélange .... ① p.204	
mélodie .... ② p.240	
mélodieux, mélodieuse .. ② p.240	
mélodique .... ② p.240	
mémoriser .... ① p.087	
menace .... ① p.175, ① p.201	
menacer .... ① p.025, ① p.084	
mendiant(e) .... ① p.088	
menu .... ② p.268	
menu dégustation .... ② p.268	
menu de saison .... ② p.268	
menu touristique .... ② p.268	
mépris .... ① p.138	
mépriser ① p.139, ② p.256, ② p.292	
mercure .... ② p.229, ② p.261	
Mercure .... ② p.285	
mère célibataire .... ① p.057	
mérite .... ① p.091	
mériter .... ① p.138	
méritocratie .... ① p.032	
merveilleux(se) .... ① p.139	
mésopotamie .... ② p.287	
mésopotamien(ne) ...... ① p.138	
message .... ① p.054	

mesure .. [1] p.058, [1] p.095, [2] p.241
mesures antiterroristes
.... [2] p.276
métal ..... [1] p.105, [2] p.248, [2] p.260
métallique
.... [1] p.105, [2] p.248, [2] p.260
métallurgie .... [2] p.260
métal précieux .... [2] p.248
métal rare .... [2] p.248
métaphore .... [2] p.220
métaux .. [1] p.105, [2] p.248, [2] p.260
météo .... [1] p.064
météore .... [2] p.285
météorite .... [2] p.285
météorologiste .... [2] p.229
météorologue .... [2] p.229
métier .... [1] p.081
métonymie .... [2] p.220
métropole .... [2] p.282
métropolitain, métropolitaine
.... [1] p.140, [2] p.282
metteure [metteuse] en
scène .... [2] p.265
mettre fin à .... [1] p.067
meuble .... [1] p.008
meurtre .... [2] p.280
meurtrier, meurtrière ... [2] p.280
Michelin .... [1] p.008
microéconomie .... [2] p.233
mignon, mignonne .... [2] p.236
migrant, migrante .... [2] p.286
migrants climatiques ... [2] p.286
migrateur, **migratrice**
.... [1] p.063, [2] p.286
migration .... [1] p.063
milieu .... [1] p.177
militaire .... [2] p.275
militaire de carrière .... [2] p.275
milliard .... [1] p.033
millier .... [1] p.158
mine .... [1] p.106
mine de charbon .... [1] p.106
minéral .... [2] p.248, [2] p.270
mineur .... [1] p.030
minimal .... [1] p.003
minoritaire .... [1] p.030

minorité .... [1] p.030
minuit .... [1] p.212
mise en facteur .... [1] p.016
modèle .... [1] p.100
modélisme .... [1] p.100
modération .... [1] p.095
modifier .... [1] p.033
module lunaire .... [2] p.284
mœurs .... [2] p.236
moindre .... [1] p.185, [1] p.211
moine .... [1] p.101
moitié .... [1] p.105
molécule .... [2] p.254
monde .... [2] p.264
monde des affaires .... [2] p.264
monde entier .... [1] p.023, [2] p.264
monde globalisé .... [2] p.264
mondial .... [1] p.116, [1] p.199
mondialement .... [2] p.264
mondialisation .. [1] p.116, [2] p.264
mondialisation économique
.... [2] p.264
mondialiser .... [1] p.116, [2] p.264
monétaire .... [2] p.261
monétarisme .... [2] p.262
monétariste .... [2] p.262
moniteur .... [2] p.242
monnaie clé .... [2] p.261
monnaie (courante) ...... [2] p.261
monnaie électronique .. [2] p.216
monnaie étrangère .... [2] p.261
monnaie mondiale .... [2] p.261
monnaie virtuelle
.... [1] p.109, [2] p.235
monogamie .... [2] p.227
monologue .... [2] p.221, [2] p.226
monopole .... [2] p.226
monothéisme .... [2] p.226
Mont Blanc .... [1] p.028
montagneux(se) .... [1] p.147
monument historique .... [2] p.267
moquerie .... [1] p.093
moral(e) .... [1] p.023, [2] p.231
moralité .... [1] p.023, [2] p.231
morphinisme .... [2] p.227
mortalité .... [1] p.170

mortel(le) .... [1] p.088
Moscou .... [2] p.224
mot .... [1] p.042, [2] p.222
moteur .... [1] p.065
motif .... [1] p.158
motivation .... [1] p.158
mousson .... [2] p.289
moyenne pondérée
cumulative .... [2] p.251
MPC .... [2] p.251
muguet .... [1] p.188
multilatéral(e) .... [2] p.263
multilingue .... [2] p.263
multinational(e) .... [2] p.263
multinational, multinationale
.... [2] p.263
multiplication .... [2] p.263
muscle .... [1] p.186
musical, musicale .... [2] p.239
musicien(ne) .... [1] p.128, [2] p.239
musique .... [2] p.239
musique classique .... [2] p.240
musique de chambre ... [2] p.240
musique de film .... [2] p.264
musique folk .... [2] p.240
musique pop .... [2] p.240
Myanmar (Birmanie) .... [2] p.259
mystère .... [1] p.099
mystérieux, **mystérieuse**
.... [1] p.099
mythe .... [2] p.238

N

naissance .... [1] p.170
naître .... [1] p.170
nanoseconde .... [2] p.252
nanotechnologie .... [2] p.252
Nantes .... [1] p.026
Napoléon III .... [2] p.267
narquois .... [1] p.093
natalité .... [1] p.133, [1] p.170
natal, natale .... [1] p.133, [1] p.170
natals .... [1] p.133, [1] p.170
natif(ve) .... [1] p.046
national(e) .... [1] p.077, [1] p.176
nationalisme .... [2] p.226

313

naturalisation ... [1] p.077, [1] p.088
naturalisé, naturalisée .. [1] p.087
naturaliser .... [1] p.087
naturaliser un animal .... [1] p.087
nature .... [1] p.117
naufrage .... [1] p.095
nausée .... [2] p.244
navigation .... [1] p.162
naviguer .... [1] p.162
navire .... [1] p.161
navire-citerne .... [1] p.161
navire-usine .... [1] p.161
ne ... que .... [1] p.045
nébuleuse .... [2] p.285
nécessaire .... [1] p.057, [1] p.175
nécessairement
.... [1] p.057, [1] p.175
nécessité .... [1] p.057, [1] p.174
nécessiter .... [1] p.175
néerlandais .... [2] p.224
néfaste .... [1] p.196
négligence .... [1] p.093
négligent(e) .... [1] p.174
négociation .... [1] p.022, [1] p.031
Neptune .... [2] p.285
net(te) .... [1] p.123
nettoyer .... [1] p.129
neutralité carbone .... [2] p.286
New Delhi .... [2] p.225
niveau .... [1] p.018, [1] p.019
niveau de glycémie .... [2] p.245
niveau de prix .... [2] p.255
nocif(ve) .... [1] p.160
nocturne .... [1] p.193, [2] p.255
nom de plume .. [1] p.112, [2] p.239
nomenclature .... [2] p.220
nominal(e) .... [2] p.220
nominaliser .... [2] p.220
non officiel .... [1] p.049
non-renouvelable .... [1] p.097
non-sens .... [1] p.112
normal, normale .... [1] p.131
Norvège .... [2] p.224
norvégien .... [2] p.224
note .... [1] p.207, [2] p.241
notre galaxie .... [2] p.285

nourissant, nourissante
.... [1] p.141
nourrir
.... [1] p.141, [1] p.166, [2] p.250, [2] p.270
nourrissant, nourrissante
.... [1] p.166
nourrisson .... [1] p.166
nourriture .... [1] p.075, [1] p.140,
                          [1] p.166, [2] p.249
nourriture congelée ..... [2] p.250
nourriture génétiquement
modifiée .... [2] p.250
nourriture pour chat(s)
.... [2] p.250
nouveau (nouvel), nouvelle
.... [2] p.242
nouvelle .... [1] p.054, [2] p.237
nouvelle lune .... [2] p.284
nuage .... [1] p.109, [1] p.170
nucléaire .... [1] p.192, [2] p.254
nucléarisation .... [1] p.193
nucléon .... [1] p.193
nuisible .... [1] p.204
numérateur .... [1] p.105
numérique .... [1] p.184
nutriment essentiel ...... [2] p.271
nutritif .... [1] p.141
nutrition .... [1] p.141, [2] p.270

O

oasis .... [1] p.211
obéir .... [2] p.266
obésité .... [1] p.064
objectif .... [1] p.121, [2] p.271
objection .... [2] p.266
objet .... [1] p.055, [1] p.091
objet de valeur .... [1] p.091
objet précieux .... [1] p.091
obligation d'État .... [2] p.233
obligatoirement
.... [1] p.057, [1] p.175
obligé(e) .... [1] p.214
obligeance .... [2] p.232
obliger .... [1] p.058
obscur(e) .... [1] p.118
observer .... [1] p.120

obstacle .... [1] p.030
obstruction .... [1] p.030
obtenir .... [1] p.089, [1] p.150
occasion .... [1] p.071, [1] p.152
occasionnel .... [1] p.072
occasionnellement
.... [1] p.072, [1] p.135
occupation .... [2] p.276
occupé(e) .... [1] p.136
occuper .... [2] p.276
Océanie .... [1] p.107
œil du typhon .... [2] p.289
œuvre .... [1] p.181
office .... [1] p.049
office du tourisme .... [2] p.274
office national d'immigration
.... [1] p.077
officiel, officielle .... [1] p.049
officieux, officieuse ...... [1] p.049
offre .... [2] p.234
offrir .... [1] p.074, [1] p.144
olive .... [1] p.092
olympique .... [1] p.107
oncologue .... [2] p.229
onde de tempête .... [2] p.288
ondée .... [2] p.289
online .... [1] p.142
onomastique .... [2] p.220
onomatopée .... [2] p.220
ONU .... [1] p.048
opinion .... [1] p.115, [2] p.254
opportunité .... [1] p.072
opposition .... [1] p.110, [1] p.125
opulence .... [1] p.172
or .... [2] p.260
orage .... [1] p.077
ordinaire .... [1] p.130, [1] p.131
ordinairement .... [1] p.131
ordinateur .... [1] p.146, [2] p.242
ordinateur de bureau ... [2] p.242
ordinateur portable ...... [2] p.242
ordre des mots .... [2] p.217
oreiller .... [1] p.084
organigramme .... [1] p.167
organiser .... [1] p.033, [1] p.115
Orient .... [1] p.166

original, originale .... ① p.152
origine .... ① p.108, ① p.160
origine de l'univers .... ② p.285
origine d'un mot .... ② p.217
ornement .... ② p.237
orner .... ② p.237
ortho .... ② p.217
orthodoxe .... ② p.217
orthographe .... ② p.217
orthopédie .... ② p.217
orthophonie .... ② p.217
Oscar Wilde .... ② p.239
osciller .... ① p.100
Oslo .... ② p.224
oublier .... ① p.029, ① p.133
ouragan .... ② p.289
ourdou .... ② p.225
outil .... ① p.007, ② p.222
outil de charpentier ...... ② p.222
outil de jardinage .... ② p.222
outillage .... ① p.007, ② p.222
ouvrier(ère) .... ① p.163
oxygène .... ② p.253
oxymore .... ② p.218

P

page .... ② p.221
pagode .... ① p.184
paie, paye .... ① p.186
paiement, payement .. ① p.186
paillette d'or .... ② p.260
paisiblement .... ① p.150
paix .... ① p.160, ② p.277
Pakistan .... ② p.225
palabres .... ② p.221
palais .... ① p.127, ② p.267
palais royal .... ② p.267
panacée .... ② p.226
panaméricain(e) .... ② p.226
panique .... ① p.081, ② p.234
paniquer .... ① p.081
panneaux de signalisation
.... ② p.218
panthéisme .... ② p.226
panthéon .... ② p.226
papier carbone .... ① p.214

papier recyclé .... ② p.229
par bateau .... ① p.157, ① p.207
par conséquence .... ① p.078
par degrés .... ① p.031
par ordre alphabétique
.... ① p.217
parachutiste .... ① p.191
paradis .... ① p.003
paradoxal .... ① p.194
paradoxe .... ① p.194
paragraphe .... ② p.221
parallélogramme
.... ② p.242, ② p.243
pare-chocs .... ① p.065
parer .... ② p.237
paresse .... ① p.098
par essence .... ① p.065
parfait .... ① p.034
parfois .... ① p.135
parfum .... ① p.008
Paris .... ② p.224
parisien(ne) .... ① p.095
parler à son voisin pendant les
cours .... ② p.278
parloir .... ② p.221
parole .... ① p.042, ② p.218
parolier, parolière .... ② p.240
paronyme .... ① p.135
part .... ① p.082
participer .... ① p.033, ② p.227
particularité .... ① p.117
particulier, particulière
.... ① p.152, ① p.188
particulièrement .... ① p.188
partiel .... ① p.116
partir .... ① p.088, ① p.143
partition .... ② p.241
pas .... ① p.094
pas à pas .... ① p.031
passage .... ② p.222, ② p.267
passager .... ① p.050, ② p.267
passant(e) .... ① p.179
passerelle .... ① p.179
passer l'aspirateur .... ② p.222
passer un examen médical
.... ② p.248

passif, passive ① p.103, ① p.067
passionnant, passionnante
.... ① p.182
passivité .... ① p.103
pastille .... ② p.244
patience .... ① p.051, ① p.099
patient(e) .... ① p.037, ② p.243
patois .... ② p.218
patrimoine .... ① p.029
patriotisme .... ② p.226
patron .... ① p.014, ① p.136
pauvre .... ① p.167, ① p.172
pauvrement .... ① p.172
pauvreté .... ① p.172
pavé (numérique) .... ② p.242
pavillon .... ① p.155
payable .... ① p.186
payant, payante .... ① p.186
payer .... ① p.186
payer en espèces .... ① p.183
payer en liquide .... ① p.183
le Pays basque .... ② p.224
pays d'origine .... ② p.259
Pays-Bas .... ② p.224
PC .... ② p.242
peau .... ① p.166
péché .... ② p.280
pécheur(se) .... ① p.128
pécuniaire .... ① p.187
pédagogie .... ② p.251
pédagogique .... ① p.046
vouloir la peine + inf. ..... ① p.119
peintre .... ① p.139, ① p.165
Pékin .... ② p.225
pelle à poussiers .... ① p.062
pensée .... ① p.115
penser .... ① p.002
pénurie d'eau .... ② p.246
perdant .... ① p.163
perdre .... ① p.005, ① p.160
perdre de l'argent à cause de
la spéculation .... ② p.262
perdre l'équilibre .... ② p.272
perfectionnement .... ① p.204
performance
.... ① p.099, ① p.139, ① p.172

315

péricliter .... [1] p.084
période .... [1] p.184
périodiquement .... [1] p.135
périphérique ..... [1] p.193, [2] p.242
permanence .... [1] p.050
permanente .... [1] p.050
permanent, permanente
.... [1] p.050
persan .... [2] p.225
Perse .... [2] p.225
personnage .... [2] p.238
personnalité .... [1] p.117
personnification .... [2] p.220
perspective ...... [1] p.116, [2] p.271
pérsuader .... [1] p.175
perturbation sismique . [2] p.288
perturbation volcanique
.... [2] p.288
pesanteur .... [2] p.254
pesticide .... [2] p.276
petit à petit .... [1] p.031
petit-déjeuner .... [2] p.269
petite-fille .... [1] p.098
pétrole .... [2] p.247
pétrole brut .... [1] p.150
pétrolier .... [1] p.006
peu souvent .... [1] p.135
peureux(se) .... [1] p.128
pharmaceutique .... [1] p.084
phénomène ...... [2] p.229, [2] p.254
philosophie .... [1] p.143
philosophique .... [1] p.119
phonétique .... [2] p.218
photocopieuse [1] p.146, [2] p.243
photographie .... [2] p.221
photographier .... [1] p.128
photosynthèse [2] p.240, [2] p.247
phrase .... [1] p.165, [2] p.221
physicien, **physicienne**
.... [1] p.086
physique .... [1] p.087, [2] p.253
pianiste .... [1] p.139, [2] p.223
piano .... [2] p.223
Pic du Midi .... [1] p.028
pièce .... [2] p.262
pièce de théâtre .... [2] p.238

pied .... [1] p.130
Pierre Augustin Caron de
Beaumarchais .... [2] p.238
pierre météorique .... [2] p.285
pierre précieuse .... [1] p.106
pierre tombale .... [1] p.207
piéton(ne) .... [1] p.179
piquant, piquante .... [2] p.271
piscine .... [1] p.066
pisser .... [1] p.212
plage .... [1] p.129
plaider .... [1] p.124
plaisanter .... [1] p.072
plaisanterie .... [1] p.072, [1] p.203
plaisir .... [1] p.083
plan .... [1] p.011, [2] p.266
planétaire .... [1] p.199
planète .... [1] p.199, [2] p.285
planète mineure .... [2] p.285
planète Terre .... [1] p.199
planétoïde .... [2] p.285
planificateur financier .. [2] p.282
plaque .... [1] p.207, [2] p.288
plastique .... [1] p.021
plat .... [2] p.250, [2] p.268
plat du jour .... [2] p.268
plateau .... [1] p.145, [2] p.266
platine .... [2] p.260
plat principal .... [2] p.269
pleine lune .... [2] p.284
plomb .... [2] p.229, [2] p.261
pluie acide .... [2] p.289
pluie ensoleillée .... [2] p.289
pluie (fine) de
printemps .... [2] p.289
pluies acides .... [2] p.286
pluie torrentielle [diluvienne]
.... [2] p.230, [2] p.289
plus-value .... [2] p.255
PNB .... [2] p.257
pneumatique .... [1] p.008
poêler .... [1] p.144
poème .... [2] p.238
poésie .... [2] p.238
poète .... [1] p.100, [2] p.239
poids .... [1] p.145, [1] p.202

point .... [1] p.059, [1] p.141
point de vue .... [1] p.115
poison .... [1] p.201, [2] p.230
la Polaire .... [2] p.284
polaire .... [2] p.284
polder .... [2] p.231
pole .... [2] p.282
pôle .... [2] p.283, [2] p.284
pôle nord .... [2] p.284
poli, **polie** .... [1] p.135
police .... [1] p.068
poliment .... [1] p.135
politesse .... [1] p.135
politicien(ne) .... [1] p.130
politique .... [2] p.226
politique d'assouplissement
monétaire .... [2] p.235
politique d'immigration
.... [1] p.077
pollution .... [1] p.073, [1] p.198
pollution de l'eau .... [2] p.246
Pologne .... [2] p.224
polonais .... [2] p.224
polygamie .... [2] p.227
polygone .... [2] p.227
Polynésie .... [2] p.227
Polynésie française ...... [2] p.227
polype .... [2] p.227
polysémie .... [2] p.219
polythéisme ...... [2] p.226, [2] p.227
pompier .... [1] p.198
ponctuation .... [2] p.217
pondération .... [2] p.272
pondérer .... [2] p.272
pop .... [2] p.240
populaire .... [1] p.156, [1] p.179
popularité .... [1] p.170
population .... [2] p.264
portée .... [2] p.241
porter un roman à l'écran
.... [2] p.266
portugais .... [2] p.224
Portugal .... [2] p.224
posséder .... [1] p.092
possession .... [1] p.092
possible .... [1] p.047

316

postier(ère) .... [1] p.016
poterie .... [1] p.185
c'est pourquoi .... [1] p.011
pourriture .... [1] p.176
poursuite .... [1] p.068
poursuivre .... [1] p.068
pousser ...... [1] p.083, [1] p.204
Prague .... [2] p.224
pratique .... [1] p.073
pratiquement ... [1] p.073, [1] p.187
pratiquer .... [1] p.073
précéder .... [1] p.071
prêcher .... [1] p.101
précieusement .... [1] p.106
précieux, précieuse
.... [1] p.105, [2] p.255
précipitation .... [1] p.179
précipiter .... [1] p.179
préconçu, préconçue
.... [1] p.205
prédiction .... [2] p.216
prédominant(e) .... [1] p.015
prédominer .... [1] p.015
préférence .... [1] p.027
préférer .... [1] p.027
préjugé .... [1] p.205
Premier ministre .... [1] p.211
premier plan .... [2] p.266
premier rôle .... [2] p.265
premier trimestre .... [2] p.251
prénatal, prénatale .... [1] p.133
prendre .... [2] p.269
prendre le petit déjeuner
.... [2] p.269
prendre *qqch/qqn* de vue
.... [1] p.005
prendre un bain.............. [1] p.129
prendre un goûter .... [2] p.269
prendre une douche le matin
.... [2] p.278, [2] p.279
préoccupation .... [1] p.187
préparatifs .... [1] p.080
préparation .... [1] p.080
préparer .... [1] p.080
préposé des postes ..... [1] p.016
préposé(e) .... [1] p.016

présence .... [1] p.160, [1] p.197
présent, présente .... [1] p.197
presque .... [1] p.187
presse .... [1] p.199
prestige .... [1] p.209
prestigieux, prestigieuse
.... [1] p.209
présumer .... [1] p.002
prétexte .... [1] p.192
prétexter .... [1] p.192
preuve .... [1] p.147, [1] p.163
prévention .... [1] p.205
prévision des séismes
.... [2] p.287
prévu .... [1] p.174, [1] p.204
principal, principale .... [1] p.156
principalement .... [1] p.156
principe .... [2] p.254
printanier(ère) .... [1] p.027
prisonnier, prisonnière
.... [2] p.275
prix .... [1] p.090, [2] p.255
prix de vente .... [2] p.255
prix du marché .... [2] p.255
probabilité .... [1] p.047
probable .... [1] p.047
probablement .... [1] p.047
procédure .... [1] p.148
procurer .... [1] p.089
procureur .... [1] p.025
producteur .... [1] p.097
producteur, productrice
.... [1] p.096, [2] p.257
producteur [productrice] de
cinéma .... [2] p.265
productif, productive
.... [1] p.042, [2] p.257
production
.... [1] p.042, [1] p.096, [2] p.257
production à la chaîne .. [2] p.257
production de masse..... [1] p.096
production en série ...... [2] p.257
productivité ...... [1] p.043, [2] p.257
produire
.... [1] p.042, [1] p.096, [2] p.256
produire du pétrole .... [2] p.247

produit .. [1] p.042, [1] p.096, [2] p.257
produit de la civilisation
.... [2] p.277
produit national brut .... [2] p.257
produits alimentaires
instantanés .... [2] p.257
profane .... [1] p.045
profession .... [1] p.081
professionnel,
professionnelle .... [2] p.241
profit.................................. [1] p.140
profitable .... [1] p.140, [1] p.143
profiter .... [1] p.140
programmation [1] p.041, [1] p.111
programme .... [1] p.110
programmer .... [1] p.111
programmeur,
programmeuse .... [1] p.110
progrès .... [1] p.031
progresser .... [1] p.031, [1] p.082
progressif, progressive .. [1] p.031
progression .... [1] p.031
progressiste .... [1] p.031
progressivement .... [1] p.031
projecteur .... [2] p.266
projet .... [1] p.070, [1] p.195
projet de budget .... [2] p.262
prologue .... [2] p.221
prolongé(e) .... [1] p.141
prononcer .... [2] p.218, [1] p.219
prononciation .... [2] p.218
proportionnel(le) .... [1] p.086
propre .... [1] p.152
propriétaire .... [1] p.089
propriété .... [1] p.118
prospère .... [1] p.084
prospérer .... [1] p.084
prospérité .... [1] p.084, [2] p.234
prostituée .... [1] p.175
protection .... [1] p.017
protection de l'environnement
.... [2] p.228
protéger .... [1] p.017
protéine .... [2] p.270
proverbe .... [2] p.249
province .... [1] p.199

317

provisoirement 1 p.032
provocant, provocante .. 1 p.211
provocation 1 p.185, 1 p.211
provoquer 1 p.208, 1 p.211
proximité 1 p.193
pseudo-intellectuel(le)
.... 2 p.239
pseudonyme ... 1 p.112, 2 p.239
pseudoscience 2 p.239
puiser 1 p.062
puissance 1 p.170, 2 p.283
puit 1 p.087, 2 p.244
punir 1 p.099
punition 1 p.099
pur 1 p.158
pureté 1 p.158
Puy de Sancy 1 p.028
Pyrénées 1 p.028

Q

qualitatif 1 p.053
qualitatif, qualitative 1 p.092
qualité 1 p.053, 1 p.091
quantifier 1 p.053
quantitatif 1 p.092
quantitatif, quantitative .. 1 p.053
quantité 1 p.053, 1 p.091
quartier 1 p.067, 2 p.281
quartier fréquenté 2 p.281
quartier résidentiel 2 p.281
quasi 1 p.187
quasiment 1 p.187
quatre-heures 2 p.250
bien que 1 p.078
quel(le) ＋ [être の接続法]
.... 1 p.142
quelquefois 1 p.135
quitter l'hôpital 1 p.066
quiz 1 p.208
quotidien(ne) 1 p.042

R

rabat-joie 1 p.083
raccourci 1 p.129
raccourcir 1 p.202
race 1 p.009

racine 1 p.138
racisme 1 p.015
radiation 2 p.254, 2 p.286
radiation infrarouge 2 p.286
radioactif, radioactive ... 2 p.254
raffinage 1 p.150
raffiné, **raffinée** 1 p.150
raffinement 1 p.150
raffiner 1 p.150
raffinerie 1 p.150
raffinerie de pétrole 1 p.150
ragoût 1 p.141
raid 2 p.276
raids aériens 2 p.276
raille 1 p.093
raisin 1 p.091
raison 1 p.134
avec raison 1 p.104
raisonnable 1 p.134
raisonnement 1 p.134
raisonner 1 p.135
ralentir 1 p.176
ralentissement 1 p.176
randonnée 1 p.085
rap 2 p.240
rapide 1 p.067
rapidement 1 p.171, 1 p.179
rapidité 1 p.067
rapport 1 p.123
rapporteur 2 p.223
rapport qualité-prix 2 p.256
rapporter 1 p.158
rare 1 p.059
rater 1 p.072, 1 p.197
rationalisme 1 p.015
rationnel, rationnelle 1 p.015
ravager 1 p.168
rayon 1 p.088
rayonnement 1 p.088
rayonner 1 p.088
raz de marée 2 p.288
réacteur 2 p.254
réaction 2 p.288
réalisateur, réalisatrice ... 2 p.265
réalisateur(trice) 1 p.039
réalisation 1 p.060

réaliser 1 p.060, 1 p.100
réalisme 1 p.034, 1 p.060
réaliste 1 p.100
réalité 1 p.060, 1 p.100
réapparition 1 p.109
reboisement 2 p.230
rebondissement 1 p.093
réception 1 p.066
récession 2 p.234
réchauffage 1 p.211
réchauffement 1 p.210
réchauffement climatique
.... 1 p.021, 2 p.229
réchauffement de la Terre
.... 2 p.229
réchauffer 1 p.211
recherche 1 p.025
rechercher 1 p.025, 1 p.174
rechercher l'étymologie d'un
mot 2 p.217
récit 2 p.238
réclamer 1 p.163
récolte 1 p.059, 1 p.168
recommander .. 1 p.124, 1 p.195
récompense 1 p.099
récompenser 1 p.099
reconnaissance vocale
.... 2 p.242
reconnaître 1 p.075
reconstruction 1 p.213, 2 p.228
recours 1 p.191
recul 1 p.031
récupération de l'information
.... 2 p.242
recycler 1 p.167
rédaction 1 p.203
redressement économique
.... 2 p.233
réduction 1 p.214
réduire 1 p.202, 1 p.214
rééducation 1 p.046
réellement 1 p.021
réel, réelle 1 p.060, 1 p.100
référence 1 p.149
réfléchir 1 p.103
reflet 1 p.044

318

refléter 1 p.043
réflexion 1 p.103, 1 p.116
réflexion faite 1 p.103
réforme fiscale   1 p.102, 1 p.168
réforme structurelle 2 p.235
réfrigérant, réfrigérante
.... 1 p.204
réfrigérateur 1 p.205
réfrigération 1 p.205
réfrigérer 1 p.205
refuge 1 p.077
réfugié, réfugiée 1 p.077
réfugier 1 p.077
refuser 2 p.266
regard 1 p.035
regarder 1 p.120
reggae 2 p.240
régime 1 p.033, 1 p.145
régime féodal 2 p.226
région 1 p.076, 1 p.098
règle 2 p.223
règle à calcul 2 p.223
règle de grammaire 2 p.217
réglementation,
règlementation 1 p.024
régresser 1 p.031
régression 1 p.031
régulièrement 1 p.135
se réincarner 1 p.034
reine 1 p.037
rejet 2 p.266
rejeter 2 p.266, 2 p.283
relance 1 p.170
relations commerciales
.... 2 p.263
relations internationales
.... 2 p.263
relativement 1 p.112
religieux(se) 1 p.043
remarquable 1 p.114, 1 p.139
remarque 1 p.113, 1 p.174
rempart 2 p.267
remporter 1 p.089
Renault 1 p.008
rendement 1 p.042, 1 p.043
se rendre compte de *qqch*

.... 1 p.082
renforcer 1 p.040
renifler 2 p.278
renommée 1 p.209
renoncer 2 p.219
renonciation à la guerre
.... 2 p.274
rénovation 1 p.108, 1 p.204
renseignement 1 p.054
renverser 1 p.199
répandre 1 p.106, 1 p.130
répandu, répandue
.... 1 p.106, 1 p.152
réparation 1 p.168
repas 1 p.035, 1 p.190
repasser 1 p.026
répercussion 1 p.021
reportage 1 p.069
représentant(e) 1 p.214
représentation 1 p.167
représenter 1 p.167
reprise 1 p.103
reprise économique 2 p.233
reproduction 2 p.257
République Tchèque ... 2 p.224
réputé(e) 1 p.165
réseau 1 p.006, 1 p.106
réservoir 1 p.083
résidence 1 p.154
résidentiel(le) ... 1 p.069, 1 p.155
résistance 1 p.185
résister 1 p.185
résolution 2 p.242
résonner 1 p.135
respect 1 p.138
respectable 1 p.139
respecter 1 p.139
respectueux, respectueuse
.... 1 p.139

responsabilité .. 1 p.040, 1 p.200
responsable 1 p.194
ressentiment 1 p.149
ressentir 1 p.149
ressource 2 p.247
ressource naturelle 2 p.247

restau 2 p.268
restaurant 2 p.268
resto 2 p.268
restreindre 1 p.051
restrictif 1 p.051
restriction 1 p.051
résultat 1 p.078
retard 1 p.047, 1 p.095
retentissement 1 p.021
retirer 1 p.020
retraite 1 p.020, 1 p.160
rétribution 2 p.265
rétrograde 1 p.031
retrouver 1 p.150
réunion 1 p.070, 1 p.192
réussir 1 p.015, 1 p.197
réutilisable 1 p.021
réveiller 1 p.068
revendicatif, revendicative
.... 1 p.176
revendication 1 p.176
revendiquer 1 p.176
revivre 2 p.227
révolution 2 p.275
la Révolution française 2 p.267
revolver 2 p.275
revue 1 p.096
rhétorique 2 p.220
rhumatisme 1 p.038
rhume 1 p.057
rhume des foins 2 p.243
riche 1 p.172
richesse 1 p.172
rigide 1 p.144
risque 1 p.016, 1 p.171
riz 1 p.168, 1 p.202
rizière 1 p.129, 2 p.246
Robespierre 2 p.267
rock 2 p.240
roi 1 p.037
rôle 1 p.022
roman 2 p.237
romanche 2 p.224
romancier 1 p.138, 2 p.238
romancière 2 p.238
roman d'amour 2 p.237

319

roman de science-fiction 2 p.237

roman policier 2 p.237

Rome 2 p.224

rompre 1 p.163

ronger 2 p.270

rôtir 1 p.144

Rouen 1 p.026

rouille 2 p.261

rouillé, rouillée 2 p.261

roulant(e) 1 p.157, 1 p.179

roumain 2 p.224

Roumanie 2 p.224

routine 2 p.236

royal, royale 1 p.037

royaume 1 p.037

Royaume-Uni 2 p.224

royauté 1 p.037

rubéole 2 p.245

rubis 1 p.158, 2 p.259

rude 1 p.036

ruiner 2 p.248

rural(e) 2 p.281

russe 2 p.224

Russie 2 p.224, 2 p.259

rustique 2 p.281

rythme 2 p.241

rythmer 2 p.241

rythmique 2 p.241

S

saccager 1 p.168

sage 1 p.114, 1 p.150, 1 p.178

saignant 1 p.141

saignement 2 p.244

saigner 2 p.244

sain, saine 2 p.248

saisir 1 p.071

saisissable 1 p.181

saison touristique 2 p.274

salaire 1 p.044, 1 p.095

salé, salée 2 p.271

salle à manger 2 p.269

salle d'attente 1 p.066

salle d'entrainement 1 p.067

salle de relaxation 1 p.067

salle de sport 1 p.066

salle polyvalente 1 p.067

Salomé 2 p.238

Samuel Beckett 2 p.238

salutation 1 p.188

sanctuaire de la faune 2 p.228, 2 p.229

sang 2 p.244

sanitaire 2 p.248

sans arrêt 1 p.161

sans considération de *qqch/qqn* 1 p.125

sans égard pour *qqch/qqn* 1 p.125

santé 1 p.160, 2 p.248

santé mentale 2 p.248

Saphir 2 p.259

sarcasme 1 p.093

satanique 1 p.191

satellite 2 p.285

satellite artificiel 2 p.285

satellite météorologique 2 p.285

satellite naturel 2 p.285

Saturne 2 p.285

saute 1 p.172

saveur 2 p.271

savourer 2 p.270

scandale 1 p.081, 1 p.201

scanner 1 p.146, 2 p.243

scanneur 2 p.243

scénario 1 p.123, 2 p.265

scénariste 2 p.265

schizophrénie 2 p.243

scientifique 1 p.115, 1 p.207

scolaire 1 p.171, 1 p.199

scolarité obligatoire 2 p.251

séance 2 p.267

seau 1 p.062

sécher 1 p.212

sécheresse 1 p.211, 2 p.246, 2 p.289

Second Empire 2 p.267

second rôle 2 p.265

secondaire 1 p.054, 1 p.154

la Seconde Guerre mondiale

.... 2 p.264

secousse sismique 2 p.288

secrétaire 1 p.050

secrétaire général 1 p.022

secrétariat 1 p.050

section 2 p.222

sécuriser 1 p.174

sécurité 1 p.025, 1 p.174, 2 p.280

sécurité routière 2 p.280

séduisant, séduisante .. 2 p.236

sein 1 p.036

séisme 2 p.287

séjourner 1 p.060, 1 p.142

sélection 1 p.027

sélectionner 1 p.027

semestre 2 p.251

semi-circulaire 2 p.219

semi-conducteur 1 p.042, 2 p.219

semi-voyelle 2 p.219

sens 1 p.068

sensation 1 p.068

sensationnalisme 1 p.069

sensationnel, sensationnelle 1 p.069

sensuel, sensuelle 2 p.236

sentiment 1 p.185

sentimentalisme 1 p.185

septième art 2 p.264

sentimental, sentimentale 1 p.185

sérénité 1 p.150

série de tremblements de terre 1 p.136, 2 p.287

serpillière 1 p.062

servage 1 p.182

seul(e) 1 p.036

sexe 1 p.030

sexy 2 p.237

sherry 1 p.055

shogi 1 p.156

sidérurgie 2 p.260

sign 2 p.218

signature 1 p.057, 2 p.218

signe 1 p.212, 2 p.218

signe de ponctuation ... ② p.217
signe orthographique .. ② p.218
silence .... ① p.013, ① p.148
simple .... ① p.007, ① p.060, ① p.151
simplement ...... ① p.065, ① p.151
simplicité .... ① p.008, ① p.151
simplifiable .... ① p.151
simplification .... ① p.151
simplifier .... ① p.008, ① p.151
sincère .... ① p.133
sinistre .... ① p.214

sinistré, sinistrée

.... ① p.077, ① p.214
sirop contre la toux .... ② p.244
sismique .... ② p.288
site touristique .... ② p.274
situation .... ① p.093, ① p.197
situation économique .. ② p.233
situé(e) .... ① p.073, ① p.158
smartphone .... ① p.145
smog photochimique .. ② p.229
sobriété .... ① p.033
sociabilité .... ② p.279
socialisme .... ② p.226
société .... ② p.278
société d'informatique ① p.110
société décarbonée
.... ② p.230, ② p.286
société de consommation
.... ② p.279
société féodale .... ② p.279
sociologie .... ② p.279
Sofia .... ② p.224
soi-disant .... ① p.203
soigneusement .... ① p.027
solaire .... ② p.284
soldat .... ② p.275
soleil .... ② p.284
solfier .... ② p.240
solide .... ② p.253
solitaire .... ① p.036, ① p.039
solitude .... ① p.039, ② p.284
sommet .... ① p.064, ① p.174
sordide .... ① p.123
sol sablonneux .... ② p.231
sorte .... ① p.009

sortie dans l'espace ..... ② p.285
soucieux(se) .... ① p.043
soudain(e) .... ① p.178
soudainement .. ① p.056, ① p.197
souffler .... ① p.061
souffrance .... ① p.038, ② p.244
souffrant, souffrante .... ① p.038
souffreux(se) .... ① p.038
souffrir .... ① p.038, ② p.244
soulignage .... ① p.102
soulignement .... ① p.102
souligner .... ① p.102
souris .... ① p.146, ② p.242
sous-alimentation .... ② p.267
sous couvert de .... ① p.112
sous-culture .... ① p.121
sous-estimation .... ② p.256
sous-évaluation
.... ① p.121, ② p.256
sous-marin nucléaire .. ② p.267
sous-peuplement .... ① p.121
sous-production .... ② p.267
sous-sol .... ① p.121
sous-titrage .... ① p.121
sous-titre .... ① p.121, ② p.267
sous-titrer .... ① p.121
sous-traitance .... ② p.267
sous-vêtement .... ① p.121
soutenir .... ① p.213
souterrain .... ① p.121
soutien .... ① p.213
souvenir .... ① p.068, ① p.178
souvent .... ① p.135
spacieux, spacieuse .... ① p.006
spécial(e) .... ① p.092, ① p.141
spécialiste .... ② p.241
spécialité du chef .... ② p.268
spectaculaire .... ① p.079
spectateur .... ① p.033
spéculateur, speculatrice
.... ② p.262
spéculatif, spéculative ② p.262
spéculation .... ② p.262
spéculation à la baisse ② p.262
spéculation sur les devises
.... ② p.262

splendide .... ② p.236
stagflation .... ② p.234
statistique .... ① p.171
statistiquement .... ① p.171
statu quo .... ① p.111
statut .... ① p.060
steak .... ① p.141, ② p.269
stérile .... ① p.167
stérilité .... ① p.167
stimuler .... ① p.033
Stockholm .... ② p.224
stratégie .... ① p.089, ② p.276
stratégie atomique [nucléaire]
.... ② p.276
stratégique .... ② p.276
stratosphère .... ② p.231, ② p.283
structure .... ② p.228
studio .... ① p.155
studio d'aérobic et de danse
.... ① p.066
studio de cinéma .... ② p.266
stuperflu .... ① p.057
stupide .... ① p.114
style baroque .... ② p.236
style de nage .... ② p.236
style de vie .... ② p.236
submerger .... ① p.213
substance nutritive .... ② p.270
substances toxiques ... ② p.229
substantiel(le) .... ① p.140
subvention .... ① p.085
succès .... ① p.088
succession .... ① p.029, ① p.039
sucer .... ② p.270
sucette .... ① p.201
sucré .... ② p.271
Suède .... ② p.224
suédois .... ② p.224
suffoquer .... ① p.057
se suicider .... ① p.201
suivre .... ① p.071
sujet, sujette .... ① p.172
super .... ① p.064
superbe .... ② p.236
supercarburant .... ① p.064
supérieur(e) .... ① p.130

321

supériorité	1 p.004	
supersonique	2 p.220	
superstructure	2 p.228	
supporter	1 p.130	
supposer	1 p.002	
suprématie		
1 p.004, 1 p.016, 1 p.180		
suprême	1 p.003	
suprêmement	1 p.004	
sur le plan	1 p.011	
sur une grande échelle	1 p.200	
surcharge	2 p.257	
sûrement	1 p.059	
surestimation	1 p.121, 2 p.256	
sûreté	1 p.174, 2 p.280	
sûreté publique	2 p.280	
surévaluation	1 p.121, 2 p.256	
surgeler	1 p.205	
surmonter	1 p.015, 1 p.030	
surpercalculateur	1 p.053	
surpeuplement	1 p.121	
surréservation	2 p.257	
surtaxe	1 p.055, 2 p.257	
survenir	1 p.097	
survivre	2 p.227	
suspendre	1 p.212	
suspense	1 p.124	
swahili	1 p.041, 2 p.225	
syllabe	2 p.219	
sympathie	2 p.232	
sympathique	1 p.069	
symphonie	2 p.240	
symptôme	2 p.244	
syndicat	1 p.085	
syndicat d'initiative	2 p.274	
synonyme	1 p.112, 2 p.219	
synthétique	1 p.201	
système de positionnement		
par satellites	2 p.264	
système financier	2 p.282	
système monétaire	2 p.261	
système solaire	2 p.285	
syzygie	2 p.285	

T

tabagisme passif	1 p.103	

tablette numérique	2 p.242	
tâche	1 p.087	
tache solaire	2 p.284	
tactique	2 p.276	
talent	1 p.083, 1 p.171	
tapis de bain	1 p.129	
tapis de souris	2 p.242	
tarif	2 p.255	
tarifs postaux	2 p.255	
tatou	2 p.238	
taux d'autosuffisance		
alimentaire	2 p.249	
taux de change	2 p.258	
taux de croissance	2 p.233	
taux de natalité	1 p.133	
taverne	2 p.268	
tchèque	2 p.224	
technique	2 p.252	
technologie	1 p.176, 2 p.252	
technologie de		
l'environnement	2 p.253	
technologie de pointe	2 p.252	
technologie des		
communications	2 p.253	
technologie éléctronique		
	2 p.252	
technologique	2 p.253	
Téhéran	2 p.225	
teinte	1 p.027	
télégramme	1 p.054	
témoigner	1 p.138	
tempérament	1 p.117	
température	1 p.056, 2 p.229	
tempête de neige	2 p.289	
tendance	1 p.098, 1 p.186	
tendre	1 p.098, 1 p.186	
tension	1 p.080	
tension superficielle	2 p.253	
terme	1 p.183, 1 p.195	
terminal, terminale	1 p.191	
terminer	1 p.190	
terraformation	2 p.285	
terrain	1 p.091, 1 p.097	
Terre	2 p.285	
la Terre	2 p.283	
terre récupérée	2 p.231	

terrestre	1 p.198, 1 p.199	
terreur	1 p.081	
terrorisme	1 p.019, 2 p.276	
terroriste	2 p.276	
tétanos	2 p.245	
téter	2 p.269	
tétine	1 p.201	
thé vert	1 p.061	
théorie	2 p.254	
théorie économique	2 p.233	
théorique	1 p.073	
théoriquement	1 p.073	
thérapie hypnotique	2 p.228	
thermonucléaire	1 p.193	
thèse	1 p.046	
tiède	1 p.061	
tiers	1 p.105	
timide	1 p.008	
timidité	1 p.197	
titre	1 p.104	
toile	1 p.043	
toilettes	1 p.066	
Tokyo	2 p.225	
tolérer	1 p.176	
ton	2 p.241	
tonner	2 p.289	
tonnerre	2 p.289	
torchon	1 p.062	
tordre	2 p.245	
tornade	2 p.230, 2 p.289	
torrent	1 p.212	
torrentiel, torrentielle	1 p.212	
total	1 p.116	
totalement	1 p.073	
totalité	1 p.116	
tototte	1 p.201	
touche	1 p.146, 2 p.242	
tour	1 p.127, 1 p.128	
tourisme	1 p.157, 2 p.274	
touriste	1 p.157, 2 p.274	
touristique	1 p.156, 2 p.274	
tourmenter	1 p.040	
tourner	1 p.044	
tourner [réaliser] un film		
	2 p.265	
tousser	1 p.057, 2 p.244	

tout au début .... [1] p.070

toux .... [2] p.244

toxicologie .... [2] p.230

toxine .... [2] p.230

toxique .... [2] p.230, [2] p.254

tradition [1] p.029, [2] p.235, [2] p.278

traditionnel, traditionnelle

.... [1] p.029

traducteur, traductrice .. [2] p.259

traduction .... [2] p.260

trafic d'armes .... [2] p.275

tragédie .... [1] p.093, [2] p.238

trahir .... [2] p.235

trahison .... [2] p.235

trait .... [1] p.117

traitement .... [1] p.158, [1] p.175

traitement de l'information

.... [2] p.242

traître, traîtresse .... [2] p.235

tranquille .... [1] p.150

tranquillement .... [1] p.150

tranquillité .... [1] p.150

transcontinental(e) .... [2] p.286

transport .... [1] p.094, [1] p.187

transmigration .... [2] p.286

travail lexicographique [2] p.217

travailleur .... [1] p.133

travers .... [1] p.148

tremblement de terre .. [2] p.287

tremblement de terre

épicentral .... [2] p.287

tremblement de terre massif

.... [2] p.287

trépidant, trépidante

.... [1] p.180

trépidation .... [1] p.180

trêve .... [2] p.277

tribunal .... [1] p.124

trimestre .... [2] p.251

troisième trimestre .... [2] p.251

trois quarts .... [1] p.105

trombe .... [2] p.289

trompette .... [2] p.223

trompettiste .... [2] p.223

trop souvent .... [1] p.135

trottoir .... [1] p.179

trou .... [1] p.203, [2] p.286

trou d'ozone .... [2] p.286

trou noir .... [2] p.285

trouble .... [1] p.041

troupe .... [2] p.275

trouver .... [1] p.002

trucage .... [2] p.266

tsunami .... [1] p.149, [2] p.288

tunnel .... [1] p.191

turc .... [2] p.225

Turquie .... [2] p.225

type .... [1] p.009, [1] p.134

typhon .... [1] p.168, [2] p.289

U

ultimatum .... [1] p.209

ultime .... [1] p.003, [1] p.209

ultrason .... [2] p.220

ultraviolet .... [2] p.220, [2] p.286

un cinquième .... [1] p.105

un gros mot .... [2] p.223

un quart .... [1] p.105

un tiers .... [1] p.105

une moitié .... [1] p.105

Union européenne (UE)

.... [1] p.038, [1] p.049

unique .... [1] p.152

uniquement .... [2] p.157

univers .... [2] p.285

universitaire ...... [1] p.154, [2] p.250

université .... [2] p.250

université populaire ...... [2] p.250

université prestigieuse

.... [2] p.250

Uranus .... [2] p.285

urbain, urbaine .... [2] p.281

urbanisation .... [2] p.281

urbaniser .... [2] p.281

urbanisme .... [2] p.281

urdu .... [2] p.225

usage .... [1] p.004

usager .... [1] p.004

usine ...... [1] p.042, [1] p.097, [1] p.187

ustensile .... [1] p.007, [2] p.222

ustensile de cuisine ...... [2] p.222

utilisable .... [1] p.021

utilisation .... [1] p.004

V

vacant(e) .... [1] p.127

vaccin .... [1] p.144

vache .... [1] p.212

vague de chaleur .... [2] p.230

vaincre .... [1] p.162

vaincu .... [1] p.163

vainqueur .... [1] p.163

valeur .... [1] p.091, [2] p.254

valeur comptable .... [2] p.255

valeur marchande .... [2] p.254

valeur monétaire .... [2] p.262

valeur nominale .... [2] p.255

valeur prix .... [2] p.255

valoir .... [2] p.255

valoriser .... [1] p.091

vapeur .... [2] p.253

variation .... [1] p.008

varier .... [1] p.008

variété.... [1] p.008, [1] p.009, [1] p.075

varié, variée .... [1] p.008

Varsovie .... [2] p.224

vase .... [1] p.136

vaste .... [1] p.006

vedette (de cinéma) ..... [2] p.264

véhicule .... [1] p.068, [1] p.179

vendre .... [1] p.028, [1] p.134

vendre au détail .... [1] p.096

vendre en gros .... [1] p.096

vénérable .... [1] p.139

venimeux, venimeuse .. [2] p.230

vent saisonnier .... [2] p.289

ventre .... [1] p.064

Vénus .... [2] p.285

véracité .... [1] p.073

verbe .... [1] p.010, [1] p.102

verdict .... [2] p.216

verglacé(e) .... [1] p.024

vérifier .... [1] p.046, [1] p.134

vers .... [1] p.222

vertical(e) .... [1] p.035

verticalement .... [1] p.036

vertu .... [1] p.091, [2] p.232, [2] p.259

vertueux, vertueuse

323

.... ② p.232, ② p.259
vêtement .... ① p.008
vétéran .... ② p.241
vice .... ② p.259
vicieux, vicieuse .... ② p.259
victoire .... ① p.162
vie privée .... ① p.099, ① p.173
Vienne .... ② p.223
vigoureux(se) .... ① p.038
village .... ① p.126, ② p.281
ville .... ② p.281
ville touristique .... ② p.274
ville universitaire .... ② p.281
viol .... ① p.176
violation .... ① p.176
violent(e) .... ① p.060
violer .... ① p.176
violon .... ② p.223
violoniste .... ② p.223
virtuel(le) .... ① p.100, ② p.235
virtuose .... ② p.241
virtuosité .... ② p.241
virus .... ① p.117, ① p.199
vitamine .... ② p.270
vivant(e) .... ② p.227
vivre .... ② p.227
vivres .... ① p.075
vocabulaire .... ② p.217, ② p.222
vocabulaire indigent .... ② p.223
vocabulaire pauvre
[insuffisant] .... ② p.223
vocaliser .... ② p.240
vocation .... ① p.081
vœu .... ① p.109
voie .... ① p.009, ① p.188
la Voie lactée .... ② p.285
voir .... ① p.120
voisin(e) .... ① p.014, ① p.092
voisin(e) .... ① p.037
voiture de police .... ① p.068
voiture hybride .... ① p.105
voiture solaire .... ① p.003
volant(e) .... ① p.042
volcanique .... ① p.059, ① p.201
Voie lactée .... ② p.285
volontaire .... ① p.161

volonté .... ① p.160
volume .... ① p.042, ① p.055
volumineux, volumineuse
.... ① p.055
vomir .... ② p.244
vomissement .... ② p.244
Vosges .... ① p.028
vouloir la peine + *inf.* ..... ① p.119
voyage touristique .... ② p.274
voyelle .... ② p.219
voyelle nasale .... ② p.219
vrai .... ① p.021
vraiment .... ① p.021
vulgaire .... ① p.067
vulgarité .... ① p.067

W

week-end .... ① p.131, ① p.154

Y

y compris .... ① p.136, ① p.229
yacht .... ① p.115
Yémen .... ② p.225
Yéménite .... ② p.225

Z

zéro .... ① p.056, ① p.171
zone .... ① p.126, ① p.196
zone de précipitation linéaire
.... ② p.230
zoologiste .... ② p.229
zoologue .... ② p.229
Zoom .... ① p.023

325

あとがきにかえて

過日, 拙著のファンだという方から職場に書簡が届きました. 曰く「先生(私, ヒサマツ)がどうして英語とフランス語をつなぐ参考書を積極的に書かれるのかその意図を教えてください. 自分はフランス語はフランス語として学びたいと思う考えなので……」とのこと. ファンなのだそうですが, この点に違和感ありと感じられるようなのです.

偶然ですが, その返答に当たるものを日仏語併用という変則で発表するよう依頼があり, 2024年3月京都で発表いたしました. その一部をポイントを絞って(書き言葉ではなく, 口頭発表の臨場感も残しつつ), ファンX氏への返答としてここに記しておきます. 少々長めですが, DELF-B1, B2 受験レベルの方にはちょうどいい具合の文章かと思いますので.

※ 見やすいように細かに段落を切っています. 注記や参考文献の類は省きました.

Un pont entre le français et l'anglais

Le premier effet de l'apprentissage de deux langues en les comparant est leurs similitudes. Elles utilisent 26 lettres (l'alphabet) et la plupart des phrases ont pratiquement la même structure : SV, SVA, SVCOD etc.

De plus, les vocabulaires anglais et français sont très similaires. Ce n'est pas nécessairement le cas avec les mots courants. Cependant, à mesure que le niveau d'abstraction des mots augmente, le nombre de mots similaires augmente. De nombreux mots anglais sont d'origine française, et environ plus de 60 % des mots français sont similaires. Il n'y a aucune raison de ne pas en profiter.

J'aimerais parler maintenant un peu plus spécifiquement de mon cours, qui vise à faire ce qu'on peut appeler "un pont" entre l'anglais et le français.

Il existe plusieurs obstacles lors de l'apprentissage du français. Par exemple, la prononciation de chaque mot. Presque tous les sons japonais sont constitués de deux sons, une consonne et une voyelle. Bien sûr, ce n'est pas le cas en anglais et en français.

Surtout en français, il y a beaucoup de caractères (ou lettres) qui sont écrits mais qui ne sont pas prononcés. Il y a aussi la question du genre des noms. Tous les noms ont un genre masculin ou féminin, ce qui peut prêter à confusion pour les apprenants. Cependant, si on est motivé, on peut surmonter ce problème relativement facilement.

À mon avis, le premier obstacle commun qui déroute tous les débutants est celui des « articles ». L'anglais comporte également des articles, mais les 3 types d'articles français sont plus stricts.

Pour aider les étudiants à comprendre cette rigueur, j'utilise le proverbe anglais « *Time is money* », avant d'expliquer chacun des articles.

« *Time is money* » ... ce proverbe a été inventé au XVIIIe siècle, pendant la révolution industrielle, alors que l'économie était florissante. Peut-être savez vous que l'équivalent de cette expression en japonais se dit: «時は金なり».
Alors, que signifie à l'origine cette phrase en anglais ?

La plupart des Japonais pensent que cela reflète l'idée selon laquelle l'argent et le temps sont tout aussi importants. Cependant, ce mot exprimait à l'origine en anglais l'idée que « le temps abstrait devient de l'argent concret », ou en termes modernes, l'idée d'un salaire horaire de « 20 euros de l'heure ».

Traduit en français, cela signifie « Le temps, c'est de l'argent ». En d'autres termes, le « temps abstrait » exprimé par un « article défini » devient de l' « argent concret, réel » en utilisant un « article partitif ». Le français transmet fidèlement le sens de la maxime originale en matérialisant la chose.

En plus des articles en français, la variété des conjugaisons des verbes français peut souvent réduire la motivation des étudiants à apprendre.

Il est vrai que les verbes changent de forme en fonction du sujet. C'est aussi difficile de s'en souvenir. Cependant, je pense qu'il s'agit d'un problème superficiel et non de ce qu'il y a au cœur de la langue. En effet, la conjugaison des verbes dans de nombreuses langues européennes autres que le français est complexe et lourde.

L'important est de savoir pourquoi la complexité de la conjugaison des verbes est nécessaire. Il est important de reconnaître que cette diversité garantit l'objectivité de chaque pronom personnel.

Je vais vous montrer un exemple de phrase … prenons : « 彼女は幸せだ » en japonais. Cela peut être traduit en anglais par « She is happy » et en français par « Elle est heureuse ».

Le problème est qu'en japonais, cette expression ne peut être utilisée sans certaines prémisses [ou certianes condition préalables] -c'est-à-dire conditions qui doivent être remplies pour que quelque chose fonctionne -. En japonais, « 彼女は幸せだ » ne peut pas être utilisé sans le sous-entendu : « Pour autant que je sache elle est heureuse …″ ou bien ″Je pense qu'elle est heureuse …″ ou encore, ″À ce que je sache …, elle est heureuse ».

Même à la troisième personne, le jugement de l'orateur est ″latent″ qu'on le veuille ou non, il est sous-entendu.

De cette façon, j'explique en classe qu'en anglais et en français, l'objectivité est assurée par la conjugaison des verbes, et c'est pourquoi il existe de telles conjugaisons détaillées à la différence du japonais.

Je pense que la différence entre les leçons des écoles de langues et les cours universitaires réside dans le fait que les enseignants des écoles de langue enseignent des compétences linguistiques pratiques, alors que les universités expliquent également les distinctions entre ces langues …

久松 健一 Hisamatsu Ken'ichi

浅草生まれ. 明治大学教授. 教壇に立って40年, その集大成のつもりで, 現在は新味を盛った DELF, DALF 対応の「単語集」「練習問題」作成に注力している. DELF A1, A2 と DELF-B を対象に『フランス語単語大全（練習問題806題で広角化する）/ (キーワード1687語を一望する)』/ (練習問題1030題に向き合い語脳を鍛える)』をすでに上梓した. なお, 駿河台出版社刊の主要な著作として『ケータイ[万能]フランス語文法・実践講義ノート』『英語がつかればフランス語はできる！』『[頻度順]フランス語名詞化表現宝典1192』等がある.

フランス語単語大全 DELF B1, B2 レベル対応

［50のminiエッセイから3545語を展望する］

2024 年 12 月 25 日　初版 1 刷発行

著者	久松 健一
装丁・本文デザイン	吉田デザイン事務所
印刷・製本	精文堂印刷 株式会社
発行	株式会社 駿河台出版社

〒 101-0062 東京都千代田区神田駿河台 3-7
TEL 03-3291-1676 / FAX 03-3291-1675
http://www.e-surugadai.com

発行人　　　　　上野 名保子

許可なしに転載, 複製することを禁じます. 落丁本, 乱丁本はお取り替えいたします.

© HISAMATSU Ken'ichi 2024　Printed in Japan
ISBN978-4-411-00577-9 C1085